本书得到国家自然科学基金青年科学基金项目"稀缺营销视角下消费者社交口碑的形成机制研究"（71602125）资助

促销购买限制
对消费者反应的影响研究

李研 著

中国社会科学出版社

图书在版编目（CIP）数据

促销购买限制对消费者反应的影响研究/李研著 . —北京：
中国社会科学出版社，2019.12
ISBN 978 - 7 - 5203 - 1750 - 4

Ⅰ.①促… Ⅱ.①李… Ⅲ.①促销策略—影响—消费者—
研究 Ⅳ.①F713.3

中国版本图书馆 CIP 数据核字（2017）第 310769 号

出 版 人	赵剑英
责任编辑	卢小生
责任校对	周晓东
责任印制	王 超

出 版	中国社会科学出版社
社 址	北京鼓楼西大街甲 158 号
邮 编	100720
网 址	http：//www.csspw.cn
发 行 部	010 - 84083685
门 市 部	010 - 84029450
经 销	新华书店及其他书店
印 刷	北京明恒达印务有限公司
装 订	廊坊市广阳区广增装订厂
版 次	2019 年 12 月第 1 版
印 次	2019 年 12 月第 1 次印刷
开 本	710×1000 1/16
印 张	15.5
插 页	2
字 数	231 千字
定 价	80.00 元

摘　要

企业实施促销活动可以有效提升品牌知名度、消费者对品牌的熟悉度和店铺惠顾率，从而增加老顾客的重复购买，吸引竞争对手的顾客，提高市场占有率。但是，促销本质上是一种暂时性的、短暂的活动。过于频繁、时间较久、范围过大的促销会有损企业形象，使消费者认为产品是廉价品、滞销的，反而起不到有效促进销售的效果。促销只有具有一定购买限制，才会起到促进销售的作用，例如，时间限制（如本周一至周六促销）或数量限制（如仅一百名，先到先得；限量版）。没有购买限制的促销（如常年处于促销价、频率过高的促销）不会对消费者产生额外的吸引力。购买限制有很多种来源，例如库存限制、时间或数量限制、供不应求、高需求、低供给、购买的身份资格限制（如会员专供、外宾专供等）、社会规范（如18岁以下禁止饮酒）。本书将重点解决几类促销购买限制（如数量限制、时间限制、身份限制）对消费者反应的影响，分析面对各类促销购买限制时消费者的内在心理机制、不同促销购买限制的情景适用性以及企业相应的应对策略。本书主要涉及两大研究问题：一是关于促销的数量限制与时间限制的情景适用性研究；二是关于促销的身份限制（如排他性促销）中劣势消费者反应的研究。

第一部分对比了购买机会易达性较高与较低的两种情景，并发现促销的数量限制与时间限制将在不同情景下各有优势。通过一个预测试和两个行为学实验，验证了研究提出的一系列假设。预测试的目的在于确定实验一和实验二中的时间限制与数量限制的促销活动具有一致的潜在吸引力。

实验一采用开放式问题来探索消费者对研究情景的反应，目的在于考察相关中介机制的客观存在性。定性开放式问题答案的收集对于实验二的实证定量研究进行了很好的补充，是实验结果效度的另一种客观证据。实验一确认了消费者竞争和购买机会的确定性在购买机会易达性与促销限制类型的交互效应中具有重要作用。

实验二的实证结果表明，在购买机会易达性较高的情况下，数量限制优于时间限制的原因在于引发了更强的消费者竞争。在购买机会易达性较低的情况下，时间限制优于数量限制的原因在于购买机会的确定性较高，消费者认为，在数量限制的情况下，自己得到促销机会是不确定的，从而抑制了消费者参与数量限制促销活动的意向。研究还探讨了消费者个体特征对两类促销限制反应的影响，包括消费者的认知闭合需要和独特性需要。认知闭合需要因较高的个体厌恶不确定性而降低了数量限制促销的偏好，并在购买机会易达性较低的情况下被凸显出来。独特性需要较高的个体更偏好稀缺性较强的促销活动，由于数量限制促销的稀缺性源于供给和需求两个方面，而时间限制促销的稀缺性仅源于供给一方，因而独特性需要较高的个体会更愿意参与数量限制的促销而胜于时间限制的促销。

第二部分探讨了在促销的身份限制（如排他性促销）中影响劣势消费者反应的重要因素及其作用机制。本书提出了四种可能影响劣势消费者的因素，包括排他性促销幅度、获得目标群体成员资格难度、目标群体与企业产品匹配度和非目标群体规模。还指出了影响劣势消费者反应的内在机制除交易的感知公平性外，还包括限制的感知合理性。感知公平性是基于社会比较的，劣势消费者会比较自己和优势消费者之间投入与回报之比。在不同情景下，劣势消费者对排他性促销中购买限制的感知合理性的判断存在差异。如果劣势消费者认为该限制的设置是足够合理性的，那么就可以有效地降低劣势消费者的潜在消极反应。

通过实验三，本书证实了排他性促销的幅度越大，劣势消费者越容易感觉到强烈的不公平感知，从而消极影响目标产品的选择偏好。实验三还证实了获得目标群体成员资格难度正向影响劣势消费者对目标产品的选择偏好，获得目标群体成员资格难度的增加可以有效地降低劣势消费者的消极反应，在上述过程中，限制的感知合理性和交易的感知公平性依次起到了中介作用。在实验四中，本书证实了目标群体与企业产品的匹配程度会正向影响劣势消费者的反应。目标群体与企业产品的匹配程度越低，劣势消费者的反应越消极，在上述过程中，限制的感知合理性起到了中介作用。实验五检验了非目标群体规模对劣势消费者反应的影响。结果显示，当非目标群体为小众群体时，相比于大众群体，劣势消费者对排他性促销的反应会更消极，在上述过程中，限制的感知合理性和交易的感知公平性依次起到了中介作用。

目　录

第一章　引言

本章阐述了促销购买限制研究背景，提出了在促销的数量限制与时间限制、促销身份限制（排他性促销）方面的具体研究问题，阐述了本书的研究创新点、研究意义、研究方法、研究路线及整体研究框架等。

第一节　研究背景与问题提出

一　研究背景

近几十年来，中国的社会经济发生了翻天覆地的变化，从温饱问题到衣食无忧，再到丰衣足食，直至今日的物资极大丰富。经济高速增长期已经过去，当今社会经济逐渐步入成熟阶段——物资过剩的年代，人们已经拥有了足够的物品。尽管如此，企业还在马不停蹄地生产物资，这样，必然陷入物资过剩的时代。原来购买和获得产品的价值感，在人们心中的分量越来越轻。正是因为人们生活的富裕，各类物资手到擒来，人们对产品越来越挑剔。与此同时，从购买和使用产品的过程中获得的幸福感却反而减少了。幸福感的降低也正是由于一切都来得太简单和太容易，随手可得的东西让人们不懂得珍惜。于是，与购买限制相关的企业营销策略应运而生，企业利用购买限制让消费者珍惜当前的购买机会，提高购买产品的可能性，并让消费者感觉到购买机会的稀缺性，增加对购买机会和产品的价值感知，从而在一定程度上提高了整体的消费幸福感。

促销是企业常用的一种市场营销策略。绝大部分零售企业都会定期举办促销活动或在企业的支持下进行产品促销活动（特别是在新产品推广期间），促销活动可以有效提升品牌知名度，提升消费者对品牌的熟悉度和店铺惠顾率，从而增加老顾客的重复购买，吸引竞争对手的顾客，提高市场占有率。但是，促销在本质上是一种暂时性的、短暂的活动。过于频繁、时间较久、范围过大的促销都会有损企业形象，使消费者认为产品是廉价品、滞销的，反而起不到有效促进销售的效果。例如，淘宝的"双11"购物节之所以可以在11月11日当天销售额占全国零售业销售总额的一半，关键在于一年只有一天。如果每个月都会出现同样的折扣活动，就不可能在购物节当天创造商业奇迹。当每时每刻的价格都是促销价格时，促销便会失去价值和意义，起不到吸引顾客的作用。企业在制定促销策略的时候不得不考虑促销购买限制的影响。

促销活动的实施过程中，经常会伴随数量限制（限量促销，如仅限100件促销）或时间限制（限时促销，如促销价格仅限当日有效）。这两类促销限制是极其常用和有效的促销方式。在店铺新开张的时候，很多商家为了吸引人气，都会进行促销宣传，并使用限时或限量促销的方式确保促销活动的吸引力。在促销时间限制上，企业常选择某个特殊意义的日子（如10周年店庆）或连续几天（如国庆假期）作为促销时间。在促销数量限制上，企业会规定一定数量的产品参加促销（如仅100台参加促销，先到先得，售完为止）或者规定每人限购一定数量（如每人限购1台）。两类促销限制都可以造成消费者购买的紧迫感和提高购买机会的感知稀缺性，从而降低购买延迟，提高成交率。除此之外，企业还可以规定促销活动参与的先决条件，要求消费者至少购买一定数额的产品，才可以享受促销优惠。例如，满100元减50元、累计购物满1000元可享受八折优惠、一件九折而两件八折、第二件半价。

除了对促销活动进行数量限制或时间限制，企业常常为特定的顾客群体提供特殊的产品、服务或促销活动，即实施具有身份限制的排他性交易或促销活动。为了有效地进行顾客关系管理，企业会为了吸引特定群体而制定有针对性的促销策略，用于与这些顾客培养长期关系。对不同顾客群体提供差异化的价值、收取差异化的价格可以有效吸引目标顾客。定制化或个性化关注于为特定顾客群体提供专门的交易（针对性促销），或者通过设计有针对性的产品或营销活动来吸引特定顾客群体（Sheth，Sisodia and Sharma，2000①；Sin，Tse and Yim，2005②；Lo，Lynch and Staelin，2007③）。例如，一些酒店会提供给会员排他性的价位，以此来提高会员的品牌忠诚；当当网利用动态定价方法，为金牌会员提供专属的价格折扣；亚马逊公司会为不同顾客提供不同的价格；Borders 公司（美国图书零售商）为教师群体提供教师专有的折扣价格图书；女性内衣品牌"维多利亚的秘密"根据购买者的人口特征和邮政编码为同样的产品分发不同价格的产品目录。

享有特殊价格的顾客对这类针对性促销通常会产生积极的交易排他性效应。但是，提供特殊促销价格的忠诚计划也会产生一定的消极影响效应。国外很多研究指出，排他性促销并非一定会积极地影响消费者，这一促销手段是存在潜在消极影响的（Feinberg，Krishna and Zhang，2002④；Homburg，Droll and Totzek，2008⑤）。排他性促销活动的积极效应会在一定程度上被潜在的消极效应所抵消，这些消极效应可能来自不公平的感觉或旁观者观察到存在"特殊待遇"而产生低人

---

① Sheth，Jagdish N.，Rajendra S. Sisodia and Arun Sharma，"The Antecedents and Consequences of Customer – Centric Marketing"，*Journal of the Academy of Marketing Science*，Vol. 28，No. 1，2000，pp. 55 – 66.

② Sin，Leo Y. M.，Alan C. B. Tse，and Frederick H. K. Yim，"CRM：Conceptualization and Scale Development"，*European Journal of Marketing*，Vol. 39，No. 11/12，2005，pp. 1264 – 1290.

③ Lo，Alison K. C.，John G. Lynch and Richard Staelin，"How to Attract Customers by Giving Them the Short End of the Stick"，*Journal of Marketing Research*，Vol. 44，No. 1，2007，pp. 128 – 241.

④ Feinberg，Fred M.，Aradhna Krishna and Z. John Zhang，"Do We Care What Others Get? A Behaviorist Approach to Targeted Promotions"，*Journal of Marketing Research*，Vol. 39，No. 3，2002，pp. 277 – 291.

⑤ Homburg，Christian，Mathias Droll and Dirk Totzek，"Customer Prioritization：Does it Pay off and How Should It be Implemented"，*Journal of Marketing*，Vol. 72，No. 5，2008，pp. 110 – 130.

一等的感觉（Henderson，Beck and Palmatier，2011[1]）。当目标顾客受到了企业的特别重视和关注时，非目标顾客相对受到了"歧视"的待遇。在存在身份限制的促销活动中，非目标顾客不得不面对被排斥在促销活动之外的尴尬。以往研究仅局限于那些可以参与促销而购买产品的消费者，而忽视了那些没有得到购买机会的消费者。既然促销存在限制，就一定会出现被限制在外的消费者，理解这些消费者的感受和心理，对企业来说同样非常重要，企业的差别定价策略需考虑劣势消费者的心理。促销的身份限制是营销实践中的常见现象，需要从目标顾客（优势消费者）和非目标顾客（劣势消费者）的多重视角探讨这一问题。

目前文献中有关购买限制的研究还比较少，特别是探讨促销情景下的购买限制。该情景的发生是由企业单方面促成的，这决定了消费者对促销购买限制的反应可能存在积极和消极的双重反应模式。已有研究对促销购买限制的看法不一，尚存在矛盾的结果。例如，有学者认为，如果消费者把购买限制看作制造了不方便时，购买限制对交易评价就会产生消极影响（Sinha，Chandran and Srinivasan，1999[2]）。但是，也有研究发现了促销购买限制对购买意向的积极作用（Inman，Peter and Raghubir，1997[3]）。促销中购买限制对消费者反应的影响是相对复杂的，需要结合具体情景和消费者个体特质等多方面的因素进行分析。促销购买限制的类型是多种多样的，包括数量限制与时间限制、购买的身份限制等。这些购买限制的现象在零售和服务企业的营销实践中是极为常见的，然而，在理论上却缺乏系统地考察和解读。

---

① Henderson, Conor M. , Joshua T. Beck and Robert W. Palmatier, "Review of the Theoretical Underpinnings of Loyalty Programs", *Journal of Consumer Psychology*, Vol. 21, No. 3, 2011, pp. 256 – 276.

② Sinha, Indrajit, Rajan Chandran and Srini S. Srinivasan, "Consumer Evaluations of Price and Promotional Restrictions: A Public Policy Perspective", *Journal of Public Policy and Marketing*, Vol. 18, No. 1, 1999, pp. 37 – 51.

③ Inman, J. Jeffrey, Anil C. Peter and Priya Raghubir, "Framing the Deal: The Role of Restrictions in Accentuating Deal Value", *Journal of Consumer Research*, Vol. 24, No. 1, 1997, pp. 68 – 79.

本书重点解决各类促销购买限制对消费者反应的影响，分析面对各类促销购买限制时消费者的内在心理机制、不同促销购买限制的情景适用性以及企业相应的应对策略。

二 研究问题的提出

（一）促销数量限制与时间限制对消费者反应的影响

购买限制是影响消费者决策的重要因素。促销信息经常通过强调产品的有限可得性来突出产品的稀缺性，从而发生产品评价和购买的积极稀缺效应。在强调有限可得性方面，促销购买限制通常包括时间限制和数量限制（Cialdini，2008①）。在时间限制的促销中，企业会为促销规定一个特定的期限，如"1月1—1月20日促销"。在数量限制的促销中，得到促销机会的顾客数量是有限制的，如"促销仅限前100名，先到先得"。国内外学者曾发现，数量限制比时间限制的促销效果更好，因为数量限制的促销更能激发消费者的竞争购买心理，而且两种促销限制的差异在象征型（或功能型）品牌概念类型下更明显（e. g. Aggarwal，Jun and Huh，2011②；金立印，2005③）。但是，在企业营销实践中，两种促销购买限制都在被营销者所使用，时间限制的促销并没有因为在已有研究中被证实不及"数量限制"而被营销者抛弃。Howard、Shu 和 Kerin（2007）曾经对四大美国城市内的13594份报纸广告进行统计调查，并且发现，那些提供参照价格信息的广告中使用稀缺诉求是非常普遍的，大概每5条广告就会有1条出现稀缺诉求。④ 该项调查发现，广告者每年会花费51亿美元在时间限制的促销信息上，而花费19亿美元在数量限制的促销信息上。这

---

① Cialdini, Robert B., *Influence: Science and Practice*, 5th ed. Boston: Pearson Education, 2008.

② Aggarwal, Praveen, Sung Youl Jun and Jong Ho Huh, "Scarcity Messages", *Journal of Advertising*, Vol. 40, No. 3, 2011, pp. 19 – 30.

③ 金立印：《产品稀缺信息对消费者购买行为影响之实证分析》，《商业经济与管理》2005 年第 8 期。

④ Howard, Daniel J., Suzanne B. Shu and Roger A. Kerin, "Reference Price and Scarcity Appeals and the Use of Multiple Influence Strategies in Retail Newspaper Advertising", *Social Influence*, Vol. 2, No. 1, 2007, pp. 18 – 28.

说明时间限制在突出广告中促销的稀缺性具有重要的作用。Aggarwal、Jun 和 Huh（2011）的研究指出，数量限制的促销信息比时间限制的促销信息更有效力。Aggarwal、Jun 和 Huh（2011）的研究结论似乎与 Howard、Shu 和 Kerin（2007）的调查结果存在矛盾。如果 A 事物比 B 事物更优，A 事物又可以用来替代 B 事物，那么 B 事物就应该会被淘汰。如果 B 事物依旧存在，那么 B 事物一定在某些情景下比 A 事物更优，才会被继续留存下来。可见，两种促销购买限制应该会在不同的情景下各有优势。为了解决理论上与实践中的矛盾，本书试图探索在不同情景下促销购买限制（时间限制与数量限制）对消费者反应的影响，确定两类促销购买限制的情景适用性，为企业促销方案的实施提供有效的理论依据。此外，本书还要探讨促销购买限制如何与情景和消费者个体特征发生交互作用，了解在这一过程中购买限制如何影响消费者的心理与行为。

（二）促销身份限制（排他性促销）对消费者反应的影响

如果消费者获得的促销机会是存在身份限制的。也就是说，只有他或和他相似的人可以获得促销机会，而其他消费者无法获得促销机会，那么该促销被称为排他性促销。如果促销机会是面对所有人的，任何想要购买的消费者都可以参与促销活动，那么该促销就被称为包容性促销。已有研究发现，排他性促销相比于包容性促销会对可以参与的消费者产生积极的影响（Barone and Roy，2010a[①]）。也就是说，身份限制会产生感知价值。得到排他性的权利和利益会提升人们的地位水平，这会激发别人的尊重、关注和嫉妒（Csikszentmihalyi and Rochberg - Halton，1981[②]；Wagner，Hennig - Thurau and Rudolph，2009[③]）。上述内容都是阐述排他性促销对于优势消费者（促销机会

---

① Barone, Michael J. and Tirthankar Roy, "Does Exclusivity Always Pay Off? Exclusive Price Promotions and Consumer Response", *Journal of Marketing*, Vol. 74, No. 2, 2010a, pp. 121 – 132.

② Csikszentmihalyi Mihalyy and Rochberg – Halton Eugene, *The Meaning of Things: Domestic Symbols and the Self*, New York: Cambridge University Press, 1981.

③ Wagner, Tillmann, Thorsten Hennig – Thurau and Thomas Rudolph, "Does Customer Demotion Jeopardize Loyalty?", *Journal of Marketing*, Vol. 73, No. 3, 2009, pp. 69 – 85.

可得的消费者）的积极价值。然而，既然存在购买限制就意味着一部分消费者可得到的同时，还有一部分消费者无法得到促销机会，这些不能得到促销机会的消费者属于排他性促销中的劣势消费者。本书拟考察促销购买限制下劣势消费者的研究视角，从而补充有关促销情景下消费者决策的购买限制方面的理论。

　　根据以往文献，在面对排他性促销时，劣势一方的消费者（促销机会不可得到的消费者）通常会出现消极的反应（Anderson and Simester, 2008[①]; Bolton, Warlop and Alba, 2003[②]; Campbell, 1999[③]; Darke and Dahl, 2003[④]; Feinberg, Krishna and Zhang, 2002[⑤]），但是，也偶尔会出现积极的反应（如促销的目标群体为专家群体时）（Lo, Lynch and Staelin, 2007[⑥]）。非目标顾客（又称劣势消费者、不可得消费者）在面对这些促销时往往会比较消极。此时，企业应该如何实施促销策略才能最大限度地减少劣势消费者的消极反应呢？哪些企业可控的因素可以降低劣势消费者的负面情绪和消极反应？提高限制的合理化感知和交易的感知公平性是抑制劣势消费者出现消极反应的关键。那么，与提高限制合理化感知和交易公平性感知的影响因素将有助于减少消极影响。本书从劣势消费者视角探索了消费者对排他性促销的反应。明确劣势消费者对排他性促销的反应可以帮助营销者有效

---

①　Anderson, Eric T. and Duncan I. Simester, "Does Demand Fall When Customers Perceive that Prices are Unfair? the Case of Premium Pricing for Large Sizes", *Marketing Science*, Vol. 27, No. 3, 2008, pp. 492 – 500.

②　Bolton, Lisa E. , Luk Warlop and Joseph W. Alba, "Consumer Perceptions of Price (un) Fairness", *Journal of Consumer Research*, Vol. 29, No. 4, 2003, pp. 474 – 491.

③　Campbell, Margaret C. , "Perceptions of Price Unfairness: Antecedents and Consequences", *Journal of Marketing Research*, Vol. 36, No. 2, 1999, pp. 187 – 199.

④　Darke, Peter R. and Darren W. Dahl, "Fairness and Discounts: The Subjective Value of a Bargain", *Journal of Consumer Psychology*, Vol. 13, No. 3, 2003, pp. 328 – 338.

⑤　Feinberg, Fred M. , Aradhna Krishna and Z. John Zhang, "Do We Care What Others Get? A Behaviorist Approach to Targeted Promotions", *Journal of Marketing Research*, Vol. 39, No. 3, 2002, pp. 277 – 291.

⑥　Lo, Alison K. C. , John G. Lynch and Richard Staelin, "How to Attract Customers by Giving Them the Short End of the Stick", *Journal of Marketing Research*, Vol. 44, No. 1, 2007, pp. 128 – 241.

地管理顾客和制定营销策略，在发挥排他性促销的积极价值的同时，尽量减少消极影响。因此，本书的贡献在于不同角色视角对排他性促销的影响研究。

第二节　研究创新点及研究意义

一　本书的创新点

本书主要涉及两大研究问题：

（一）关于促销的数量限制与时间限制的情景适用性研究

本书对比了购买机会易达性较高与较低的两种情景，并发现促销的数量限制与时间限制将各有优势。

创新点之一：在原有文献的基础上指出了时间限制优于数量限制的情景原因，解决了以往文献（主要观点为数量限制总是优于时间限制）与营销实践（两种促销限制都会出现且频率相当）之间的矛盾。

创新点之二：探讨了在不同情景下两种促销限制各有优势内在原因。在购买机会易达性较高的情况下，数量限制优于时间限制的原因在于引发了更强的消费者竞争，而且消费者竞争与预期不行动后悔、购买急迫感紧密相关。在购买机会易达性较低的情况下，时间限制优于数量限制的原因在于购买机会的确定性较高，数量限制会造成消费者产生预期行动后悔，即"很可能已经错过促销而造成白跑一趟"。消费者认为，在数量限制的情况下，自己得到促销机会是不确定的，从而抑制了消费者参与数量限制促销活动的意向。

创新点之三：探讨了消费者个体特征对两类促销限制反应的影响，包括消费者的认知闭合需要和独特性需要，从而丰富了消费者个性与购买限制研究的文献。在购买机会易达性较低的情况下，消费者得到数量限制促销的购买机会是不确定的，此时，认知闭合需要较高的个体由于厌恶模糊性、不确定性和不可预期性而降低了数量限制促销的偏好。独特性需要较高的个体更偏好稀缺性较强的促销活动，由于数量限制促销的稀缺性源于供给和需求两个方面，而时间限制促销的稀缺性仅源于供给一方，因而独特性需要较高的个体会更愿意参与数量限制的促销而胜于时间限制的促销。

（二）关于促销的身份限制（排他性促销）中劣势消费者反应的研究

以往文献重点探讨了排他性促销中优势消费者做出积极或消极反应的影响因素及其内在机制（e. g. Barone and Roy, 2010a[①]，2010b[②]），只有很少的研究探讨了排他性促销中劣势消费者做出反应的影响因素（e. g. Lo, Lynch and Staelin, 2007[③]），目前，文献中还缺乏对排他性促销中劣势消费者反应的系统考察。

本书的创新点之四：提出了排他性促销中影响劣势消费者做出反应的重要影响因素及其内在机制，由此可以帮助企业在促销宣传中尽可能降低对劣势消费群体的消极影响。本书提出了四种可能影响劣势消费者的因素，包括排他性促销幅度、目标群体与企业产品的匹配度、非目标群体的群体规模和获得目标群体成员资格的难度。这些因素在涵盖以往研究的基础上提出了更抽象的影响原因，例如，洛、林奇和斯塔林（2007）认为，企业向专家群体提供排他性促销可以提高劣势消费者的积极反应；而本书则认为，专家群体与企业产品具有较高匹配度，从而有助于降低排他性促销对劣势消费者的消极影响。本书的结论并没有否认前人的研究结论，而是提出了更抽象层次上对劣势消费者反应的可能原因。

本书的创新点之五：指出了影响劣势消费者反应的内在机制除交易的公平性感知外，还包括限制的合理性感知。在不同情景下，劣势

---

① Barone, Michael J. and Tirthankar Roy, "Does Exclusivity Always Pay Off? Exclusive Price Promotions and Consumer Response", *Journal of Marketing*, Vol. 74, No. 2, 2010a, pp. 121 – 132.

② Barone, Michael J. and Tirthankar Roy, "The Effect of Deal Exclusivity on Consumer Response to Targeted Price Promotions: A Social Identification Perspective", *Journal of Consumer Psychology*, Vol. 20, No. 1, 2010b, pp. 78 – 89.

③ Lo, Alison K. C., John G. Lynch and Richard Staelin, "How to Attract Customers by Giving Them the Short End of the Stick", *Journal of Marketing Research*, Vol. 44, No. 1, 2007, pp. 128 – 241.

消费者对排他性促销中购买限制的合理性感知的判断存在差异。如果劣势消费者认为，该限制的设置是足够合理性的，那么就可以有效降低劣势消费者的潜在消极反应。

二 研究意义

随着资源的有限和人口的不断增长，购买限制正在以及将要成为一种重要市场现象。越来越多的购买限制情景出现在消费者的决策环境中，消费者正在有意或无意地受到购买限制的影响，发生"物以稀为贵""酸葡萄效应"等现象。面对购买限制，消费者会从心理和行为上做出怎么的反应，亟待营销学和社会心理学领域的学者进行探索。在传统经济学领域中，仅从供求关系上阐述供不应求会造成产品价格的上升。然而，面对纷繁复杂的社会现象，在理性人假设下的传统经济学理论很难解释清楚各类不同购买限制对消费者行为产生的差异性影响。因而，本书将以行为学与心理学研究的方法，解读促销情景下消费者对不同购买限制反应的影响，挖掘现象背后的理论本质，再一次揭示非理性人假设下情感与认知偏差对行为决策的重要影响。在理论上，本书有助于完善促销理论，丰富购买限制理论和交易限制理论，并解决了已有文献中的理论与营销实践的矛盾。在实践中，本书促进了稀缺策略在企业促销战略中的应用，有助于企业把握消费者对各类促销购买限制的反应及其原因，对企业营销者如何制定更为有效的稀缺促销策略具有重要的启发。

第三节 研究方法、研究路线及研究框架

一 研究方法

本书将使用定性分析与定量分析相结合的研究方法对提出的研究问题展开研究。首先，对现有文献进行整理，梳理研究脉络，明确相关概念并，提出具体的研究问题；其次，根据现有文献和实际营销情景分析，为后续的实验材料做准备，确定研究可能涉及的量表，开始预测试并根据测试结果改进实验方案；最后，采用行为学实验和问卷

调查，通过内容分析、话语分析、方差分析、回归分析、Bootstrap 分析、Spotlight 分析等方法对具体研究假设进行检验。通过多种研究方法对假设进行反复检验，使研究结果更具有说服力。

二　研究路线

本书的研究路线如图 1 - 1 所示。

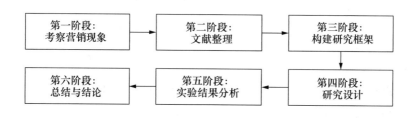

图 1 - 1　研究路线

资料来源：笔者整理。

第一阶段：考察营销现象。本书从各类与购买限制相关的营销现象入手，收集整理购买限制特别是与促销相关的购买限制现象，提出研究所要探讨的可能研究问题的范畴。

第二阶段：文献整理。在研究现象的基础上，收集和整理相关文献，从理论角度了解各类现象的内在机制。搜索经济学、心理学、社会学和营销学领域的相关文献，特别是与研究相关的基础理论。明确研究问题中出现的各类研究概念，提出可能的影响因素、内在机制和相关调节因素等。在此基础上，明确具体的研究问题和形成研究的总体思路。

第三阶段：构建研究框架。在文献基础上，根据具体的研究问题，提出研究假设并构建概念框架。在文献研究和访谈的基础上，结合经济学、心理学、社会学和营销学的相关理论，从理论角度探讨促销购买限制问题，对不同促销购买限制现象以及现象背后的机制进行理论分析，在此基础上提出了一系列假设，并构建了两个研究框架：一是关于数量限制与时间限制的情景适应性研究的概念框架；二是排他性促销（身份限制）中劣势消费者反应的影响因素与内在机制的概念框架。

第四阶段：研究设计。研究设计主要可以分为两个部分，分别用于检验两个不同的研究框架。一是研究框架一，包括一个预测试和两个实验研究，样本选择在校本科生，预测试的目的在于为后续的两个主实验确定实验情景中需要使用的具体数值：第一个主实验以定性的文本分析为主，第二个实验以定量地测量相关变量进行实证分析为主。二是研究框架二，包括三个实验研究，样本包括在校本科生和普通消费者样本。三个实验研究分别用于检验不同的自变量对因变量的影响。

第五阶段：实验结果分析。根据实验结果的文本和数据，通过方差分析、回归分析、Bootstrap 分析、Spotlight 分析等方法检验，并修正了研究提出的一系列假设。

第六阶段：总结与结论。根据实验研究的结果，得出研究结论并讨论研究结果，分析研究的理论贡献和实践启示，并指出研究尚存在的不足和未来的研究方向。

三　研究框架

本书在各类促销限制相关的营销现象和相关文献的基础上，采用定性研究和定量研究相结合的研究方法，探讨了数量限制与时间限制的情景适应性研究、排他性促销（身份限制）中劣势消费者反应的影响因素与作用机制，本书框架结构如图 1 - 2 所示。

第一部分即第一章引言，基于现实背景和理论，提出本书的研究背景、具体的研究问题、研究创新点与研究意义，以及具体研究方法、研究路线与本书组织结构。

第二部分是相关研究基础，包括第二章和第三章。第二章整理归纳了购买限制的本质、企业促销中常见的购买限制（包括时间限制、数量限制、身份限制）、促销购买限制的积极价值、排他性促销与交易排他性效应（优势消费者视角）和排他性促销中劣势消费者的反应（劣势消费者视角）。第三章整理归纳了研究框架的相关理论基础，包括稀缺效应、商品理论、抗拒理论、期望理论、公平理论和交易效用理论，其中稀缺效应、商品理论、抗拒理论和期望理论属于研究框架

一的理论基础，而抗拒理论、公平理论和交易效用理论属于研究框架
二的理论基础。

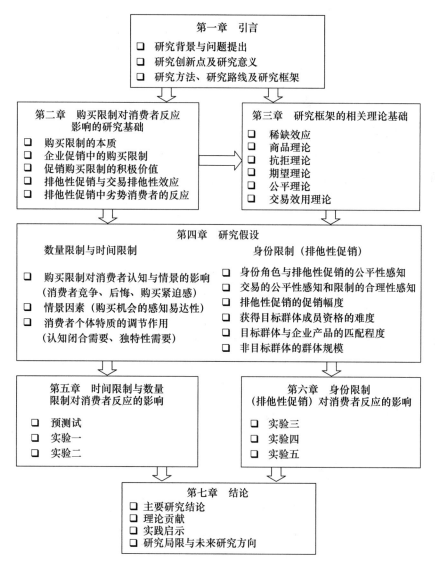

图1-2 本书框架结构

资料来源：笔者整理。

第三部分即第四章研究假设。第四章包括两大研究部分，分别针

对研究框架一和研究框架二。在第一个子部分中讨论了促销中时间限制与数量限制对消费者反应的影响，包括数量限制与时间限制对消费者认知与情感的影响（包括消费者竞争、消费者后悔和购买紧迫感）、情景因素（购买机会的易达性感知）在促销购买限制中的作用、消费者个体特质在促销购买限制中的作用，据此提出了假设4－1至假设4－5，以及整理出研究模型一。在第二个子部分中讨论了促销中身份限制对劣势消费者反应的影响，包括身份角色与排他性促销的公平性感知（优势消费者与劣势消费者视角）、交易感知公平性与限制感知合理性对劣势消费者的影响、排他性促销的促销幅度对劣势消费者的影响、获得目标群体成员资格的难度对劣势消费者的影响、目标群体与企业产品的匹配程度对劣势消费者的影响、非目标群体的群体规模对劣势消费者的影响，据此提出假设4－6至假设4－16，以及整理出研究模型二。

第四部分是研究设计部分，包括第五章和第六章。第五章针对研究模型一中的研究假设进行实验设计和假设检验，包括一个预测试和两个实验研究，第一个实验属于定性研究，第二个实验属于定量研究。第六章针对研究模型二中的研究假设进行实验设计与假设检验，包括三个实验研究，分别检验了研究模型二中提出的四个影响因素及其作用机制，其中第一个实验检验了两个自变量及其作用机制，而第二个和第三个实验分别检验了一个自变量及其作用机制。

第五部分即第七章结论部分。本部分包括四个方面的内容：一是关于主要研究结论，陈述了研究模型一（时间限制与数量限制对消费者反应的影响）和研究模型二（身份限制或排他性促销对消费者反应的影响）中的假设检验情况；二是关于研究的理论贡献；三是关于实践启示，包括购买限制研究的社会价值、时间限制与数量限制研究的实践价值、身份限制（排他性促销）研究的实践价值；四是关于研究局限与未来研究方向。

第二章　购买限制对消费者反应
影响的研究基础

本章首先回顾了以往文献中有关购买限制对消费者反应影响的研究，从购买限制的来源等方面阐述了购买限制的本质；其次探讨了最为常见的三类促销购买限制现象，包括时间限制、数量限制和身份限制，以及促销购买限制潜在的积极价值；最后回顾了排他性促销与交易排他性效应（优势消费者视角）及排他性促销中劣势消费者的反应（劣势消费者视角）。

第一节　购买限制的本质

购买限制有很多种来源，例如，库存限制、时间或数量限制、供不应求、高需求、低供给、购买的身份资格限制（如会员专供、外宾专供等）、社会规范（如18岁以下禁止饮酒），这些都属于外部限制。购买限制也可能来自消费者自身即内部或自我限制（Botti, Broniarczyk, Häubl et al., 2008[①]），例如，预算限制、戒烟戒酒的目标、减肥计划、环保主义、自身时间限制（工作繁忙）。本书拟主要探讨购买情景中的外部限制（特指企业造成的外部限制）对消费者反应的影响效应及其作用机制。

------

① Botti, Simona, Susan Broniarczyk, Gerald Häubl, Ron Hill, Yanliu Huang, Barbara Kahn, Praveen Kopalle, Donald Lehmann, Joe Urbany and Brian Wansink, "Choice under Restrictions", *Marketing Letters*, Vol. 19, No. 3/4, 2008, pp. 183 – 199.

　　在经济学领域，有许多学者曾探讨选择限制问题，例如，物质匮乏与稀缺对产品价值的影响（Lynn，1991[①]，1992b[②]）、选择限制造成的心理抗拒反应（Brehm，1966[③]；Fitzsimons and Lehmann，2004[④]）、资源不足造成的买方竞争活动（Thomas and Soldow，1988[⑤]）。从客观上看，一些购买限制来源于资源本身的天然稀缺性或消费者自身的经济限制，而另一些购买限制则来源于资源不可替代的情况下存在事实上的垄断（Botti，Broniarczyk，Häubl et al.，2008[⑥]）。在后一种情况下，产品的购买限制既可能来源于供给方又可能来源于需求方，供给方即企业故意实施的低供给式营销策略（如忠诚计划下的会员专供、脱销的情景性诱导效应、产品限量版、虚位定价策略），需求方即消费者之间为了获得购买产品的机会而相互竞争（如拍卖、抢购、排号购买）。

　　购买限制对消费者的可能影响包括认知反应、情感反应和行为反应。面对购买限制，消费者在认知方面可能做出的反应包括对限制的产生进行归因、对产品或购买机会产生稀缺性感知、感知消费者竞争、品牌认同等；在情感方面可能做出的反应包括产生购买紧迫感、预期后悔等；在行为反应方面可能做出的反应包括对购买限制的顺从与抗拒、加速或抑制购买、口碑传播、品牌忠诚或转换等。还有一些因素会调节消费者对选择限制的反应。例如，如果企业对限制的原因

---

　　① Lynn，Michael，"Scarcity Effects on Value：A Quantitative Review of the Commodity Theory Literature"，*Psychology & Marketing*，Vol. 8，No. 1，1991，pp. 43 – 57.

　　② Lynn，Michael，"Scarcity's Enhancement of Desirability：The Role of Naöve Economic Theories"，*Basic and Applied Social Psychology*，Vol. 13，No. 1，1992b，pp. 67 – 78.

　　③ Brehm，Jack W.，*A Theory of Psychological Reactance*，New York：Academic Press，1966.

　　④ Fitzsimons，Gavan J. and Donald R. Lehmann，"Reactance to Recommendations：When Unsolicited Advice Yields Contrary Responses"，*Marketing Science*，Vol. 23，No. 1，2004，pp. 82 – 94.

　　⑤ Thomas，Gloria P. and Gary F. Soldow，"A Rules – Based Approach to Competitive Interaction"，*Journal of Marketing*，Vol. 52，No. 2，1988，pp. 63 – 74.

　　⑥ Botti，Simona，Susan Broniarczyk，Gerald Häubl，Ron Hill，Yanliu Huang，Barbara Kahn，Praveen Kopalle，Donald Lehmann，Joe Urbany and Brian Wansink，"Choice under Restrictions"，*Marketing Letters*，Vol. 19，No. 3/4，2008，pp. 183 – 199.

做出陈述，使限制的出现更加合情合理，那么，消费者对限制的反应会更积极（Thaler，1985①）。又如，选择限制是否与个人的目标相一致可以预测个人对限制反应的效价（积极或消极），选择限制与目标的一致性越高，消费者对限制的反应越积极（Botti，Broniarczyk，Häubl et al.，2008②）。

第二节　企业促销中的购买限制

促销是企业用来吸引消费者访问店铺和实施购买的一种常见的营销策略。传统的理性决策理论假设消费者是完全理性的，不受购买情景中与选项属性不相关因素的影响。购买限制属于一种情景因素，它对消费者购买行为的影响属于情景效应，因而购买限制效应是非理性消费决策理论的一部分。促销活动能够发挥吸引顾客和提高营业额作用的原因在于，它可以为消费者提供更便宜的价格，同时还可能包括其他非价格方面的利益（Chandon，Wansink and Laurent，2000③）。

促销的方式是多种多样，包括直接降低价格（如打七折，满200减50，代金券）、价格不变的情况下增加产品数量或容量（如买一送一、赠品、捆绑销售）。但是，促销只有具有一定购买限制才会起到促进销售的作用，例如，时间限制（如本周一至周六促销）或数量限制（如仅100名，先到先得；限量版）。没有购买限制的促销（如常年处于促销价、频率过高的促销）不会对消费者产生额外的吸引力。广告商和零售商常通过购买限制对他们的产品进行促销。在实践中，购买限制可以有很多种表现形式。例如，一些促销活动是限时供应

---

① Thaler, Richard, "Mental Accounting and Consumer Choice", Marketing Science, Vol. 4, No. 3, 1985, pp. 199 – 214.

② Botti, Simona, Susan Broniarczyk, Gerald Häubl, Ron Hill, Yanliu Huang, Barbara Kahn, Praveen Kopalle, Donald Lehmann, Joe Urbany and Brian Wansink, "Choice under Restrictions", Marketing Letters, Vol. 19, No. 3/4, 2008, pp. 183 – 199.

③ Chandon, Pierre, Brian Wansink and Gilles Laurent, "A Benefit Congruency Framework of Sales Promotion Effectiveness", Journal of Marketing, Vol. 64, No. 4, 2000, pp. 65 – 81.

的，而另一些促销则限量如"每名顾客限购 3 件""仅限前 100 名顾客""全国 1000 件限量版"，又或者要求达到一个最低的金额后获得购买资格，如"满 300 元可以 28 元换购 A 款商品"。这些购买限制都可以提高产品在消费者心中的感知稀缺性。一般来说，几乎所有的促销都会存在限制，促销只会在固定的时间范围内持续，否则促销就无法起到促进销售的作用，反而会消极影响企业的利润和持续发展。

下面具体探讨时间限制、数量限制与身份限制三类常见的促销购买限制。

一　时间限制

根据稀缺相关的文献（e. g. Lynn，1991[①]），时间限制会影响采取行为的感知机会，而不是指能力或资格，例如，快速移动的信息、时间压缩以及诸如此类的损害认知过程的方面（Moore，Hausknecht and Thamodaran，1986[②]）。时间限制主要控制了消费者的反应时间（Brannon and Brock，2001[③]）。举例来说，某一促销活动持续时间为一个月，而另一个促销活动仅持续一天，前一个促销活动中消费者可以选择在明天或后来的一个月内的任何时间购买，而后一个促销活动中消费者被限制在仅能在当天购买，错过那一天就没有机会了。

消费者购买决策中的时间压力包括主观时间压力和客观时间压力，主观时间压力影响了消费者的机会成本感知，而客观时间压力是指购买或促销的时间限制，促销的时间限制使消费者必须在促销活动截至之前实现对决策信息的认知闭合。很多研究对时间压力的操纵方

---

① Lynn，Michael，"Scarcity effects on value: A Quantitative Review of the Commodity Theory Literature"，*Psychology & Marketing*，Vol. 8，No. 1，1991，pp. 43 – 57.

② Moore，Danny L.，Douglas Hausknecht and Kanchana Thamodaran，"Time Compression，Response Opportunity，and Persuasion"，*Journal of Consumer Research*，Vol. 13，No. 1，1986，pp. 85 – 99.

③ Brannon，Laura A. and Timothy C. Brock，"Limiting Time for Responding Enhances Behavior Corresponding to the Merits of Compliance Appeals: Refutations of Heuristic – Cue Theory in Service and Consumer Settings"，*Journal of Consumer Psychology*，Vol. 10，No. 3，2001，pp. 135 – 146.

法就是规定一个期限（Svenson and Maule，1993①）。大部分有关时间压力的研究都是在冷认知框架下而胜于在热认知框架下（Svenson and Maule，1993②）。热认知框架下会考虑消费者对时间压力的情感反应（如唤起、紧张感），而在冷认知框架下则不会考虑。冷认知框架下时间压力方面的研究侧重于信息处理过程中认知资源分配的问题。在热认知框架下，时间压力会增加消费者的唤起水平和心理紧张感（Keinan，Friedland and BenPorath，1987③）。当消费者的紧张程度较高时，消费者在决策中会表现出过早的认知闭合，即做决策时没有顾及所有的可得选项（Janis，1983④）。在时间压力下，消费者的信息搜索过程会更短，虽然会增加搜索的覆盖面，但是却降低了每个选项的搜索深度（Janis and Mann，1977⑤）。时间限制可以通过创造购买紧迫感而增加购买意向（Swain，Hanna and Abendroth，2006⑥）。

　　时间限制会减少消费者在购买决策过程中的信息搜索。在时间有限的时候，消费者在制定一个购买决策前只会代表性地去一两家商店，并且很少搜索公正的信息源（Beatty and Smith，1987⑦）。作为一种客观时间压力，促销的时间限制会导致消费者更倾向于依赖经验或直觉进行决策（卢长宝、于然海和曹红军，2012⑧）。促销的时间限

----

① Svenson，Ola and A. John Maule，*Time Pressure and Stress in Human and Decision Making*，New York：Plenum Press，1993.

② Svenson，Ola and A. John Maule，*Time Pressure and Stress in Human and Decision Making*，New York：Plenum Press，1993.

③ Keinan，Giora，Nehemia Friedland and Yossef Ben – Porath， "Decision Making under Stress：Scanning of Alternatives under Physical Threat"，*Acta Psychologica*，Vol. 64，No. 3，1987，pp. 219 – 228.

④ Janis，Irving L. ，*Groupthink*. 2nd ed. Boston：Houghton Mifflin，1983.

⑤ Janis，Irving L. and Leon Mann，*Decision Making：A Psychological Analysis of Conflict，Choice and Commitment*，New York：Free Press，1977.

⑥ Swain，Scott D. ，Richard Hanna and Lisa J. Abendroth， "How Time Restrictions Work：The Roles of Urgency，Anticipated Regret and Deal Evaluations"，*Advances in Consumer Research*，Vol. 33，2006，p. 523.

⑦ Beatty，Sharon E. and Scott M. Smith， "External Search Effort：An Investigation across Several Product Categories"，*Journal of Consumer Research*，Vol. 14，No. 1，1987，pp. 83 – 95.

⑧ 卢长宝、于然海、曹红军：《时间压力与促销决策信息搜寻的内在关联机制》，《科研管理》2012 年第 10 期。

制会通过影响消费者的预期不行动后悔，从而提高购买的可能性，降低购买延迟。卢长宝、于然海和曹红军（2012）使用机会成本感知作为促销时间限制与信息搜索方式之间的中介变量①，从他们使用的测量题项来看（"我感觉购买促销品的机会稍纵即逝，不买太可惜了"，"我感觉促销商品都很优惠，不买就会被人抢购完"，"我感觉商品的促销期很短，因此有很强的购买冲动"，"我感觉促销商品数量都很有限，不买就被人抢购完"），"机会成本感知"在一定程度上也反映了消费者"预期不行动后悔"或"错过购买的预期后悔"的程度。可见，时间限制会影响消费者的预期后悔。

二 数量限制

制造业企业在生产和销售产品时会使用数量限制（限量版）策略来提高产品的感知价值，同时，零售企业在销售产品时也可能会使用数量限制来限制促销活动的持续时间。限量版是一种由制造业企业发起的数量限制的促销活动，企业会把限量版产品作为它们生产线的一部分。限量版产品近年来常出现在汽车行业（如 Jaguar XKR Silverstone Coupe 银石赛道跑车）或时尚产品（如 Prada 的价值 750 美元的靴子）。在商业领域，企业生产限量版产品的动机就是通过限制产品的数量来产生稀缺性（Boorstin，2005②；Balachander and Stock，2009③）。很多专门生产高端产品的企业会限制产品的生产数量，即推出限量版产品（Amaldoss and Jain，2008④），例如，限量版彩妆盒、香水、高档皮具包、唱片。限量版产品往往在设计上胜于常规产品，并且必须限制生产和销售的数量。正是由于限量版产品的生产量少，可得程度有限，反而容易引发更多的消费者关注。所谓物以稀为贵，

---

① 卢长宝、于然海、曹红军：《时间压力与促销决策信息搜寻的内在关联机制》，《科研管理》2012 年第 10 期。

② Boorstin，Julia，"What's in Fashion This Fall？Scarcity"，*Time Inc Time & Life Building*，Vol. 152，2005，p. 19.

③ Balachander，Subramanian and Axel Stock，"Limited Edition Products：When and When not to Offer Them"，*Marketing Science*，Vol. 28，No. 2，2009，pp. 336 – 355.

④ Amaldoss，Wilfred and Sanjay Jain，"Trading Up：A Strategic Analysis of Reference Group Effects"，*Marketing Science*，Vol. 27，No. 5，2008，pp. 932 – 942.

限量版产品会由于数量限制而价格更昂贵。已有研究发现，与无数量限制的产品相比，即使是数量较多的限量版产品也会有利于企业的收入和利润（Amaldoss and Jain，2010[①]）。限量版特别容易出现在奢侈品品牌上，因为奢侈品品牌本身就具有卓越的品质、出自设计大师之手、产品工艺复杂、材料高档独特、完美的细节和华丽的包装，这些因素使产品本身的产量稀少，限量版的奢侈品营销策略可以进一步提高产品的象征价值和情感附加值。

巴拉钱德和斯托克（Balachander and Stock，2009）曾提出下述问题：如果众多品牌在质量和渴望度上存在差异，那么限量版产品应该出现在高质量品牌上，还是低质量品牌上，或者两者都出现？如果品牌之间的区别在于个人品位而不是质量或渴望度，那么限量版是否应该被供应？在上述情景中限量版产品对利润会产生怎样的影响？两位作者构建了一个在同一产品类别中两个品牌同时竞争消费者的模型。[②]在该模型中，假设消费者会感知到产品排他性的价值，如果消费者发现其他购买者购买了认同性产品，那么他会感觉到功效价值的损失。研究还假设了一个品牌最多可以销售两种版本的产品，一种是普通版，另一种是限量版。普通版是那些所有愿意购买的消费者都可以购买到的产品。通过数学模型的推导，巴拉钱德和斯托克（2009）发现，当企业将限量版作为生产线的一部分时，会加重价格竞争。增加的价格竞争会降低利润，但是，品牌可以通过限量版的价格溢价来增加利润。任何企业都可以生产限量版，但是，只有高品质的企业，才可以通过限量版的生产来获利。也就是说，限量版会导致更激烈的价格竞争，这将会对低品质的品牌产生更坏的影响。他们还发现，如果是垄断的品牌，无论产品的品质如何，企业都可以通过增加限量版的产品线来获利。

---

① Amaldoss, Wilfred and Sanjay Jain, "Reference Groups and Product Line Decisions: An Experimental Investigation of Limited Editions and Product Proliferation", *Management Science*, Vol. 56, No. 4, 2010, pp. 621 – 644.

② Balachander, Subramanian and Axel Stock, "Limited Edition Products: When and When not to Offer Them", *Marketing Science*, Vol. 28, No. 2, 2009, pp. 336 – 355.

在零售促销活动中，数量限制与时间限制起到了类似的促进销售、提高促销评价、提高企业利润的作用。但是，数量限制与时间限制的一个重要区别在于：数量限制会引发消费者之间的竞争（Aggarwal, Jun and Huh, 2011①），而时间限制一般不涉及消费者之间的竞争（除非在购买者会占用其他购买者抢购商品时间的情况）。竞争是一种存在"想要获胜的感觉"的情感状态。Cialdini（2008）曾指出，消费者不仅在某事物稀缺时更想要拥有它，而且在为它竞争时更想要拥有它。② 竞争会增加消费者对有限可得产品的欲望，并愿意为这样的产品支付更多。消费者竞争是指消费者与一个或更多消费者进行对抗的行为，目的在于获得想要的经济或心理报酬（Aggarwal, Jun and Huh, 2011③）。竞争使消费者不仅想要获得物品本身，还想要获得"赢"的感觉。在拍卖中，当面对较少而不是较多的竞拍者时，消费者更可能超越拍卖限制，因为竞拍者之间的竞争促使他们想要获得"胜利"（Ku, Malhotra and Murnighan, 2005④）。竞拍者之间的竞争会导致更高的跳价和成交价（Bagchi and Cheema, 2013⑤）。消费者竞争过程或者消费者对可能存在的竞争的预期会增加他们对促销产品的购买紧迫感，消费者会更担心失去参与促销活动的机会，增加了预期不行动后悔，从而加速了消费者的购买行为并降低购买延迟。

三 身份限制

得到具有身份限制的购买机会的消费者会感觉到自己在企业心中

---

① Aggarwal, Praveen, Sung Youl Jun and Jong Ho Huh, "Scarcity Messages", *Journal of Advertising*, Vol. 40, No. 3, 2011, pp. 19 – 30.

② Cialdini, Robert B., *Influence: Science and Practice*, 5th ed. Boston: Pearson Education, 2008.

③ Aggarwal, Praveen, Sung Youl Jun and Jong Ho Huh, "Scarcity Messages", *Journal of Advertising*, Vol. 40, No. 3, 2011, pp. 19 – 30.

④ Ku, Gillian, Deepak Malhotra and J. Keith Murnighan, "Towards a Competitive Arousal Model of Decision – Making: A study of Auction Fever in Live and Internet Auctions", *Organizational Behavior and Human Decision Processes*, Vol. 96, No. 2, 2005, pp. 89 – 103.

⑤ Bagchi, Rajesh and Amar Cheema, "The Effect of Red Background Color on Willingness – to – Pay: The Moderating Role of Selling Mechanism", *Journal of Consumer Research*, Vol. 39, No. 5, 2013, pp. 947 – 960.

的地位更高。消费者地位的增加会带来积极的消费体验，产生积极的消费者反应。相反的一面，消费者降级会带来消极的消费体验，产生消极的反应。并且，根据前景理论和情感理论，这种顾客地位变化会产生非对称效应，顾客降级带来的消极影响的程度要高于顾客地位提升带来的积极影响的程度（Wagner，Hennig‐Thurau and Rudolph，2009①）。同时，消费者本身的特征也可能会影响上述过程，对于本身具有较高社会地位的消费者，可能会对顾客降级更敏感；对于本身具有较低社会地位的消费者，可能对顾客降级敏感度较低而对顾客升级的敏感度较高。

金立印（2008）曾根据获得促销诱因所要求的消费者条件来对促销策略进行分类，将促销活动的受惠范围分为针对所有消费者和仅针对满足某些条件的特定消费者，即把促销策略分为有条件限制促销（排他性促销）和无条件限制促销（包容性促销）。② 举例来说，如果只有持会员卡的消费者，才能购买某款促销优惠产品，就属于排他性促销或有条件的促销。如果促销商品任何消费者都可以购买，就属于包容性促销或无条件促销。金立印（2008）指出，与无条件限制的促销相比，有条件限制的促销会具有更好的销售效果和沟通效果。③

当消费者在身份限制的促销活动中被排除在外时，感知公平性是影响这类消费者反应的关键因素。有研究发现，如果其他消费者群体获得了一个更合适的价格或推广优惠价，消费者会认为，这一促销活动是不公平的（e. g. Anderson and Simester，2008④；Bolton，Warlop，

---

① Wagner，Tillmann，Thorsten Hennig‐Thurau and Thomas Rudolph，"Does Customer Demotion Jeopardize Loyalty?"，*Journal of Marketing*，Vol. 73，No. 3，2009，pp. 69‐85.

② 金立印：《促销活动效果比较研究——诱因类型、获得时机和条件限制对促销效果的影响》，《管理评论》2008 年第 8 期。

③ 同上。

④ Anderson，Eric T. and Duncan I. Simester，"Does Demand Fall When Customers Perceive that Prices are Unfair? the Case of Premium Pricing for Large Sizes"，*Marketing Science*，Vol. 27，No. 3，2008，pp. 492‐500.

and Alba，2003①；Campbell，1999②；Darke and Dahl 2003③；Feinberg，Krishna and Zhang 2002④）。De Run（2007）指出，面对在种族上有针对性的广告，非目标的种族群体会比目标群体产生更消极的情感反应、广告态度和企业态度。⑤ 当消费者觉得自己被排除在企业目标顾客之外时，消费者会产生很强烈的消极反应。消费者不仅会感受到不公平，还可能会有与企业决裂关系、传播负面信息或者参与各类损害企业形象的行为（Folkes，1988⑥；Campbell，1999⑦；Xia，Monroe and Cox，2004⑧；Grégoire and Fisher，2008⑨）。

被促销活动排除在外的消费者（劣势消费者）还可能会产生自己没有得到同等的对待是由于异质性匹配的简化启发式（Kivetz and Si-

① Bolton，Lisa E.，Luk Warlop and Joseph W. Alba，"Consumer Perceptions of Price（un）Fairness"，*Journal of Consumer Research*，Vol. 29，No. 4，2003，pp. 474 – 491.

② Campbell，Margaret C.，"Perceptions of Price Unfairness：Antecedents and Consequences"，*Journal of Marketing Research*，Vol. 36，No. 2，1999，pp. 187 – 199.

③ Darke，Peter R. and Darren W. Dahl，"Fairness and Discounts：The Subjective Value of a Bargain"，*Journal of Consumer Psychology*，Vol. 13，No. 3，2003，pp. 328 – 338.

④ Feinberg，Fred M.，Aradhna Krishna and Z. John Zhang，"Do We Care What Others Get？A Behaviorist Approach to Targeted Promotions"，*Journal of Marketing Research*，Vol. 39，No. 3，2002，pp. 277 – 291.

⑤ De Run and Ernest Cyril，"Ethnically Targeted Advertising：Views of Those not Targeted"，*Asia Pacific Journal of Marketing and Logistics*，Vol. 19，No. 3，2007，pp. 265 – 285.

⑥ Folkes，Valerie S.，"Recent Attribution Research in Consumer Behavior：A Review and New Directions"，*Journal of Consumer Research*，Vol. 14，No. 4，1988，pp. 548 – 565.

⑦ Campbell，Margaret C.，"Perceptions of Price Unfairness：Antecedents and Consequences"，*Journal of Marketing Research*，Vol. 36，No. 2，1999，pp. 187 – 199.

⑧ Xia，Lan，Kent B. Monroe and Jennifer L. Cox，"The Price is Unfair！A Conceptual Framework of Price Fairness Perceptions"，*Journal of Marketing*，Vol. 68，No. 4，2004，pp. 1 – 15.

⑨ Grégoire，Yany and Robert J. Fisher，"Customer Betrayal and Retaliation：When Your Best Customers Become Your Worst Enemies"，*Journal of the Academy of Marketing Science*，Vol. 36，No. 2，2008，pp. 247 – 261.

monson，2003[①]；Simonson，Carmon and O'Curry，1994[②]）。消费者会把卖方的促销活动与他们自己（vs 其他人）进行匹配（使用异质性匹配的简化启发式）（Lo，Lynch and Staelin，2007[③]）。消费者可能会推断自己被促销活动排除在外的原因在于自己与企业促销产品的匹配程度降低，这与感知公平性下降一样都会消极影响消费者对促销活动的反应。西蒙森、卡蒙和奥库里（Simonson，Carmon and O'Curry，1994）曾指出，如果给消费者增加的一个额外促销赠品与消费者自身不太匹配，这反而会减少产品和促销本身的吸引力（相比于没有该额外促销赠品）。[④]

市场存在较低支付价格的可能还消极地影响了产品质量推断。相比于产品没有促销并且对所有人可得，如果消费者发现促销活动对他们的吸引力相比于其他人更低时，消费者会推断核心产品对他们来说具有较低价值（Anderson and Simester，2001[⑤]；Lichtenstein，Burton and O'Hara，1989[⑥]；Raghubir，Inman and Grande，2004[⑦]）。这是因

① Kivetz，Ran and Simonson Itamar，"The Idiosyncratic Fit Heuristic：Effort Advantage as a Determinant of Consumer Response to Loyalty Programs"，*Journal of Marketing Research*，Vol. 40，No. 4，2003，pp. 454 – 467.

② Simonson，Itamar，Ziv Carmon and Sue O'Curry，"Experimental Evidence on the Negative Effect of Product Features and Sales Promotions on Brand Choice"，*Marketing Science*，Vol. 13，No. 1，1994，pp. 23 – 40.

③ Lo，Alison K. C.，John G. Lynch and Richard Staelin，"How to Attract Customers by Giving Them the Short End of the Stick"，*Journal of Marketing Research*，Vol. 44，No. 1，2007，pp. 128 – 241.

④ Simonson，Itamar，Ziv Carmon and Sue O'Curry，"Experimental Evidence on the Negative Effect of Product Features and Sales Promotions on Brand Choice"，*Marketing Science*，Vol. 13，No. 1，1994，pp. 23 – 40.

⑤ Anderson，Eric T. and Duncan I. Simester，"Price Discrimination as an Adverse Signal：Why an Offer to Spread Payments May Hurt Demand"，*Marketing Science*，Vol. 20，No. 3，2001，pp. 315 – 327.

⑥ Lichtenstein，Donald R.，Scot Burton and Bradley S. O'Hara，"Marketplace Attributions and Consumer Evaluations of Discount Claims"，*Psychology & Marketing*，Vol. 6，No. 3，1989，pp. 163 – 180.

⑦ Raghubir，Priya，J. Jeffrey Inman and Hans Grande，"The Three Faces of Consumer Promotions：Economic，Informative and Affective"，*California Management Review*，Vol. 46，No. 4，2004，pp. 1 – 19.

为，促销产品的成本可以在一定程度上通过产品的价格反映出来，价格降低背后暗含产品本身的成本并不高，消费者对产品质量的推断也会下降，因此，对于非目标顾客（促销不可得的劣势消费者）相比于目标顾客（促销可得的优势消费者）支付了过多的价钱。

但是，被排除在外的消费者也有可能因为购买限制的存在而积极地提高产品评价和品牌态度。例如，生产游泳用品的企业 Fastskin 专门设计如何提高专业运动员竞赛成绩的产品，它仅为奥林匹克参赛团队提供产品而不面向其他游泳者。消费者并没有因为 Fastskin 仅为运动员提供产生而产生消极评价，反而因为他们仅向专家群体提供产品而积极推断了产品的质量。如果非目标顾客（劣势消费者）发现得到促销机会的目标顾客属于专家群体，他们反而会对产品质量和价值产生积极的推断（Lo，Lynch and Staelin，2007[①]）。当卖方为专家群体提供了很合适的交易价格或模式时，被排除在外的购买者可能会使用这一信息对核心产品进行高质量的推断，即使劣势消费者并没有实际观察到专家消费者是否已经购买了产品（Lo，Lynch and Staelin，2007[②]）。

第三节　促销购买限制的积极价值

有关促销购买限制对交易评价影响的研究并没有达成一致的观点，一些研究发现促销购买限制对交易评价的消极影响（Sinha，Chandran and Srinivasan，1999[③]），而另一些研究则发现了其积极影响

① Lo, Alison K. C. , John G. Lynch and Richard Staelin, "How to Attract Customers by Giving Them the Short End of the Stick", *Journal of Marketing Research*, Vol. 44, No. 1, 2007, pp. 128 – 241.

② Ibid. .

③ Sinha, Indrajit, Rajan Chandran and Srini S. Srinivasan, "Consumer Evaluations of Price and Promotional Restrictions: A Public Policy Perspective", *Journal of Public Policy and Marketing*, Vol. 18, No. 1, 1999, pp. 37 – 51.

（Inman，Peter and Raghubir，1997①）。可见，促销中购买限制对消费者反应的影响是相对复杂的，需要结合具体情景和消费者个人特质等多方面的因素进行研究。已有研究发现，促销对消费者产品购买量的增加具有积极影响（Blattberg，Eppen and Lieberman，1981②）。但是，促销结束后，消费者对促销产品的品牌忠诚度会降低。根据自我感知理论，消费者在促销期购买促销的品牌时会把购买原因归为企业促销，而在非促期间购买同样的品牌时会把购买原因归为对品牌的偏好（Dodson，Tybout and Sternthal，1978③）。购买限制可谓是促销的助推器（Inman，Peter and Raghubir，1997④）。存在限制的促销可以积极影响消费者对促销的评价和反应，消费者认为，有限制的促销更有价值以及会加速购买促销产品。消费者会将购买限制作为一种信息资源从而影响决策的价值（Inman，Peter and Raghubir，1997⑤）。

从消费者这一角度看，当面对促销活动时，消费者会使用环境中的信息来决定是否购买促销的品牌。这些信息包括折扣的幅度、品牌知名度和熟悉度、产品本身的质量和对它的偏好、促销活动持续的时间和出现的频率等。这些环境中的信息会结合消费者自身的个体因素，产生消费者对促销活动的积极反应或消极反应。其中，促销购买限制将对消费者促销反应产生重要影响，它不仅会影响促销活动持续时间和促销效果，还会对消费者对购买机会的价值评估产生偏差性影响，对消费者的主观认知和情感起到影响效应。购买限制会产生资源

---

① Inman，J. Jeffrey，Anil C. Peter and Priya Raghubir，"Framing the Deal：The Role of Restrictions in Accentuating Deal Value"，*Journal of Consumer Research*，Vol. 24，No. 1，1997，pp. 68 – 79.

② Blattberg，Robert C. ，Gary D. Eppen and Joshua Lieberman，"A Theoretical and Empirical Evaluation of Price Deals for Consumer Non – Durables"，*Journal of Marketing*，Vol. 45，No. 1，1981，pp. 116 – 129.

③ Dodson，Joe A. ，Alice M. Tybout and Brian Sternthal，"Impact of Deals and Deal Retraction on Brand Switching"，*Journal of Marketing Research*，Vol. 15，No. 1，1978，pp. 72 – 81.

④ Inman，J. Jeffrey，Anil C. Peter and Priya Raghubir，"Framing the Deal：The Role of Restrictions in Accentuating Deal Value"，*Journal of Consumer Research*，Vol. 24，No. 1，1997，pp. 68 – 79.

⑤ Ibid. .

或购买机会的稀缺性。相比于无条件限制的促销，当消费者面对有条件限制（如专门面向会员）的促销活动时会对促销品牌持有更为肯定的态度（金立印，2008①）。消费者在购买限制的情景中之所以想要购买产品可能源于担心错过后产品就会涨价或者产品会脱销。零售商会利用限制产生的稀缺性去激活消费者的这一启发式线索（Gierl，Plantsch and Schweidler，2008②）。由于担心可能会错过购买，消费者会停止进一步比较的过程，而立刻决定购买产品。

购买限制可以积极影响促销效应，这一过程中情景因素和消费者的个体因素都会影响该效应。有学者发现，购买限制的积极效应仅仅在低认知需要个体上有效（Inman，Peter and Raghubir，1997③）。客观上还存在一些调节因素影响消费者对不同促销限制的反应，例如，消费者所处的思维模式会影响对促销限制的反应。当消费者处于应用性思维模式时，事物的可行性更受重视，消费者对扩展性促销（如您可以在中午 12 点至下午 4 点的任意时间参与促销）比限制性促销（如您只能在中午 12 点至下午 4 点这一时间内参与促销）的评价更高；但是，当消费者处于慎思性思维模式时，消费者对限制性促销比扩展性促销的反应积极，对促销评价更高（Cheema and Patrick，2008④）。可见，处于不同思维模式下，消费者对不同框定下的促销购买限制的反应存在差异。

企业促销中的购买限制能够引发消费者的积极反应，关键在于激发了稀缺效应。购买限制的稀缺效应可以用商品理论（e. g. Brock

---

① 金立印：《促销活动效果比较研究——诱因类型、获得时机和条件限制对促销效果的影响》，《管理评论》2008 年第 8 期。

② Gierl, Heribert, Michael Plantsch and Janine Schweidler, "Scarcity Effects on Sales Volume in Retail", *TheInternational Review of Retail*, *Distribution and Consumer Research*, Vol. 18, No. 1, 2008, pp. 45 – 61.

③ Inman, J. Jeffrey, Anil C. Peter and Priya Raghubir, "Framing the Deal: The Role of Restrictions in Accentuating Deal Value", *Journal of Consumer Research*, Vol. 24, No. 1, 1997, pp. 68 – 79.

④ Cheema, Amar and Vanessa M. Patrick, "Anytime Versus only: Mindsets Moderate the Effect of Expansive Versus Restrictive Frames on Promotion Evaluation", *Journal of Marketing Research*, Vol. 45, No. 4, 2008, pp. 462 – 472.

and Brannon，*1992*①）来解释。限制销售时间可以用于制造稀缺，例如，广告中显示"最后三天""限时供应""仅限一周"（Brannon and Brock，2001②；Cialdini，1995③）。当商业请求的原因较强时，消费者会表现得更顺从于请求，特别是伴随着稀缺信息时（操纵时间限制来实现）（Brannon and Brock，2001④）。因为稀缺会阻碍消费者思考的能力，当消费者发现自己想要购买的东西的可得程度下降时，血压会上升，关注点聚焦，认知和理性的程度下降，头脑发昏；这一反应的好处在于可以更迅速地做出决策，在保存时间、精力和心理资源的情景下，自动地做出反应（Cialdini，1993⑤）。

有限购买机会通常会积极影响可得的消费者对产品的反应。排他性促销会比包容性促销更能提高消费者的购买意愿，这是因为排他性促销可以提高消费者的自我增强（Barone and Roy，2010a⑥）。在购买机会有限性较高的情况下，一旦消费者错过了购买，就会对错过的产品产生较强的禀赋效应和后悔情绪，从而在未来相似购买机会前更可能实施购买行为（李东进、马云飞和李研，2013⑦）。消费者之所以会对具有购买限制的促销产生更积极的反应，可能源于两种心理

①　Brock，Timothy C. and Laura A. Brannon，"Liberalization of Commodity Theory"，*Basic and Applied Social Psychology*，Vol. 13，No. 1，1992，pp. 135 – 144.

②　Brannon，Laura A. and Timothy C. Brock，"Limiting Time for Responding Enhances Behavior Corresponding to the Merits of Compliance Appeals：Refutations of Heuristic – Cue Theory in Service and Consumer Settings"，*Journal of Consumer Psychology*，Vol. 10，No. 3，2001，pp. 135 – 146.

③　Cialdini，Robert B.，"Principles and Techniques of Social Influence" in Tesser A B. ed.，*Advanced Social Psychology*，New York：McGraw – Hill，1995，pp. 257 – 281.

④　Brannon，Laura A. and Timothy C. Brock，"Limiting Time for Responding Enhances Behavior Corresponding to the Merits of Compliance Appeals：Refutations of Heuristic – Cue Theory in Service and Consumer Settings"，*Journal of Consumer Psychology*，Vol. 10，No. 3，2001，pp. 135 – 146.

⑤　Cialdini，Robert B.，*Influence：The Psychology of Persuasion*，New York：William Morrow，1993.

⑥　Barone，Michael J. and Tirthankar Roy，"Does Exclusivity Always Pay off? Exclusive Price Promotions and Consumer Response"，*Journal of Marketing*，Vol. 74，No. 2，2010a，pp. 121 – 132.

⑦　李东进、马云飞、李研：《错过购买后不行动后悔的形成机制——禀赋效应的中介作用》，《营销科学学报》2013 年第 1 期。

机制。

第一，产品或购买机会的有限可得性引发了稀缺效应。产品的感知稀缺性会影响消费者对它的主观拥有意愿，产品稀缺性越强，消费者的购买意向就越高（Jung and Kellaris，2004[①]）。稀缺信息可以通过影响消费者的预期后悔，从而提高购买的紧迫感（Gupta，2013[②]）。

第二，对拥有产品的自由的威胁会引发心理抗拒。产品或购买机会的有限可得性限制了消费者的选择自由，对拥有产品的自由产生威胁，这会增加消费者拥有产品的欲望以重新建立被威胁的自由（Lynn，1992a[③]）。引发心理抗拒后，使消费者更想要得到具有购买限制的产品，为此，消费者愿意为它付出更多的成本并提高对它的评价。

排他性促销除了会积极影响购买机会可得的消费者的反应，也有可能积极影响劣势消费者的反应。虽然大部分研究都认为，当消费者发现别人以更优惠的价格获得同样的产品或者以同样的价格获得更好的产品时，消费者都会拒绝购买产品，原因在于消费者会感知到交易是不公平的，别人得到了更多而自己得到的更少。但是，洛、林奇和斯塔林（2007）研究发现，在特定条件下，相反的现象会发生：有些时候，当卖家以更优惠价格或者提供更多利益给另一消费群体（相比于所有消费者都是一样的）时，消费者会认为，同样的产品或营销活动更有吸引力。[④] 例如，特优精品酒企业"雪树伏特加"专门为调酒师提供免费的伏特加品尝活动而拒绝其他人参加（Silverstein and

① Jung, Jae Min and James J. Kellaris, "Cross – National Differences in Proneness to Scarcity Effects: The Moderating Roles of Familiarity, Uncertainty Avoidance and Need for Cognitive Closure", *Psychology & Marketing*, Vol. 21, No. 9, 2004, pp. 739 – 753.

② Gupta, Shipra, The Psychological Effects of Perceived Scarcity on Consumers' buying behavior, in Lincoln, Ph. D. dissertation, Univ. of Nebraska, 2013.

③ Lynn, Michael, "The Psychology of Unavailability: Explaining Scarcity and Cost Effects on Value", *Basic and Applied Social Psychology*, Vol. 13, No. 1, 1992a, pp. 3 – 7.

④ Lo, Alison K. C., John G. Lynch and Richard Staelin, "How to Attract Customers by Giving Them the Short End of the Stick", *Journal of Marketing Research*, Vol. 44, No. 1, 2007, pp. 128 – 241.

Fiske，2005[1]）。如果被购买限制排除在外的消费者认为得到促销的群体是专家群体，他们反而对于产品质量产生更积极的推断（Lo，Lynch and Staelin，2007[2]）。

第四节　排他性促销与交易排他性效应

排他性促销又称针对性促销，在该促销模式中，一部分消费者可以获得促销机会而其他消费者却无法获得促销机会。"排他性促销"这一术语强调一部分人可以得到而他人无法得到的促销购买机会，这是更多地从消费者视角定义这一问题。针对性促销更强调企业视角，企业选择一部分消费者作为自己的目标顾客。归根结底，两个术语描述的是相同的市场现象，以特定价格出现的促销活动仅对部分人可得。定制化定价也属于排他性促销的一种表现形式，因为不同消费者获得了不同的产品或服务定价。消费者对促销活动的反应除受到传统的交易特征影响（如促销的深度、频率和时长，详见 Inman，Peter and Raghubir，1997[3]；Silva – Risso，Bucklin and Morrison，1999[4]；Zhang and Krishnamurthi，2004[5]；Zhang and Wedel，2009[6]），还会受

① Silverstein, Michael J. and Neil Fiske, *Trading up: Why Consumers Want New Luxury Goods and How Companies Create Them*, New York: Penguin Group, 2005.

② Lo, Alison K. C. John G. Lynch and Richard Staelin, "How to Attract Customers by Giving Them the Short End of the Stick", *Journal of Marketing Research*, Vol. 44, No. 1, 2007, pp. 128 – 241.

③ Inman, J. Jeffrey, Anil C. Peter and Priya Raghubir, "Framing the Deal: The Role of Restrictions in Accentuating Deal Value", *Journal of Consumer Research*, Vol. 24, No. 1, 1997, pp. 68 – 79.

④ Silva – Risso, Jorge M., Randolph E. Bucklin and Donald G. Morrison, "A Decision Support System for Planning Manufacturers' Sales Promotion Calendars", *Marketing Science*, Vol. 18, No. 3, 1999, pp. 274 – 300.

⑤ Zhang, Jie and Lakshman Krishnamurthi, "Customizing Promotions in Online Stores", *Marketing Science*, Vol. 23, No. 4, 2004, pp. 561 – 578.

⑥ Zhang, Jie and Michel Wedel, "The Effectiveness of Customized Promotions in Online and Offline Stores", *Journal of Marketing Research*, Vol. 46, No. 2, 2009, pp. 190 – 206.

到非传统交易特征的影响——促销的感知排他性。

在营销实践中，排他性促销是十分常见的。营销者会向不同的消费者提供不同的价格促销（Darke and Dahl，2003[①]）。例如，一些消费者获得了暂时的价格折扣，而另一些消费者必须付全价（如飞机票）。持有会员卡的顾客可以享受折扣优惠，而非会员顾客不得不支付更高的价格。Feinberg、Krishna 和 Zhang（2002）指出，这类促销模式会对潜在顾客和当前顾客提供差别定价。[②] 在排他性促销中，差别定价的好处是显而易见的。如果消费者可以得到排他性的促销机会，就可以提供给他们一种在市场上具有财务优势的感觉（相比于其他没有得到该促销机会的消费者）（Barone and Roy，2010a[③]）。巴罗尼和罗伊（2010a）指出，交易排他性效应的内在机制在于获得排他性促销机会可以提升自我增强。[④]

但是，排他性促销会对一些消费者（优势消费者和劣势消费者）产生各种消极影响，包括感知公平、感知价格和消极情绪等方面。以往的研究认为，消费者仅关注于对他们来说可得的价格，但事实上，消费者还会关注对其他人来说可得的价格。在排他性促销面前，潜在顾客和当前顾客之间是不平等的，在面对价格差异时，两类群体的感知不公平程度存在差异。Tsai 和 Lee（2007）发现，在不公平的定价中处于劣势时，当前顾客（vs 潜在顾客）会有更强的不公平感知；在不公平的定价中处于优势时，潜在顾客（vs 当前顾客）会有更强的不

---

① Darke, Peter R. and Darren W. Dahl, "Fairness and Discounts: The Subjective Value of a Bargain", *Journal of Consumer Psychology*, Vol. 13, No. 3, 2003, pp. 328 – 338.

② Feinberg, Fred M., Aradhna Krishna and Z. John Zhang, "Do We Care What Others Get? A Behaviorist Approach to Targeted Promotions", *Journal of Marketing Research*, Vol. 39, No. 3, 2002, pp. 277 – 291.

③ Barone, Michael J. and Tirthankar Roy, "Does Exclusivity Always Pay Off? Exclusive Price Promotions and Consumer Response", *Journal of Marketing*, Vol. 74, No. 2, 2010a, pp. 121 – 132.

④ Ibid. .

公平感知。[1] 排他性促销的出现可能会引发购买机会可得的消费者的混合情感。得到他人不可得的机会让消费者感觉良好，同时也会感觉到不公平。即使排他性促销中的优势消费者和劣势消费者在感知公平程度上存在差异，优势消费者仍会对排他性促销产生不公平感知。对自己来说的好交易（如支付更低的价格）并不一定被认为是公平的交易，优势消费者也会对排他性促销的感知不公平的程度做出判断。无论是在购买限制中占优势还是处于劣势，消费者都会认为，与他人不一致是不公平的（Van den Bos，Peters，Bobocel et al.，2006[2]）。

　　排他性促销并非一定会积极地影响消费者，这一促销手段是存在潜在消极影响的（Feinberg，Krishna and Zhang，2002[3]；Homburg，Droll and Totzek，2008[4]）。Feinberg、Krishna 和 Zhang（2002）曾探讨非接受者在面对只针对其他消费者的购买机会前如何做出反应。他们通过随机模型的校准和博弈理论分析发现，对转换者提供低价格在长期来看不是一个可持续策略，营销实践者应当警惕不要过分促销或者向错误的细分市场促销。[5] 劣势消费者对排他性促销一般都会做出消极反应，而优势消费者未必会做出积极反应。巴罗尼和罗伊（2010a）

————————

　　① Tsai，Dungchun and Hsiao - Ching Lee，"Will You Care When You Pay More? The Negative Side of Targeted Promotions"，*Journal of Product & Brand Management*，Vol. 16，No. 7，2007，16（7）：481 - 491.

　　② Van den Bos，Kees，Susanne L. Peters，D. Ramona Bobocel and Jan Fekke Ybema，"On Preferences and Doing the Right Thing：Satisfaction with Advantageous Inequity when Cognitive Processing is Limited"，*Journal of Experimental Social Psychology*，Vol. 42，No. 3，2006，pp. 273 - 289.

　　③ Feinberg，Fred M.，Aradhna Krishna and Z. John Zhang，"Do We Care What Others Get? A Behaviorist Approach to Targeted Promotions"，*Journal of Marketing Research*，Vol. 39，No. 3，2002，pp. 277 - 291.

　　④ Homburg，Christian，Mathias Droll and Dirk Totzek，"Customer Prioritization：Does it Pay Off and How should it be Implemented"，*Journal of Marketing*，Vol. 72，No. 5，2008，pp. 110 - 130.

　　⑤ Feinberg，Fred M.，Aradhna Krishna and Z. John Zhang，"Do We Care What Others Get? A Behaviorist Approach to Targeted Promotions"，*Journal of Marketing Research*，Vol. 39，No. 3，2002，pp. 277 - 291.

探讨了购买机会的接受者对排他性促销如何做出反应。[①] 研究发现，一些消费者（如男性和那些独立型自我构建的消费者）更喜欢排他性促销而胜于包容性促销。在特定条件下（如当消费者通过曾经的惠顾行为而与营销者产生的关系权益水平较低时），消费者对两类促销类型的偏好度是相等的。特定的消费群体（如女性和那些依赖型自我构建的消费者）对排他性促销的反应比较消极；相反，他们会偏好对所有人都可得的促销活动。

交易排他性效应的强度是排他性促销中消费者（特别是优势消费者）做出积极反应的程度，该效应会受到一些因素的调节作用。巴罗尼和罗伊（2010b）从社会认同视角探索了交易排他性效应及其影响因素，特别是考察了消费者对排他性群体（企业促销活动的目标群体）的认同程度的调节效应。[②] 对于促销机会可得的优势消费者，排他性促销并非一定比包容性促销的效果更好，一些影响因素会使交易排他性效应减弱甚至是消失（Barone and Roy，2010a[③]；2010b[④]）。巴罗尼和罗伊（2010b）通过实验研究发现，消费者的独特性需求会积极影响他们对排他性促销的反应，消费者对交易目标群体的认同会积极影响交易排他性效应，消费者归属于交易目标群体的态度和为了获得定制化价格促销所需要付出的努力水平都会积极影响排他性促销的效果。[⑤]

① Barone, Michael J. and Tirthankar Roy, "Does Exclusivity Always Pay Off? Exclusive Price Promotions and Consumer Response", *Journal of Marketing*, Vol. 74, No. 2, 2010a, pp. 121 – 132.

② Barone, Michael J. and Tirthankar Roy, "The Effect of Deal Exclusivity on Consumer Response to Targeted Price Promotions: A Social Identification Perspective", *Journal of Consumer Psychology*, Vol. 20, No. 1, 2010b, pp. 78 – 89.

③ Barone, Michael J. and Tirthankar Roy, "Does Exclusivity Always Pay Off? Exclusive Price Promotions and Consumer Response", *Journal of Marketing*, Vol. 74, No. 2, 2010a, pp. 121 – 132.

④ Barone, Michael J. and Tirthankar Roy, "The Effect of Deal Exclusivity on Consumer Response to Targeted Price Promotions: A Social Identification Perspective", *Journal of Consumer Psychology*, Vol. 20, No. 1, 2010b, pp. 78 – 89.

⑤ Ibid. .

第五节　排他性促销中劣势消费者的反应

在有身份限制的促销活动中，处于劣势一方的消费者会感觉到自己没有得到相似的或平等的结果，因而会感觉到自己处于不平等中的劣势地位（Nguyen and Simkin，2013①）。在身份限制的促销活动中，促销购买机会不可得的消费者被称为处于劣势的消费者，他们被排除在企业的目标顾客之外。

消极的体验往往会比积极的体验给人留下更深刻的印象。在具有身份限制的促销活动中，当被排除在目标顾客之外的一类消费者发现，自己处于劣势的地位就会形成更强烈的消极体验。任何一种消极情绪的出现，往往都是为了改善未来的行为功效（e. g. 李东进、李研和马云飞，2011②；Saffrey，Summerville and Roese，2008③）。当消费者感知到较强的价格不公平时，他们就会增加在未来购买过程中的价格意识（Sinha and Batra，1999④）。根据认知失调理论，很多时候，消费者会把自己被排除在目标顾客之外的原因归因于外部原因，而非自身原因。消费者会倾向于寻找与企业相关的消极原因，例如，"这家实施价格歧视的企业是没有社会责任感的、唯利是图的"。处于劣势一方的消费者在经历价格歧视之后，会出现一系列负面情绪（如生气、愤慨、郁闷、难过），这些负面情绪的出现加深了这类消费者对事件和相关企业的记忆和印象，那么他们会在未来购买过程中更加注

①　Nguyen，Bang and Lyndon Simkin，"The Dark Side of CRM：Advantaged and Disadvan-taged Customers"，*Journal of Consumer Marketing*，Vol. 30，No. 1，2013，pp. 17 – 30.

②　李东进、李研、马云飞：《消费者后悔功效说》，《现代管理科学》2011 年第 10 期。

③　Saffrey，Colleen，Amy Summerville and Neal J. Roese，"Praise for Regret：People Value Regret above other Negative Emotions"，*Motivation and Emotion*，Vol. 32，No. 1，2008，pp. 46 – 54.

④　Sinha，Indrajit and Rajeev Batra，"The Effect of Consumer Price Consciousness on Private Label Purchase"，*International Journal of Research in Marketing*，Vol. 16，No. 3，1999，pp. 237 – 251.

重价格歧视问题，并且也会对未来类似的活动产生抵制倾向（不论在未来活动中处于优势或劣势）。

在广告研究领域，很多学者探索了广告的目标顾客和非目标顾客对排他性广告的态度和反应。对于非目标群体，他们会感知到自己在心理上被排除在广告的目标顾客外，因而有可能产生消极的心理反应。非目标群体总能遇到把自己排除在外的目标促销活动（Barnard and Ehrenberg，1997[①]；Pollay，1986[②]），看到这些具有排他性的促销后，消费者会形成自己对这些促销的看法（Mick and Buhl，1992[③]；Mick and Politi，1989[④]）。但是，消费者在亲密度、能力、目的、偏见方面存在系统性差异，结果，每一群体都会从不同角度看待广告促销，形成自己的反应模式和理解（Grier and Brumbaugh，1999[⑤]；Scott，1994[⑥]）。有群体针对性的目标广告会让很多人接触到它，广告是否对企业形象和绩效起作用依赖于谁看到了广告以及他们从广告中理解到什么内涵（De Run，2007[⑦]）。排他性促销对劣势消费者的影响结果依赖于很多方面。

当消费者在身份限制或排他性促销活动中被排除在外时，这些促销机会不可得的劣势消费者可能会对该促销活动产生如下反应：

第一，如果其他群体获得了一个更合适的价格或推广优惠价，消

---

① Barnard, Neil and Andrew Ehrenberg, "Advertising: Strongly Persuasive or Nudging?", *Journal of Advertising Research*, Vol. 37, No. 1, 1997, pp. 21 – 31.

② Pollay, Richard W., "The Distorted Mirror: Reflections on the Unintended Consequences of Advertising", *Journal of Marketing*, Vol. 50, No. 2, 1986, pp. 18 – 36.

③ Mick, David G. and Claus Buhl, "A Meaning – Based Model of Advertising Experiences", *Journal of Consumer Research*, Vol. 19, No. 3, 1992, pp. 317 – 338.

④ Mick, David G. and Laura G. Politi, "Consumers' Interpretations of Advertising Imagery: A Visit to the Hell of Connotation" paper delivered to Hirschman E C. Interpretive consumer research, Provo, UT: Association for Consumer Research, 1989, pp. 85 – 96.

⑤ Grier, Sonya A. and Anne M. Brumbaugh, "Noticing Cultural Differences: Ad Meanings Created by Target and non – Target Markets", *Journal of Advertising*, Vol. 28, No. 1, 1999, pp. 79 – 93.

⑥ Scott, Linda M., "The Bridge From Text to Mind: Adapting Reader – Response Theory to Consumer Research", *Journal of Consumer Research*, Vol. 21, No. 3, 1994, pp. 461 – 481.

⑦ De Run and Ernest Cyril, "Ethnically Targeted Advertising: Views of Those not Targeted", *Asia Pacific Journal of Marketing and Logistics*, Vol. 19, No. 3, 2007, pp. 265 – 285.

费者会认为，这一促销活动是不公平的（e. g. Anderson and Simester，2008①；Bolton，Warlop and Alba，2003②；Campbell，1999③；Darke and Dahl，2003④；Feinberg，Krishna and Zhang，2002⑤）。相比于在不平等中处于劣势，消费者会更偏好公平的情况（Loewenstein，Thompson and Bazerman，1989⑥）。由于西方社会普遍存在种族歧视的问题，因此，一些学者探讨了促销中的歧视问题。De Run（2007）指出，在面对种族上有针对性的广告，非目标种族群体会比目标群体产生更消极的情感反应、广告态度和企业态度，他们更不愿意购买促销产品和推荐产品。当消费者觉得自己被排除在企业目标顾客之外时，消费者会产生很强烈的消极反应。⑦ 消费者不仅会感受到不公平，还可能会与企业决裂关系、传播负面信息或者参与各类损害企业形象的行为（Folkes，1988⑧；Campbell，1999⑨；Xia，Monroe and Cox，2004⑩；

---

① Anderson, Eric T. and Duncan I. Simester, "Does Demand Fall When Customers Perceive that Prices are Unfair? the Case of Premium Pricing for Large Sizes", *Marketing Science*, Vol. 27, No. 3, 2008, pp. 492 – 500.

② Bolton, Lisa E., Luk Warlop and Joseph W. Alba, "Consumer Perceptions of Price (un) Fairness", *Journal of Consumer Research*, Vol. 29, No. 4, 2003, pp. 474 – 491.

③ Campbell, Margaret C., "Perceptions of Price Unfairness: Antecedents and Consequences", *Journal of Marketing Research*, Vol. 36, No. 2, 1999, pp. 187 – 199.

④ Darke, Peter R. and Darren W. Dahl, "Fairness and Discounts: The Subjective Value of a Bargain", *Journal of Consumer Psychology*, Vol. 13, No. 3, 2003, pp. 328 – 338.

⑤ Feinberg, Fred M., Aradhna Krishna and Z. John Zhang, "Do We Care What Others Get? A Behaviorist Approach to Targeted Promotions", *Journal of Marketing Research*, Vol. 39, No. 3, 2002, pp. 277 – 291.

⑥ Loewenstein, George F., Leigh Thompson and Max H. Bazerman, "Social Utility and Decision Making in Interpersonal Contexts", *Journal of Personality and Social Psychology*, Vol. 57, No. 3, 1989, pp. 426 – 441.

⑦ De Run and Ernest Cyril, "Ethnically Targeted Advertising: Views of Those not Targeted", *Asia Pacific Journal of Marketing and Logistics*, Vol. 19, No. 3, 2007, pp. 265 – 285.

⑧ Folkes, Valerie S., "Recent Attribution Research in Consumer Behavior: A Review and New Directions", *Journal of Consumer Research*, Vol. 14, No. 4, 1988, pp. 548 – 565.

⑨ Campbell, Margaret C., "Perceptions of Price Unfairness: Antecedents and Consequences", *Journal of Marketing Research*, Vol. 36, No. 2, 1999, pp. 187 – 199.

⑩ Xia, Lan, Kent B. Monroe and Jennifer L. Cox, "The Price is Unfair! A Conceptual Framework of Price Fairness Perceptions", *Journal of Marketing*, Vol. 68, No. 4, 2004, pp. 1 – 15.

Grégoire and Fisher, 2008[①])。抗拒理论可以解释劣势消费者对排他性促销的消极反应, 不可得的状态会使消费者对购买机会产生"吃不到的葡萄是酸的"的想法。

Nguyen 和 Simkin(2013)探讨了排他性促销中优势方与非优势方消费者的反应, 特别是对公平性的感知。他们指出, 企业在顾客关系管理中对待不同类别的消费者存在差异, 企业在特意"讨好"某类消费者的同时不得不使另一些消费者处于劣势。[②] 对顾客的差别对待会导致顾客的不公平感知 (Bolton, Warlop and Alba, 2003[③]; Boulding, Staelin, Ehret et al., 2005[④]; Lo, Lynch and Staelin, 2007[⑤]; Bolton, Keh and Alba, 2010[⑥]; Nguyen, 2012[⑦])。很多研究探讨了这种顾客差异待遇对感知不公平的影响机制 (e. g. Campbell, 1999[⑧]; Cox,

---

① Grégoire, Yany and Robert J. Fisher, "Customer Betrayal and Retaliation: When Your Best Customers Become Your Worst Enemies", *Journal of the Academy of Marketing Science*, Vol. 36, No. 2, 2008, pp. 247 – 261.

② Nguyen, Bang and Lyndon Simkin, "The Dark Side of CRM: Advantaged and Disadvantaged Customers", *Journal of Consumer Marketing*, Vol. 30, No. 1, 2013, pp. 17 – 30.

③ Bolton, Lisa E., Luk Warlop and Joseph W. Alba, "Consumer Perceptions of Price (un) Fairness", *Journal of Consumer Research*, Vol. 29, No. 4, 2003, pp. 474 – 491.

④ Boulding, William, Richard Staelin, Michael Ehret and Wesley J. Johnston, "A Customer Relationship Management Roadmap: What is Known, Potential Pitfalls and Where to Go", *Journal of Marketing*, Vol. 69, No. 4, 2005, pp. 155 – 166.

⑤ Lo, Alison K. C., John G. Lynch and Richard Staelin, "How to Attract Customers by Giving Them the Short End of the Stick", *Journal of Marketing Research*, Vol. 44, No. 1, 2007, pp. 128 – 241.

⑥ Bolton, Lisa E., Hean Tat Keh and Joseph W. Alba, "How do Price Fairness Perceptions Differ across Culture?", *Journal of Marketing Research*, Vol. 47, No. 3, 2010, pp. 564 – 576.

⑦ Nguyen, Bang, "The Dark Side of Customer Relationship Management: Exploring the Underlying Reasons for Pitfalls, Exploitation and Unfairness", *Journal of Database Marketing and Customer Strategy Management*, Vol. 19, No. 1, 2012, pp. 56 – 70.

⑧ Campbell, Margaret C., "Perceptions of Price Unfairness: Antecedents and Consequences", *Journal of Marketing Research*, Vol. 36, No. 2, 1999, pp. 187 – 199.

2001[1]; Feinberg, Krishna and Zhang, 2002[2]; Haws and Bearden, 2006[3]; Homburg, Hoyer and Stock, 2007[4]; Abela and Murphy, 2008[5])。感知不公平性是劣势消费者对促销产生消极反应的一个重要原因，其中感知不公平是由于激发了劣势消费者对促销活动和企业的心理抗拒反应而造成了各类消极行为反应。与抗拒反应倾向低的个体相比，抗拒反应倾向高的个体在促销不可得的情况下，会对促销产生更为消极的反应。

对于同一卖家提供的同一商品，价格常常会因为有差异的促销而不同（如一些消费者获得了暂时的价格折扣，而另一些消费者必须付全价）。消费者与企业的关系权益（以往的购买情况）会影响劣势消费者对排他性促销的反应，在具有高关系权益时，劣势消费者更可能做出消极的反应。达克和达尔（Darke and Dahl, 2003）研究发现，如果消费者发现另一位消费者获得了更便宜的价格，这会明显降低支付更高价格的这位消费者的满意度，这种影响在程度上大于获得便宜价格的消费者的积极感受。[6] 但是，如果这位获得更便宜价格的消费者是企业的常客，那么支付更高价格的消费者将感受到更合理和公平。然而，忠诚地位还是不足以补偿受到价格歧视带来的负面感受（Darke and Dahl, 2003[7]）。

---

① Cox, Jennifer L. , "Can Differential Price be Fair?", *Journal of Product & Brand Management*, Vol. 10, No. 5, 2001, pp. 264 – 275.

② Feinberg, Fred M. , Aradhna Krishna and Z. John Zhang, "Do We Care What Others Get? A Behaviorist Approach to Targeted Promotions", *Journal of Marketing Research*, Vol. 39, No. 3, 2002, pp. 277 – 291.

③ Haws, Kelly L. and William O. Bearden, "Dynamic Pricing and Consumer Fairness Perceptions", *Journal of Consumer Research*, Vol. 33, No. 3, 2006, pp. 304 – 311.

④ Homburg, Christian, Wayne D. Hoyer and Ruth M. Stock, "How to Get Lost Customers Back", *Journal of the Academy of Marketing Science*, Vol. 35, No. 4, 2007, pp. 461 – 474.

⑤ Abela, Andrew V. and Patrick E. Murphy, "Marketing with Integrity: Ethics and the Service – Dominant Logic for Marketing", *Journal of the Academy of Marketing Science*, Vol. 36, No. 1, 2008, pp. 39 – 53.

⑥ Darke, Peter R. and Darren W. Dahl, "Fairness and Discounts: The Subjective Value of a Bargain", *Journal of Consumer Psychology*, Vol. 13, No. 3, 2003, pp. 328 – 338.

⑦ Ibid. .

第二，劣势消费者会产生自己没有得到同等对待是由于异质性匹配的简化启发式（Kivetz and Simonson，2003[①]；Simonson，Carmon and O'Curry，1994[②]）。当消费者对产品的偏好存在不确定性，促销活动看起来更有价值（Hsee，1996[③]）。消费者会把卖方的促销活动与他们自己（vs 其他人）进行匹配（使用异质性匹配的简化启发式），这一比较可以导致反常现象，既有可能否定促销活动的吸引力，又可能把负效用转换为吸引力（Lo，Lynch and Staelin，2007[④]）。西蒙森、卡蒙和奥库里（1994）曾指出，如果给消费者增加的一个额外促销赠品与消费者自身不太匹配，这反而会减少产品和促销本身的吸引力（相比于没有该额外促销赠品）。[⑤] 有时候，促销未必会产生正效用，也有可能对可得消费者造成消极影响，相对而言，劣势消费者有时更愿意被特定促销活动排除在外。

第三，消费者会由于目标顾客只需支付较低的价格而导致产品质量推断的下降。由于消费者会使用促销活动去推断核心产品的价值，相比于产品没有促销并且对所有人可得，如果消费者发现促销活动对他们的吸引力相比于其他人更低时，消费者会推断核心产品对他们来

---

① Kivetz，Ran and Simonson Itamar，"The Idiosyncratic Fit Heuristic: Effort Advantage as a Determinant of Consumer Response to Loyalty Programs"，*Journal of Marketing Research*，Vol. 40，No. 4，2003，pp. 454 – 467.

② Simonson，Itamar，Ziv Carmon and Sue O'Curry，"Experimental Evidence on the Negative Effect of Product Features and Sales Promotions on Brand Choice"，*Marketing Science*，Vol. 13，No. 1，1994，pp. 23 – 40.

③ Hsee，Christopher，"The Evaluability Hypothesis: An Explanation for Preference Reversals between Joint and Separate Evaluations of Alternatives"，*Organizational Behavior and Human Decision Processes*，Vol. 67，No. 3，1996，pp. 247 – 257.

④ Lo，Alison K. C. John G. Lynch and Richard Staelin，"How to Attract Customers by Giving Them the Short End of the Stick"，*Journal of Marketing Research*，Vol. 44，No. 1，2007，pp. 128 – 241.

⑤ Simonson，Itamar，Ziv Carmon and Sue O'Curry，"Experimental Evidence on the Negative Effect of Product Features and Sales Promotions on Brand Choice"，*Marketing Science*，Vol. 13，No. 1，1994，pp. 23 – 40.

说具有较低价值（Anderson and Simester，2001①；Lichtenstein，Burton and O'Hara，1989②；Raghubir，Inman and Grande，2004③）。这一推断背后的原因在于促销产品的成本可以在一定程度上通过产品的价格反映出来，价格降低背后暗含产品本身的成本并不高，消费者对产品质量的推断也会下降，因此，非目标顾客（促销价格不可得）相比于目标顾客（促销价格可得）支付了过多的价钱。

第四，如果非目标顾客发现得到促销机会的目标顾客属于专家群体，非目标顾客反而会对产品质量和价值产生积极的推断（Lo，Lynch and Staelin，2007④）。产生上述现象有两个前提：第一，产品之间是存在质量差异的；第二，在购买产品前，顾客识别质量的能力存在差异。阿尔巴、林奇、威茨等（Alba，Lynch，Weitz，1997）指出，因为消费者鉴别产品质量的能力是普遍存在差异的，对专家来说，会探求产品⑤，而对于新手来说，会体验产品（Nelson，1974⑥）。当卖方为专家群体提供了很合适的交易价格或模式时，被排除在外的消费者可能会使用这一信息对核心产品进行高质量的推断，即使劣势消费者并没有实际观察到专家消费者是否已经购买了产品（Lo，

---

① Anderson，Eric T. and Duncan I. Simester，"Price Discrimination as an Adverse Signal: Why an Offer to Spread Payments May Hurt Demand"，*Marketing Science*，Vol. 20，No. 3，2001，pp. 315 – 327.

② Lichtenstein，Donald R. ，Scot Burton and Bradley S. O'Hara，"Marketplace Attributions and Consumer Evaluations of Discount Claims"，*Psychology & Marketing*，Vol. 6，No. 3，1989，pp. 163 – 180.

③ Raghubir，Priya，J. Jeffrey Inman and Hans Grande，"The Three Faces of Consumer Promotions: Economic，Informative and Affective"，*California Management Review*，Vol. 46，No. 4，2004，pp. 1 – 19.

④ Lo，Alison K. C. ，John G. Lynch and Richard Staelin， "How to Attract Customers by Giving Them the Short End of the Stick"，*Journal of Marketing Research*，Vol. 44，No. 1，2007，pp. 128 – 241.

⑤ Alba，Joseph，John lynch，Barton Weitz，Chris Janiszewski，Richard Lutz，Alan Sawyer and Stacy Wood， "Interactive Home Shopping: Consumer，Retailer and Manufacturer Incentives to Participate in Electronic Marketplaces"，*Journal of Marketing*，Vol. 61，No. 3，1997，pp. 38 – 53.

⑥ Nelson，Phillip， "Advertising as Information"，*Journal of Political Economy*，Vol. 82，No. 4，1974，pp. 729 – 754.

Lynch and Staelin，2007[1]）。这一积极质量推断机制与另外两个机制"公平性与异质性匹配"是同时存在的，不同的条件将决定劣势消费者最终的积极或消极反应。

洛、林奇和斯塔林（2007）指出，如果想要让积极质量推断机制胜于其他两个机制，必须满足以下条件：第一，劣势消费者必须相信优势消费者比他们在判断产品质量方面更有能力。第二，卖方为了吸引优势群体检验核心产品，必须不惜代价提供很有价值的促销机会，而一个销售低质量产品的卖方吸引此类专家是有害无利的。第三，劣势消费者的不确定性必须首先与"更多即更好"这一特征相联系。第四，质量不确定性必须是凸显的，推断质量的规制必须是易接近的和有诊断性的。[2] 大量行为学研究发现，如果消费者在判断质量时有其他的诊断依据，推断在决策中所起的到作用就会很小，但是，如果不确定性很高，并且其他决策的诊断依据不易接近，那么推断将主导最终的决策结果（Alba and Cooke，2004[3]；Dick，Chakravarti and Biehal，1990[4]；Feldman and Lynch，1988[5]；Johar and Simmons，2000[6]；

---

① Lo，Alison K. C.，John G. Lynch and Richard Staelin，"How to Attract Customers by Giving Them the Short End of the Stick"，*Journal of Marketing Research*，Vol. 44，No. 1，2007，pp. 128 – 241.

② Lo，Alison K. C.，John G. Lynch and Richard Staelin，"How to Attract Customers by Giving Them the Short End of the Stick"，*Journal of Marketing Research*，Vol. 44，No. 1，2007，pp. 128 – 241.

③ Alba，Joseph W. and Alan D. J. Cooke，"When Absence Begets Inference in Conjoint Analysis"，*Journal of Marketing Research*，Vol. 41，No. 4，2004，pp. 382 – 387.

④ Dick，Alan，Dipankar Chakravarti and Gabriel Biehal，"Memory – Based Inferences during Consumer Choice"，*Journal of Consumer Research*，Vol. 17，No. 1，1990，pp. 82 – 93.

⑤ Feldman，Jack M. and John G. Lynch，"Self – Generated Validity of Other Effects of Measurement on Belief，Attitude，Intention and Behavior"，*Journal of Applied Psychology*，Vol. 73，No. 3，1988，pp. 421 – 435.

⑥ Johar，Gita Venkataramani and Carolyn J. Simmons，"The Use of Concurrent Disclosures to Correct Invalid Inferences"，*Journal of Consumer Research*，Vol. 26，No. 4，2000，pp. 307 – 322.

Kardes, 1988[①]; Kivetz and Simonson, 2000[②]; Simmons and Lynch, 1991[③])。

从上述内容可知,面对促销的身份限制(排他性促销),购买机会不可得的消费者未必一定会做出消极的反应,一些因素可以影响他们最终的积极或消极反应。一般来说,排他性促销会对劣势消费者产生消极的影响,原因在于引发了不公平感知、异质性匹配造成自己不属于目标群体的认知、别人支付更低价格而造成对产品质量推断下降。但是,排他性促销在目标群体为专家群体时对劣势消费者可以产生积极的影响,原因在于产品积极质量推断。

① Kardes, Frank R., "Spontaneous Inference Processes in Advertising: The Effects of Conclusion Omission and Involvement on Persuasion", *Journal of Consumer Research*, Vol. 15, No. 2, 1988, pp. 225 – 233.

② Kivetz, Ran and Simonson Itamar, "The Effects of Incomplete Information on Consumer Choice", *Journal of Marketing Research*, Vol. 37, No. 4, 2000, pp. 427 – 448.

③ Simmons, Carolyn J. and John G. Lynch, Jr., "Inference Effects without Inference Making? Effects of Missing Information on Discounting and Use of Presented Information", *Journal of Consumer Research*, Vol. 17, No. 4, 1991, pp. 477 – 491.

第三章　研究框架的相关理论基础

本章整理归纳了研究框架的相关理论基础，包括稀缺效应、商品理论、抗拒理论、期望理论、公平理论和交易效用理论，其中，稀缺效应、商品理论、抗拒理论和期望理论属于研究框架一的理论基础；抗拒理论、公平理论和交易效用理论属于研究框架二的理论基础。

第一节　稀缺效应

促销这种方式是让产品变得稀缺或者让它们看起来稀缺，以此引发稀缺效应。广告、产品包装和销售人员常强调产品、服务或促销活动的有限可得性（Inman, Peter and Raghubir, 1997[①]）。特别是在产品进行大幅度折扣的时候，零售商一般都会进行促销限制，以降低折扣对产品感知质量的影响以及维护企业的品牌形象。在营销交流中，使用稀缺声明是很常见的（Cialdini, 1995[②]），广告和其他说服信息中的稀缺声明可以增强消费者对产品的欲望。

促销购买限制中产品的稀缺性会起到吸引消费者注意的作用。人

---

① Inman, J. Jeffrey, Anil C. Peter and Priya Raghubir, "Framing the Deal: The Role of Restrictions in Accentuating Deal Value", *Journal of Consumer Research*, Vol. 24, No. 1, 1997, pp. 68 – 79.

② Cialdini, Robert B., "Principles and Techniques of Social Influence", in Tesser, A. B. ed., *Advanced Social Psychology*, New York: McGraw – Hill, 1995, pp. 257 – 281.

类从婴儿阶段开始，不常见的事件总会吸引注意（e. g. Hasher and Zacks，1984①；Lécuyer，1989②；Slater，Morison and Rose，1984③）。感知稀缺性是所有经济思想的前提（Alchian and Allen，1967④）。稀缺性是商品理论的核心，商品理论为探讨限制、审查、感知效力等方面的效应提供了有效的组织框架（Brock，1968⑤；Lynn，1991⑥；1992a⑦）。促销购买限制是稀缺性的一种表现形式和实例化，因此，购买限制问题，归根结底，是在探讨特定情景下的稀缺效应。

企业之所以会限制消费者的交易，关键在于特定的限制可以创造潜在购买者对产品或购买机会的稀缺性感知（Sinha，Chandran and Srinivasan，1999⑧）。感知稀缺性会增加消费者对产品的欲望（Lynn，1991⑨；Jung and Kellaris，2004⑩），可以让产品看起来更有吸引力

---

① Hasher, Lynn and Rose T. Zacks, "Automatic Processing of Fundamental Information: The Case of Frequency of Occurrence", *American Psychologist*, Vol. 39, No. 12, 1984, pp. 1372 – 1388.

② Lécuyer, Roger, "Habituation and Attention, Novelty and Cognition: Where is the Continuity？", *Human Development*, Vol. 32, No. 3/4, 1989, pp. 148 – 157.

③ Slater, Alan, Victoria Morison and David Rose, "Habituation in the Newborn", *Infant Behavior and Development*, Vol. 7, No. 2, 1984, pp. 183 – 200.

④ Alchian, Armen Albert and William Richard Allen, *University Economics*, Belmont, CA: Wadsworth, 1967.

⑤ Brock, Timothy C., "Implications of Commodity Theory for Value Change", in Greenwald, A. G., Brock, T. C., Ostrom, T. M. eds., *Psychological Foundations of Attitudes*, New York: Academic Press, 1968, pp. 243 – 275.

⑥ Lynn, Michael, "Scarcity Effects on Value: A Quantitative Review of the Commodity Theory Literature", *Psychology & Marketing*, Vol. 8, No. 1, 1991, pp. 43 – 57.

⑦ Lynn, Michael, "The Psychology of Unavailability: Explaining Scarcity and Cost Effects on Value", *Basic and Applied Social Psychology*, Vol. 13, No. 1, 1992a, pp. 3 – 7.

⑧ Sinha, Indrajit, Rajan Chandran and Srini S. Srinivasan, "Consumer Evaluations of Price and Promotional Restrictions: A Public Policy Perspective", *Journal of Public Policy and Marketing*, Vol. 18, No. 1, 1999, pp. 37 – 51.

⑨ Lynn, Michael, "Scarcity Effects on Value: A Quantitative Review of the Commodity Theory Literature", *Psychology & Marketing*, Vol. 8, No. 1, 1991, pp. 43 – 57.

⑩ Jung, Jae Min and James J. Kellaris, "Cross – National Differences in Proneness to Scarcity Effects: The Moderating Roles of Familiarity, Uncertainty Avoidance and Need for Cognitive Closure", *Psychology & Marketing*, Vol. 21, No. 9, 2004, pp. 739 – 753.

（Gierl and Huettl，2010①）。传递稀缺信号的产品可以对消费者产生以下积极影响：第一，拥有稀缺的产品会激发被嫉妒和被尊重的感觉，拥有该属性的产品可以被视为炫耀性消费产品；第二，消费者可能会使用稀缺信号作为启发式线索，以简化对产品质量的评价（Gierl and Huettl，2010②）。根据林恩（Lynn，1991）的稀缺—昂贵—欲望模型（Scarcity - Expensiveness - Desirability，SED），稀缺性可以增加消费者对产品的占有欲，消费者认为，稀缺的产品花费得更多，它的高价格意味着高质量和地位。③ 消费者对稀缺产品具有更高的欲望，并愿意为这类产品花费得更多（Wu，Lu，Wu et al.，2012④）。获得一个稀缺产品的感知高成本反映了拥有产品的阻碍，对拥有目标产品的这些阻碍造成了心理上的高唤起状态，从而增加了对产品的欲望（Wright，1992⑤）。稀缺性还会给消费者提供了一种排他性的感觉（Brown，2001⑥），如果消费者对产品的排他性赋予较高的评价，那么他或她就会对稀缺的产品反应更积极。

根据经济学理论的观点，稀缺性会由于有限的供给而造成产品价格的增加。感知稀缺性是由于数量限制或时间限制而导致有限供给的稀缺产品的感知（Wu，Lu，Wu et al.，2012⑦）。稀缺性的操纵方法

---

① Gierl，Heribert and Verena Huettl，"Are Scarce Products always More Attractive? The Interaction of Different Types of Scarcity Signals with Products' Suitability for Conspicuous Consumption"，*International Journal of Research in Marketing*，Vol. 27，No. 3，2010，pp. 225 – 235.

② Ibid. .

③ Lynn，Michael，"Scarcity Effects on Value：A Quantitative Review of the Commodity Theory Literature"，*Psychology & Marketing*，Vol. 8，No. 1，1991，pp. 43 – 57.

④ Wu，Wann – Yih，Hsial – Yun Lu，Ying – Yin Wu and Chen – su Fu，"The Effects of Product Scarcity and Consumers' Need for Uniqueness on Purchase Intention"，*International Journal of Consumer Studies*，Vol. 36，No. 3，2012，pp. 263 – 274.

⑤ Wright，Rex A.，"Desire for Outcomes that are More and Less Difficult to Attain：Analysis in Terms of Energization Theory"，*Basic and Applied Social Psychology*，Vol. 13，No. 1，1992，pp. 25 – 45.

⑥ Brown，Stephen，"Torment Your Customers（They'll Love It）"，*Harvard Business Review*，Vol. 79，No. 9，2001，pp. 82 – 88.

⑦ Wu，Wann – Yih，Hsial – Yun Lu，Ying – Yin Wu and Chen – su Fu，"The Effects of Product Scarcity and Consumers' Need for Uniqueness on Purchase Intention"，*International Journal of Consumer Studies*，Vol. 36，No. 3，2012，pp. 263 – 274.

包括突出产品珍贵性、时间限制、数量限制、购买资格限制、购买的先决条件等。稀缺性可能由两种因素引发，有限供给或高需求（Verhallen and Robben，1994[①]）。在限量购买中，产品或购买机会的稀缺性源于供给和需求两个方面，卖方降低产品的供给、买方产品需求的增加或者两者同时出现都可能会造成产品或购买机会的稀缺性。在限时购买中，产品或购买机会的稀缺性仅仅源于供给的一方，卖方通过限制购买时间达到产品或购买机会的稀缺性。与限时促销相比，限量促销的稀缺性来源的范围更大。具体内容详见图3－1。

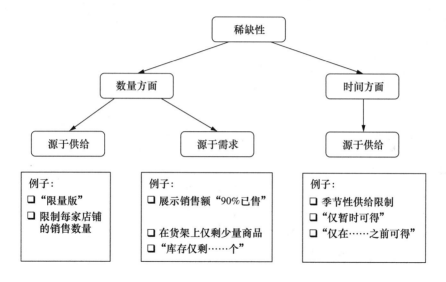

图 3 - 1　稀缺性的类型

资料来源：Gierl，Heribert，Michael Plantsch and Janine Schweidler， "Scarcity Effects on Sales Volume in Retail"， *The International Review of Retail*，*Distribution and Consumer Research*，Vol. 18，No. 1，2008，pp. 45 – 61。

由需求造成的稀缺与由供给造成的稀缺具有不同的情景适用性。Gierl、Plantsch 和 Schweidler（2008）研究发现，炫耀性消费产品更适

---

① Verhallen，Theo M. M. and Henry S. J. Robben， "Scarcity and Preference：An Experiment on Unavailability and Product Evaluation"， *Journal of Economic Psychology*，Vol. 15，1994，pp. 315 – 331.

合使用数量限制的稀缺信号而不是时间限制的稀缺信号，由高需求造成的产品稀缺性反而会降低消费者对炫耀性产品的欲望①（见图 3 - 2）。李东进、李研和吴波（2013）探索了产品脱销所传递的稀缺性对消费者产品评价和购买意向的影响，研究发现，对于具有功能性品牌概念的产品由高需求（相比于低供给）造成的脱销对消费者反应的影响更积极，而对于具有象征性品牌概念的产品由低供给（相比于高需求）造成的脱销对消费者反应的影响更积极。②

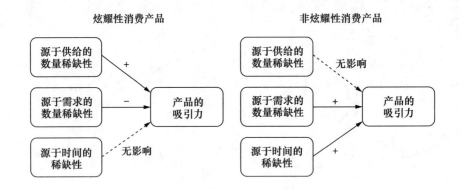

图 3 - 2 产品类型与稀缺效应

资料来源：Gierl, Heribert, Michael Plantsch and Janine Schweidler, "Scarcity Effects on Sales Volume in Retail", *The International Review of Retail, Distribution and Consumer Research*, Vol. 18, No. 1, 2008, pp. 45 - 61。

稀缺性作为一种启发式的线索，可以被消费者用于推断产品的整体质量，从而积极影响消费者对产品的态度（Griskevicius, Goldstein, Mortensen et al., 2009③）。消费者的购买决策不只受到购买理由的影

---

① Gierl, Heribert, Michael Plantsch and Janine Schweidler, "Scarcity Effects on Sales Volume in Retail", *The International Review of Retail, Distribution and Consumer Research*, Vol. 18, No. 1, 2008, pp. 45 - 61.

② 李东进、李研、吴波：《脱销诱因与品牌概念对产品感知与购买的影响》，《管理科学》2013 年第 5 期。

③ Griskevicius, Vladas, Noah J. Goldstein, Chad R. Mortensen, Jill M. Sundie, Robert B. Cialdini and Douglas T. Kenrick, "Fear and Loving in Las Vegas: Evolution, Emotion and Persuasion", *Journal of Marketing Research*, Vol. 46, No. 3, 2009, pp. 384 - 395.

响，还会受到启发式信息的影响（Eagly and Chaiken，1993[①]）。"产品是稀缺的"属于一种启发式的信息。消费者在社会化过程中会在购买经验的基础上学习，通过购买经验，消费者发现稀缺的产品往往比不稀缺的产品质量更好（Cialdini，2008[②]）。高需求造成的产品不可得意味着有很多其他消费者购买了该产品，从而发生从众效应，使消费者跟随其他人的购买行为。消费者会把源于需求的数量稀缺性视为"消费者喜欢购买该产品"的启发式刺激。对于源于高需求的稀缺性，消费者会认为，"这么多人都购买了它，它一定不会有问题"，从而对这类稀缺性产品产生了更高的质量感知。

独特性需求是消费者购买稀缺性产品的一种社会动机。独特性理论指出，消费者具有保持独特感的社会欲望，该欲望是消费的一种动机力量（Belk，Ger and Askegaard，2003[③]）。随着产品可得程度的下降，产品变得更有价值，有时是由于消费者的独特性需求。为了满足单独身份的需求并提升自尊，消费者有动机采取与他人相区别的行为（Gupta，2013[④]）。消费者可以通过拥有物质产品来满足独特性需求。为了追求自我独特性，消费者会选择在小型的、出入不频繁的商店购物，或者购买稀少的和定制化的产品（Franke and Schreier，2008[⑤]）。产品感知稀缺性会影响其感知独特性，从而影响消费者购买意向（Wu，Lu，Wu et al.，2012[⑥]）。斯尼德和弗罗姆金（Snyder and

---

[①] Eagly，Alice H. and Shelly Chaiken，*The Psychology of Attitudes*，Fort Worth，TX：Harcourt Brace Jovanovich，1993.

[②] Cialdini，Robert B.，*Influence：Science and Practice*，5th ed. Boston：Pearson Education. 2008.

[③] Belk，Russell W.，Guliz Ger and Soren Askegaard，"The Fire of Desire：A Multisited Inquiry into Consumer Passion"，*Journal of Consumer Research*，Vol. 30，No. 3，2003，pp. 311 - 325.

[④] Gupta，Shipra，The Psychological Effects of Perceived Scarcity on Consumers' Buying Behavior，in Lincoln，Ph. D dissertation，Univ. of Nebraska，2013.

[⑤] Franke，Nikolaus and Martin Schreier，"Product Uniqueness as a Driver of Customer Utility in Mass Customization"，*Marketing Letters*，Vol. 19，No. 2，2008，pp. 93 - 107.

[⑥] Wu，Wann - Yih，Hsial - Yun Lu，Ying - Yin Wu and Chen - su Fu，"The Effects of Product Scarcity and Consumers' Need for Uniqueness on Purchase Intention"，*International Journal of Consumer Studies*，Vol. 36，No. 3，2012，pp. 263 - 274.

Fromkin，1980）曾指出，消费者想要获得一定程度的与他们的同伴群体相比的独特性。[1] 稀缺性可以满足这一独特性的需求，稀缺产品由于表达了独特性而变得更有吸引力（Amaldoss and Jain，2005[2]）。

另一种可能影响消费者购买稀缺性产品的社会需求是对自尊的渴望。这一社会需求可以通过拥有社会地位象征的产品来满足。如果一件商品具有社会地位的象征，那么它必须满足以下两个标准：第一，它能够满足社会方面的需要。第二，它必须是稀缺的（Blumberg，1973[3]）。可见，稀缺性是炫耀性消费产品的必要属性。某种产品的效用（utility）不仅来自它的基本价值，还依赖于将会有多少人购买这一产品（Amaldoss and Jain，2005[4]）。社会比较理论在一定程度上可以解释炫耀性消费产品的稀缺效应。Amaldoss 和 Jain（2008）把消费者分为领先者和跟随者。相比于跟随者，领先者具有较高的社会地位。领先者会想要通过审美距离和象征排他性来与跟随者相区别。[5] 稀缺的炫耀性消费产品可以使领先者与其他人产生差异性，因此，这类炫耀性产品变得更有吸引力了（Amaldoss and Jain，2008[6]）。

一些研究探讨了可以加强或减弱稀缺效应的调节因素。Jung 和 Kellaris（2004）发现，如果消费者对稀缺产品不熟悉，就会出现稀缺信号的积极效应。[7] Gierl、Plantsch 和 Schweidler（2008）指出，消费者对炫耀性消费产品所传递的稀缺信号反应更敏感，炫耀性消费产品

---

[1] Snyder，C. R. and Howard L. Fromkin，*Uniqueness: The Human Pursuit of Difference*，New York: Plenum Press，1980.

[2] Amaldoss，Wilfred and Sanjay Jain，"Conspicuous Consumption and Sophisticated Thinking"，*Management Science*，Vol. 40，No. 3，2005，pp. 1449 – 1466.

[3] Blumberg，Paul，"The Decline and Fall of the Status Symbol: Some Thoughts on Status in a Postindustrial Society"，*Social Problems*，Vol. 21，No. 1，1973，pp. 480 – 498.

[4] Amaldoss，Wilfred and Sanjay Jain，"Conspicuous Consumption and Sophisticated Thinking"，*Management Science*，Vol. 40，No. 3，2005，pp. 1449 – 1466.

[5] Amaldoss，Wilfred and Sanjay Jain，"Trading Up: A Strategic Analysis of Reference Group Effects"，*Marketing Science*，Vol. 27，No. 5，2008，pp. 932 – 942.

[6] Ibid. .

[7] Jung，Jae Min and James J. Kellaris，"Cross – National Differences in Proneness to Scarcity Effects: The Moderating Roles of Familiarity，Uncertainty Avoidance and Need for Cognitive Closure"，*Psychology & Marketing*，Vol. 21，No. 9，2004，pp. 739 – 753.

是指像珠宝、服装或汽车这类可以向他人传递有关于自己信息的产品。[1] 对于炫耀性产品，购买的数量限制更易于产生积极稀缺效应；而对于非炫耀性产品，购买的时间限制更易于产生积极稀缺效应。如果产品产生稀缺是由于很多较高社会地位的消费者购买了它，那么在具有较低社会地位的消费者眼中，产品的吸引力就会大幅增加（Gierl，Plantsch and Schweidler，2008）。[2]

第二节　商品理论

商品理论阐述了产品可得性与消费者对产品估价的关系。商品理论指出，一种刺激物的可得程度的下降会增加它的感知价值（Brock，1968[3]）。刺激物可以是任何事物，如信息、体验或物体，但是，这一刺激物必须满足以下三个标准才可以被称为商品。第一，商品必须是有用的。对个人而言，一件事物必须可以产生功效价值，才可以被称为商品。第二，商品必须可以从一个人转移至另一个人。无法实现价值转移的事物也不可以被称为商品。第三，商品必须可以产生拥有权（Lynn，1991[4]）。任何可以销售的产品和服务都可以被称为商品。促销活动也可以被视为商品，因为它们可以从卖方转移至消费者，并且可以对消费者产生功效价值（Lynn，1991[5]）。产品可得性下降，会造成消费者对产品估价的提高。根据商品理论，产品价值的增加是

---

[1] Gierl，Heribert，Michael Plantsch and Janine Schweidler，"Scarcity Effects on Sales Volume in Retail"，*The International Review of Retail，Distribution and Consumer Research*，Vol. 18，No. 1，2008，pp. 45 – 61.

[2] Ibid. .

[3] Brock，Timothy C. ，"Implications of Commodity Theory for Value Change"，in Greenwald，A. G. ，Brock，T. C. ，Ostrom，T. M. eds. ，*Psychological Foundations of Attitudes*，New York：Academic Press，1968，pp. 243 – 275.

[4] Lynn，Michael，"Scarcity Effects on Value：A Quantitative Review of the Commodity Theory Literature"，*Psychology & Marketing*，Vol. 8，No. 1，1991，pp. 43 – 57.

[5] Ibid. .

由稀缺原则所驱动的（Cialdini，1984①），即商品越稀缺，它的价值越高。布罗克（Brock，1968）指出，相比于相对可得的商品，消费者会更想要拥有稀缺性的商品，这是因为，拥有稀缺的商品可以产生个体独特性或差异化的感觉。② 商品理论的产生是因为稀缺的商品更容易产生积极的预期差异化体验，而且这一商品必须是消费者想要得到的，并且可以获得拥有权的。根据独特性需求理论（Snyder and Fromkin，1980③），消费者想要体验适度的独特感。如果某一事物让消费者感觉到与他人太过于相似，就会产生消极反应（Fromkin，1972④）。拥有稀缺的商品是消费者获得自我独特感的一种重要来源。因此，独特性需求理论可以用来解释商品理论（Snyder and Fromkin，1980⑤）。

最近有研究拓展了商品理论的内容，即当诱惑物的可得性上升时，消费者对诱惑物的评价会下降；当诱惑物的可得性下降时，会使消费者对诱惑物的欲望上升（Myrseth，Fishbach and Trope，2009⑥）。Myrseth、Fishbach 和 Trope（2009）在价值评估中对可得性这一角色进行了自我控制分析，研究发现，当诱惑物变得可得时，抵抗的自我控制过程使消费者对诱惑物的估价下降了。⑦ 这是因为，可得的诱惑物相比于不可得的诱惑物会威胁消费者的目标，消费者更可能激活相

---

① Cialdini, Robert B. , *Influence: How and Why People Agree to Things*, New York: Quill, 1984.

② Brock, Timothy C. , "Implications of Commodity Theory for Value Change", in Greenwald, A. G. , Brock, T. C. , Ostrom, T. M. eds. , *Psychological Foundations of Attitudes*, New York: Academic Press, 1968, pp. 243 –275.

③ Snyder, C. R. and Howard L. Fromkin, *Uniqueness: The Human Pursuit of Difference*, New York: Plenum Press, 1980.

④ Fromkin, Howard L. , "Feelings of Interpersonal Undistinctiveness: An Unpleasant Affective State", *Journal of Experimental Research in Personality*, Vol. 6, No. 2/3, 1972, pp. 178 –185.

⑤ Snyder, C. R. and Howard L. Fromkin, *Uniqueness: The Human Pursuit of Difference*, New York: Plenum Press, 1980.

⑥ Myrseth, Kristian Ove R. , Ayelet Fishbach and Yaacov Trope, "Counteractive Self - Control When Making Temptation Available Makes Temptation Less Tempting", *Psychological Science*, Vol. 20, No. 2, 2009, pp. 159 –163.

⑦ Ibid. .

反的过程去促进目标追求，结果可得的诱惑物反而估价更低。实验一使用肥胖食品与减肥为情景，发现健身房会员在放弃了一个不健康的小吃时，相比于他们选择了它，会对可得的诱惑物的评价下降。实验二使用学习与休闲活动为情景，发现当学生决定参加的一个无趣的课程是可逆的时候，相比于不可逆，他们对休闲活动的评价会下降。Myrseth，Fishbach 和 Trope（2009）指出，刺激物的可得性与它的价值的关系取决于两个因素：刺激物是目标还是诱惑物，抵抗的自我控制过程的作用。① 促销购买限制可以限制促销产品的可得性。根据上述研究结论，如果促销品是消费者想要购买的目标产品（如对学生来说购买教科书），那么可得性的上升会提高消费者对产品的评价；如果促销品是消费者的诱惑物（如对减肥的人来说购买高热量的食品，对学生来说去游乐场游玩），那么可得性的下降反而可以提高消费者对产品的评价。

第三节　抗拒理论

心理抗拒是指当消费者感觉到被限制时所产生的心理紧张状态（Brehm，1966②；Hammock and Brehm，1966③）。心理抗拒是一种提升的动机状态，以恢复个人的自由（Wicklund，1974④）。抗拒理论是指如果消费者感知到自由的损失，就会引发心理抗拒（Brehm and

---

① Myrseth，Kristian Ove R.，Ayelet Fishbach and Yaacov Trope，"Counteractive Self – Control When Making Temptation Available Makes Temptation Less Tempting"，*Psychological Science*，Vol. 20，No. 2，2009，pp. 159 – 163.

② Brehm，Jack W.，*A Theory of Psychological Reactance*，New York：Academic Press，1966.

③ Hammock，Thomas and Jack W. Brehm，"The Attractiveness of Choice Alternatives When Freedom to Choose is Eliminated by a Social Agent"，*Journal of Personality*，Vol. 34，No. 4，1966，pp. 546 – 554.

④ Wicklund，Robert A.，*Freedom and Reactance*，Maryland：Lawrence Erlbaum，1974.

Brehm，1981①）。当消费者在做出决策前没有预料到选择会受到限制时，感知自由度的总丢失程度会更大（Min，2003②）。抗拒来自对自由选择威胁的消极认知反应或直接来自威胁本身（Silvia，2006a③），是一种对社会影响进行抵制的心理反应（Silvia，2006b④）。抗拒理论指出，限制消费者选择的自由会产生不利影响，包括降低选择一致性（Min，2003⑤）。由选择限制引发的消极情感会导致消费者重申选择自由，使消费者选择一个不相似的而不是相似的选项（Brehm and Brehm，1981⑥；Clee and Wicklund，1980⑦）。

　　根据抗拒理论，消费者对选择限制的反应程度取决于以下两个因素：一是个体选择前的预期自由程度（Brehm，1966⑧）；二是选择限制是否被感知为对个体是重要的（Clee and Wicklund，1980⑨）。当个体频繁地遭到外部资源的限制或压力时，他们很可能会对于威胁或对自由和控制的损失做出反应，以相反的方式行事（Brehm，1966⑩；

---

① Brehm, Sharon S. and Jack W. Brehm, *Psychological Reactance: A Theory of Freedom and Control*, New York: Academic Press, 1981.

② Min, Kyeong Sam, "Consumer Response to Product Unavailability", in Columbus, Ph. D. dissertation, Ohio State Univ. , 2003.

③ Silvia, Paul J. , "Reactance and the Dynamics of Disagreement: Multiple Paths from Threatened Freedom to Resistance to Persuasion", *European Journal of Social Psychology*, Vol. 36, No. 5, 2006a, pp. 673 – 685.

④ Silvia, Paul J. , "A Skeptical Look at Dispositional Reactance", *Personality and Individual Differences*, Vol. 40, 2006b, pp. 1291 – 1297.

⑤ Min, Kyeong Sam, "Consumer Response to Product Unavailability", in Columbus, Ph. D. dissertation, Ohio State Univ. , 2003.

⑥ Brehm, Sharon S. and Jack W. Brehm, *Psychological Reactance: A Theory of Freedom and Control*, New York: Academic Press, 1981.

⑦ Clee, Mona A. and Robert A. Wicklund, "Consumer Behavior and Psychological Reactance", *Journal of Consumer Research*, Vol. 6, No. 4, 1980, pp. 389 – 405.

⑧ Brehm, Jack W. , *A Theory of Psychological Reactance*, New York: Academic Press, 1966.

⑨ Clee, Mona A. and Robert A. Wicklund, "Consumer Behavior and Psychological Reactance", *Journal of Consumer Research*, Vol. 6, No. 4, 1980, pp. 389 – 405.

⑩ Brehm, Jack W. , *A Theory of Psychological Reactance*, New York: Academic Press, 1966.

Brehm and Brehm，1981①）。在抗拒动机状态下，个人会抵制被胁迫的信息、参与被限制的行为、实施与管理者意愿相违的行为，或选择不顺从他人的意见（Seemann，Carroll，Woodard et al.，2008②）。不可得选项的出现限制了消费者的选择自由，如果触发了消费者对选择自由的抗拒，就会发生心理抗拒反应，从而消极影响消费者对产品的评价和购买意向。

对环境的失去控制感是心理抗拒的函数（Morimoto and Chang，2006③）。失去控制感会使消费者想要重获控制。入侵广告之所以会失去可信度，是因为它会增加消费者的失去控制感，从而使消费者产生心理抗拒反应（Morimoto and Chang，2006④）。面对商业垃圾邮件，消费者会在不打开它们的情况下立刻删掉（抗拒反应）它们以重新获得控制感（Fallows，2003⑤）。当消费者对环境产生失去控制的感觉时，很可能会对引发该感觉的对象产生心理抗拒反应。当消费者感知企业的营销行为是想要控制他们的购买行为或限制他们的选择自由时，就会抵制这些营销行为（Godfrey，Seiders and Voss，2011⑥）。随着来自企业说服企图的压迫感的增加，会造成消费者购买行为的减少或产生后冲或回旋效应（Wendlandt and Schrader，2007⑦）。因而，如

---

①　Brehm，Sharon S. and Jack W. Brehm，*Psychological Reactance：A Theory of Freedom and Control*，New York：Academic Press，1981.

②　Seemann，Eric A.，Shelley J. Carroll，Amber Woodard and Marie L. Mueller，"The Type of Threat Matters：Differences in Similar Magnitude Threats Elicit Differing Magnitudes of Psychological Reactance"，*North American Journal of Psychology*，Vol. 10，No. 3，2008，pp. 583 – 594.

③　Morimoto，Mariko and Susan Chang，"Consumers' Attitudes Toward Unsolicited Commercial E – Mail and Postal Direct Mail Marketing Methods：Intrusiveness，Perceived Loss of Control and Irritation"，*Journal of Interactive Advertising*，Vol. 7，No. 1，2006，pp. 1 – 11.

④　Ibid. .

⑤　Fallows，Deborah，*Spam：How it is Hurting Email and Degrading Life on the Internet*，Pew Internet and American Life Project，2003.

⑥　Godfrey，Andrea，Kathleen Seiders and Glenn B. Voss，"Enough is Enough！The Fine Line in Executing Multichannel Relational Communication"，*Journal of Marketing*，Vol. 75，No. 4，2011，pp. 94 – 109.

⑦　Wendlandt，Mark and Ulf Schrader，"Consumer Reactance against Loyalty Programs"，*Journal of Consumer Marketing*，Vol. 24，No. 5，2007，pp. 293 – 304.

果促销购买限制被视为一种侵略性或强迫性的营销行为，消费者会认为企业想要影响或控制他们的行为，就会产生更强烈的失去控制感，从而产生较强的抗拒反应。抗拒反应会对消费者行为产生消极影响（Godfrey，Seiders and Voss，2011[①]）。

面对选择限制，消费者既可能由于抗拒反应而产生"越得不到越想要"的结果，又可能由于抗拒反应而产生"坚决抵制企业的饥饿营销，就是不买"的结果，抗拒反应的结果取决于对选择限制的理解。一方面，如果消费者认为促销购买限制使自己丧失了选择"买"或"不买"的权利，自由的损失在于自己失去了"买"这个选项，那么消费者就会由于抗拒反应而更想得到不可得的产品。另一方面，如果消费者把产品不可得理解为企业故意使用饥饿营销策略诱导顾客，自己本来可以自由选择"买"或"不买"，而企业的营销策略致使"买"的选择变得更有吸引力，把受到企业"诱惑"自己产生决策偏差视为选择自由的损失和环境可控感的下降，那么消费者更可能朝着企业期望的相反方向行事——"别想诱惑我，我就是不买"。因而，面对不可得的促销活动，消费者产生积极或消极反应的结果取决于选择限制的具体情景和消费者对情景中自由损失和可控性下降的理解。

心理抗拒现象最初被认为受特定情景影响，然而，很多研究认为，它是一个存在个体差异的特性变量（Levav and Zhu，2009[②]），心理抗拒量表（e. g. Hong and Faedda，1996[③]）可以用来评估个体抗拒体验的长期倾向。与抗拒倾向低的个体相比，抗拒倾向高的个体在选择受限制的情况下，会做出更强烈的心理和行为反应。选择限制之所以会对消费者反应产生消极影响是因为消费者产生了失去控制感，但消费者对失去控制感的反应是不同的，内、外控倾向会调节消费者对

---

① Godfrey, Andrea, Kathleen Seiders and Glenn B. Voss, "Enough is Enough! The Fine Line in Executing Multichannel Relational Communication", *Journal of Marketing*, Vol. 75, No. 4, 2011, pp. 94 – 109.

② Levav, Jonathan and Rui Zhu, "Seeking Freedom through Variety", *Journal of Consumer Research*, Vol. 36, 2009, pp. 600 – 610.

③ Hong, Sung – Mook and Salvatora Faedda, "Refinement of the Hong Psychological Reactance Scale", *Educational and Psychological Measurement*, Vol. 56, No. 1, 1996, pp. 173 – 182.

损失控制感的反应。相比于外控倾向的人，处于内控倾向的人认为他们可以掌控所经历的事件，认为是自己的行为而非他人、命运或机遇首先决定了他们的结果（Spector，1988①）。当面对失去控制感的情景时，内控倾向的人会表现更想要重新获得控制感，因而具有较强的抗拒动机。可见，内、外控倾向是个体抗拒特征的重要成分，会影响消费者对促销购买限制的抗拒反应。

第四节　期望理论

期望理论最早起源于人力资源管理领域，弗罗姆（Vroom，1964）在《工作与激励》一书中详细阐述了期望理论在激励员工努力工作方面的重要作用。② 根据期望理论（1964），个人行为的积极性受到目标效价和期望值的双重影响。③ 目标效价是指达到该目标对于满足个人需要的价值，期望值是指达到目标的主观概率。也就是说，消费者采取某种行为的积极性会受到目标效价和实现目标的可能性的双重影响。期望理论和马斯洛的需求层次理论都是研究人类动机的。其中，马斯洛的需求层次理论指出，消费者的动机源于内在某种需求的缺乏，消费者以满足这些缺乏的需求为行为动力，如此来激励消费者从事相关的活动。而期望理论则从另一途径阐述了消费者对目标实现的期望，故称为期望理论。在期望理论中，消费者行为的动力源于对目标的期望，这会推动个人向期望的目标前进。马斯洛的需求层次论侧重于消费者的"内在需求"，而期望理论侧重于消费者的"外在目标"。这两个理论在本质上是相通的，因为激励的过程本来就是既满足了内在需求又实现了外在目标。

期望理论可以被用于解释很多问题，例如，销售人员激励（Oli-

---

① Spector, Paul E., "Development of the Work Locus of Control Scale", *Journal of Occupational Psychology*, Vol. 61, No. 4, 1988, pp. 335 – 340.

② Vroom, Victor Harold, *Work and Motivation*, New York：Wiley, 1964.

③ Ibid..

ver，1974①）、饮酒行为（Palmer，McMahon，Rounsaville et al.，2010②）、创业动力（Renko，Kroeck and Bullough，2012③）。消费者参与促销活动的意愿同样也受到两个方面的影响：一是对促销产品本身所带来价值的推断，促销品吸引力越大，消费者越愿意实施购买行为；二是对能够获得促销产品的主观概率，如果消费者认为自己获得促销产品的概率过低，就不大可能参与促销活动。例如，有些在线商家会在优惠期推出仅1件1元的秒杀产品。虽然促销品具有很强的吸引力，但是，很多消费者不会参与该促销活动，因为他们认为自己得到购买机会的概率极低，不足以让他们浪费时间和精力去参加得不到任何好处的秒杀活动。可见，促销购买限制中得到促销产品的确定性会显著影响消费者对促销活动的反应和参与意愿。

零售商有时会利用低价但数量有限的优质产品进行广告宣传，而真正目的在于销售其他可得的盈利更高的产品，这被称为"诱导转向法"（Pettibone and Wedell，2007④）。这些商家通过制定超低价的商品吸引消费者惠顾，然而，在实际购买时消费者往往会发现产品已经售罄。商家利用虚位定价的目的在于吸引客流，从而增加其他产品的销售。相比于时间限制，在数量限制的促销活动中，商家更有可能实施虚位定价的欺诈行为，从而引发消费者更强的预期后悔。因而，有时消费者会怀疑数量限制的优惠产品的推出可能是企业的虚位定价策略，从而更不愿意前往卖场参与促销活动。而时间限制的促销活动由于有明确的时间节点，商家不会贸然取消促销活动，消费者能够确定

① Oliver，Richard L.，"Expectancy Theory Predictions of Salesmen's Performance"，*Journal of Marketing Research*，Vol. 1，No. 3，1974，pp. 243 – 253.

② Palmer，Rebekka S.，Thomas J. Mcmahon，Bruce J. Rounsaville and Samuel A. Ball，"Coercive Sexual Experiences，Protective Behavioral Strategies，Alcohol Expectancies and Consumption among Male and Female College Students"，*Journal of Interpersonal Violence*，Vol. 25，No. 9，2010，pp. 1563 – 1578.

③ Renko，Maija，K. Galen Kroeck and Amanda Bullough，"Expectancy Theory and Nascent Entrepreneurship"，*Small Business Economics*，Vol. 39，No. 3，2012，pp. 667 – 684.

④ Pettibone，Jonathan C. and Douglas H. Wedell，"Testing Alternative Explanations of Phantom Decoy Effects"，*Journal of Behavioral Decision Making*，Vol. 20，No. 3，2007，pp. 323 – 341.

自己可以购买到促销品。在预期促销欺骗方面，数量限制比时间限制存在潜在信任危机的可能性更大，使达到购买目标的主观概率降低，最终消极影响了消费者参与促销活动的积极性。但信任危机是否客观存在，还需要结合企业声誉、品牌知名度等具体情景因素。

第五节　公平理论

公平理论又称社会比较理论，公平理论侧重于研究工资报酬分配的合理性、公平性及其对员工生产积极性的影响。公平理论指出，员工激励程度来自对自己和参照对象的报酬和收入的比例的主观比较感觉（Adams，1965[①]）。"公平"这一术语在英文中有很多种表达方式，例如 equity、fairness、justice。这些词的意思是相近的，学者对它们的含义也未予以严格区分。公平理论（Adams，1965）指出，消费者不仅关注于自己付出所得回报的绝对量，还关注于回报的相对量，通过比较来确定自己获得的回报是不是合理的。[②] 消费者会进行横向比较，与组织内的其他人进行社会比较，只有当与别人的投入回报比相等时，消费者才会认为是公平的。"公平"这一术语常被用来描述社会交互（Walster，Walster and Berscheid，1978[③]）。公平是社会交换的一个基本关注点。公平理论为解释社会线索（如其他消费者支付的价格）引发公平感知的行为提供了广泛的理论框架（Adams，1965[④]；

---

① Adams，Stacy J.，"Inequity in Social Exchange"，in Berkowitz，L. ed.，*Advances in Experimental Social Psychology*，New York：Academic Press，1965，pp. 267 - 299.

② Ibid. .

③ Walster，Elaine，G. William Walster and Ellen Berscheid，*Equity：Theory and Research*，Boston：Allyn & Bacon，1978.

④ Adams，Stacy J.，"Inequity in Social Exchange"，in Berkowitz，L. ed.，*Advances in Experimental Social Psychology*，New York：Academic Press，1965，pp. 267 - 299.

Bagozzi, 2001[①]; Walster, Walster and Berscheid, 1978[②])。具体来说，公平理论指出，如果所有参与者的成本与利益的比率是相同的，那么交换就会被感知为公平的。公平理论还指出，公平性感知会对交换的满意度产生重要影响（Darke and Dahl, 2003[③]）。处于劣势一方的人会感觉到不满意甚至是生气，而更公平的结果将产生更高的满意度和更多的积极感受（Adams, 1965[④]）。

对于被身份购买限制排除在外的消费者如何做出反应，一些社会心理学理论为本书研究做了铺垫，包括关系剥离（Stark and Taylor, 1989[⑤]）、感知公平性（Greenberg, 1986[⑥]）和公平理论（Adams, 1965）[⑦]。根据公平理论（Adams, 1965）[⑧]，在绩效评价系统中，员工的公平感知会受到分配公平的影响，如果小王为企业付出了 X 努力而到了 Y 回报，同时小张付出了少于 X 的努力而同样得到了 Y 回报，那么小王就会认为自己被歧视对待了。而如果小张在付出少于 X 的情况又得到了比 Y 还多的回报，小王会感觉到更强烈的不公平感。类似地，在促销购买情景下，消费者会在与其他消费者进行对比的情况下，再对促销活动做出反应。公平理论在后续研究中逐渐被扩展，将亚当姆斯（Adams, 1965）的分配公平理论延伸至程序公平（Thibaut

---

① Bagozzi, Richard P. , "Marketing as Exchange", *Marketing: Critical Perspectives on Business and Management*, Vol. 39, 2001, pp. 32 – 39.

② Walster, Elaine, G. William Walster and Ellen Berscheid, *Equity: Theory and Research*, Boston: Allyn & Bacon, 1978.

③ Darke, Peter R. and Darren W. Dahl, "Fairness and Discounts: The Subjective Value of a Bargain", *Journal of Consumer Psychology*, Vol. 13, No. 3, 2003, pp. 328 – 338.

④ Adams, Stacy J. , "Inequity in Social Exchange", in Berkowitz, L. ed. , *Advances in Experimental Social Psychology*, New York: Academic Press, 1965, pp. 267 – 299.

⑤ Stark, Oded and J. Edward Taylor, "Relative Deprivation and International Migration Oded Stark", *Demography*, Vol. 26, No. 1, 1989, pp. 1 – 14.

⑥ Greenberg, Jerald, "Determinants of Perceived Fairness of Performance Evaluations", *Journal of Applied psychology*, Vol. 71, No. 2, 1986, p. 340.

⑦ Adams, Stacy J. , "Inequity in Social Exchange", in Berkowitz, L. ed. , *Advances in Experimental Social Psychology*, New York: Academic Press, 1965, pp. 267 – 299.

⑧ Ibid. .

and Walker，1975[1]）、人际公平和信息公平（Colquitt，Conlon，Wesson et al.，2001[2]）。本书研究的公平理论侧重于分配公平，是指消费者所得收益或结果的公平性。

根据公平理论（Adams，1965[3]），消费者对促销活动的评价取决于获得的结果和为了获得该结果所付出的努力（Barone and Roy，2010b[4]）。当一个人把自己获得结果与其他结果做比较就会产生公平程度的感知。这一参照点既可以是其他人、一类人、一个组织或者是与自己曾经的经历做比较（Adams，1965[5]；Xia，Monroe and Cox，2004[6]）。消费者会根据自己的地位对事物做出预期，如果预期不如实际也可能产生不公平的感觉（Kahneman，Knetsch and Thaler，1986[7]）。例如，一位老人认为，自己的收入不如从前了，他或她应该在购买公交车票时支付更低的价格，如果他或她还是需要支付与年轻人相等的价格，他或她就会感觉到不公平。个人的知识、信念和社会规范都可能会影响公平感知（Jewell and Barone，2007[8]）。归因理

---

① Thibaut，John W. and Laurens Walker，*Procedural Justice：A Psychological Analysis*，Hillsdale NJ：Erlbaum Associates，1975.

② Colquitt，Jason A.，Donald E. Conlon，Michael J. Wesson，Christopher O. Porter and K. Yee Ng，"Justice at the Millennium：A Meta – Analytic Review of 25 Years of Organizational Justice Research"，*Journal of Applied Psychology*，Vol. 86，No. 3，2001，pp. 425 – 445.

③ Adams，Stacy J.，"Inequity in Social Exchange"，in Berkowitz，L. ed.，*Advances in Experimental Social Psychology*，New York：Academic Press，1965，pp. 267 – 299.

④ Barone，Michael J. and Tirthankar Roy，"The Effect of Deal Exclusivity on Consumer Response to Targeted Price Promotions：A Social Identification Perspective"，*Journal of Consumer Psychology*，Vol. 20，No. 1，2010b，pp. 78 – 89.

⑤ Adams，Stacy J.，"Inequity in Social Exchange"，in Berkowitz，L. ed.，*Advances in Experimental Social Psychology*，New York：Academic Press，1965，pp. 267 – 299.

⑥ Xia，Lan，Kent B. Monroe and Jennifer L. Cox，"The Price is Unfair! A Conceptual Framework of Price Fairness Perceptions"，*Journal of Marketing*，Vol. 68，No. 4，2004，pp. 1 – 15.

⑦ Kahneman，Daniel，Jack L. Knetsch and Richard Thaler，"Fairness as a Constraint on Profit Seeking Entitlements in the Market"，*American Economic Review*，Vol. 76，1986，pp. 728 – 741.

⑧ Jewell，Robert D. and Michael J. Barone，"Norm Violations and the Role of Marketplace Comparisons in Positioning Brands"，*Journal of the Academy of Marketing Science*，Vol. 35，No. 4，2007，pp. 550 – 559.

论曾指出，当某一事件让消费者感觉到惊奇或消极时，消费者很有可能去寻找事件发生的原因（Folkes，1988[①]）。在促销购买机会面前，当消费者感觉到不公平对待时，就会去寻找被不公平对待的原因，很多时候，消费者会把不公平的遭遇归因为企业的不道德行为（如差别定价、价格歧视），从而对企业形象和品牌产生消极影响。

公平理论假设，在社会交换关系中，消费者会与他人比较在交换过程中的投入和产出的比率。在一个交换关系中，当消费者在心理上感知到投入或结果与参照点是不一致的时候，不平等就产生了（Adams，1965[②]）。当一个人感知到不平等时，就会有动机去恢复平等或平衡。公平理论曾经被用于解释很多问题，例如，工作动机（Adams，1965[③]）、抱怨行为（Blodgett，Hill and Tax，1997[④]）、价格公平性（Xia，Monroe and Cox，2004[⑤]）。在工作动机方面的研究中，公平理论的核心是"支付不足—支付过多"框架（Leventhal，1980[⑥]）。这一框架指出，平等的薪酬会处于平衡状态，而在不平等的情景下，必然存在支付不足和支付过多的两类员工。类似地，本书在有关购买身份限制研究中，也存在促销购买机会可得（优势）和不可得（劣势）两类消费者。可见，处于劣势一方的消费者会有动机要想恢复平衡，劣势消费者产生的任何消极行为反应都是源于想要恢复失去的平衡状态。企业必须重视这类劣势消费者的心理和行为反应，

① Folkes，Valerie S.，"Recent Attribution Research in Consumer Behavior: A Review and New Directions"，*Journal of Consumer Research*，Vol. 14，No. 4，1988，pp. 548 – 565.

② Adams，Stacy J.，"Inequity in Social Exchange"，in Berkowitz，L. ed.，*Advances in Experimental Social Psychology*，New York: Academic Press，1965，pp. 267 – 299.

③ Ibid. .

④ Blodgett，Jeffrey G.，Donna J. Hill and Steve S. Tax，"The Effects of Distributive，Procedural and Interactive Justice on Postcomplaint Behavior"，*Journal of Retailing*，Vol. 73，No. 2，1997，pp. 185 – 210.

⑤ Xia，Lan，Kent B. Monroe and Jennifer L. Cox，"The Price is Unfair! A Conceptual Framework of Price Fairness Perceptions"，*Journal of Marketing*，Vol. 68，No. 4，2004，pp. 1 – 15.

⑥ Leventhal，Gerald S.，"What should be Done with Equity Theory?"，in Kenneth J. Gergen，Martin S. Greenberg，Richard H. Willis eds.，*Social Exchange: Advances in Theory and Research*，New York: Plenum Press，1980，pp. 27 – 55.

并据此做出更有效的营销策略。

第六节　交易效用理论

消费者的行为不仅依赖于产品和服务相对应的价值，还依赖于消费者对交易的财务方面的质量感知（Thaler，1983[①]）。消费者从购买产品过程中不仅获得了产品的质量利益，还会获得心理利益，同时，需要支付金钱和其他成本，例如，时间和精力（Lichtenstein，Netemeyer and Burton，1990[②]）。质量利益是指从产品本身获得的质量或者通过使用产品得到生活质量的改善。另外，心理利益是指关于购买所获得的积极感受，例如，感觉到自己捡到了便宜货，或者通过购买建立了自我形象（如在奢侈品店中购买产品而感觉到面子十足）。

塔勒（Thaler，1985）提出了交易效用理论，并指出了与消费者购买相联系的两类效用。[③] 第一类效用是获取效用，它代表从一个购买交易中所获得的经济上的得到与损失。具体来说，获取效用等价于从购买商品中获得的效用减去为商品支付的价格。第二类效用是交易效用，它代表与交易在财务形式上相关联的愉快或不愉快，等价于内部参照价格减去购买价格。总效用等于获取效用加上交易效用，总效用等于购买商品的效用减去购买价格加上内部参照价格再减去购买价

---

①　Thaler，Richard，"Transaction Utility Theory"，*Advances in Consumer Research*，No. 1，1983，pp. 229 – 232.

②　Lichtenstein，Donald R.，Richard G. Netemeyer and Scot Burton，"Distinguishing Coupon Proneness from Value Consciousness：An Acquisition – Transaction Utility Theory Perspective"，*Journal of Marketing*，Vol. 54，No. 3，1990，pp. 54 – 67.

③　Thaler，Richard，"Mental Accounting and Consumer Choice"，*Marketing Science*，Vol. 4，No. 3，1985，pp. 199 – 214.

格（Thaler，1983[1]；Lichtenstein，Netemeyer and Burton，1990[2]）。

"交易效用"这一概念可以用来解释为什么个人有时会不愿意购买或卖掉以指定价格出现的指定产品，为什么卖方以低于市场结算价格索价时可以获得利润最大化，以及为什么当卖家最小化长期销售亏损时可以以更高价格索价（Thaler，1983[3]）。交易效应理论是在前景理论（Kahneman and Tversky，1979[4]）基础上的扩展，前景理论中的价值函数取代了传统的效用函数，价值函数包括三个重要的特征：第一，以得到和损失进行定义，而不是财务资产；第二，对于得到来说，是凹函数$[v(x)'' < 0，x > 0]$，而对于损失来说，是凸函数$[v(x)'' > 0，x < 0]$；第三，损失比得到的变化更陡峭，即$v(x) < - v(-x)$（Thaler，1983[5]）。

内部参照价格对交易效用起到了重要作用，内部参照价格超过购买价格越多，那么消费者对购买的评价就越高，任何可以影响内部参照价格的因素都可能影响购买评价（Lichtenstein and Bearden，1989[6]；Thaler，1985[7]；Winer，1986[8]）。当参照价格大于购买价格时，消费者认为，这一购买是捡到了便宜，那么交易效用就是正的；当参照价

① Thaler，Richard，"Transaction Utility Theory"，*Advances in Consumer Research*，No. 1，1983，pp. 229 – 232.

② Lichtenstein，Donald R.，Richard G. Netemeyer and Scot Burton，"Distinguishing Coupon Proneness from Value Consciousness: An Acquisition – Transaction Utility Theory Perspective"，*Journal of Marketing*，Vol. 54，No. 3，1990，pp. 54 – 67.

③ Thaler，Richard，"Transaction Utility Theory"，*Advances in Consumer Research*，No. 1，1983，pp. 229 – 232.

④ Kahneman，Daniel and Amos Tversky，"Prospect Theory: An Analysis of Decision under Risk"，*Econometrica: Journal of the Econometric Society*，Vol. 47，No. 2，1979，pp. 263 – 291.

⑤ Thaler，Richard，"Transaction Utility Theory"，*Advances in Consumer Research*，No. 1，1983，pp. 229 – 232.

⑥ Lichtenstein，Donald R. and William O. Bearden，"Contextual Influences on Perceptions of Merchant – Supplied Reference Prices"，*Journal of Consumer Research*，Vol. 16，No. 1，1989，pp. 55 – 66.

⑦ Thaler，Richard，"Mental Accounting and Consumer Choice"，*Marketing Science*，Vol. 4，No. 3，1985，pp. 199 – 214.

⑧ Winer，Russell S.，"A Reference Price Model of Brand Choice for Frequently Purchased Products"，*Journal of Consumer Research*，Vol. 13，No. 2，1986，pp. 250 – 256.

格小于购买价格时，消费者感觉这一价格是敲诈，此时交易效用是负的。在零售业，商家会在产品上写出"建议零售价格"用于提高消费者对产品的参照价格，从而提高交易效用。很多时候，产品的实际销售价格是远远低于建议零售价格的，这一现象的足以说明这种营销策略的有效性。

交易效用理论可以用来解释很多问题。例如，Bei 和 Simpson（1995）用交易效用理论解释了消费者对循环产品的购买。[①] 由于消费者普遍认为循环产品质量不如用原材料生产的产品（Kashmanian, Ferrand, Hurst et al., 1990[②]），而且消费者还会认为循环产品比原材料生产的产品更贵，但是，这些想法很多时候都是错误的（Cude, 1993[③]）。如果消费者选择了购买循环产品，那么，他们一定能从购买循环产品的过程中感知到比购买普通产品更强的购买效用。购买循环产品获得的额外效用是影响消费者购买循环产品的关键因素。Bei 和 Simpson（1995）的研究发现，能够促进消费者购买循环产品的因素包括环境保护重要性的意识、对循环产品的积极态度、感觉通过购买循环产品而对环境保护做出了贡献，生产商、零售商和营销者可以通过宣传循环产品的环境价值来促进这类产品的销售。[④]

交易效用理论还可以用来解释排他性促销中消费者做出积极或消极反应的原因。与购买限制相关的促销活动中，一些消费者会被排除在促销活动之外。促销活动不可得的劣势消费者无法享受到更优惠的促销产品，他们不得不以更高的价格购买到相同的产品，或者以同样的价格购买到较少的产品。根据交易效用理论，其他人需要支付更高

---

① Bei, Lien – Ti and Eithel M. Simpson, "The Determinants of Consumers' Purchase Decisions for Recycled Products: An Application of Acquisition – Transaction Utility Theory", *Advances in Consumer Research*, Vol. 22, No. 1, 1995, pp. 257 – 261.

② Kashmanian, Richard M., Trisha Ferrand, Karen Hurst and Tapio L. Kuusinen, "Let's Topple the Recycling Wall, too", *Marketing News*, Vol. 24, 1990, p. 20.

③ Cude, Brenda J., "Does it Cost More to Buy 'Green'?" in *Proceedings: 39th Annual Conference of the American Council on Consumer Interests*, 1993, pp. 108 – 113.

④ Bei, Lien – Ti and Eithel M. Simpson, "The Determinants of Consumers' Purchase Decisions for Recycled Products: An Application of Acquisition – Transaction Utility Theory", *Advances in Consumer Research*, Vol. 22, No. 1, 1995, pp. 257 – 261.

的价格将提高可得消费者对交易的内部参照价格，从而提高了可得消费者对促销活动和产品的交易效用。根据交易效用理论，交易接收者可以通过产生与"聪明购买者"相关的情感反应而体验到自我增强（Schindler，1998[①]）。如果消费者可以得到排他性的促销机会，就可以给他们提供一种在市场上具有财务优势的感觉（相比于其他没有得到该促销机会的消费者），而这一过程并没有产生积极的情感反应（Barone and Roy，2010a[②]）。得到特殊的交易机会与体验到积极情感之间的关系是比较复杂的，需要与各类消费者个性特征和交易特征相结合。当消费者获得了购买便宜货的机会时，消费者可以从中获取一定的交易效用。获得折扣价格可以增加消费者的购买满意度，这有时并非来自财务上的报酬。其他消费者获得折扣与自己获得折扣的相对大小，以及其他消费者的忠诚地位都会对公平性感知和购买满意度产生重要影响（Darke and Dahl，2003[③]）。同一产品以同样的价格出现，如果价格是以折扣的形式出现时，消费者会感到更满意，因为这样增加了交易效用（Darke and Dahl，2003[④]）。

① Schindler, Robert M. , "Consequences of Perceiving Oneself as Responsible for Obtaining a Discount: Evidence for Smart – Shopper Feelings", *Journal of Consumer Psychology*, Vol. 7, No. 4, 1998, pp. 371 – 392.

② Barone, Michael J. and Tirthankar Roy, "Does Exclusivity Always Pay off? Exclusive Price Promotions and Consumer Response", *Journal of Marketing*, Vol. 74, No. 2, 2010a, pp. 121 – 132.

③ Darke, Peter R. and Darren W. Dahl, "Fairness and Discounts: The Subjective Value of a Bargain", *Journal of Consumer Psychology*, Vol. 13, No. 3, 2003, pp. 328 – 338.

④ Ibid. .

第四章 研究假设

本章包括两大研究部分，分别针对研究框架一和研究框架二。第一部分讨论了促销中时间限制与数量限制对消费者反应的影响，包括数量限制与时间限制对消费者认知与情感的影响、情景因素在促销购买限制中的作用、消费者个体特质在促销购买限制中的作用。第二部分讨论了促销中身份限制对劣势消费者反应的影响，包括身份角色与排他性促销的感知公平性、交易公平性与限制合理性、排他性促销幅度、获得目标群体成员资格的难度、目标群体与企业产品的匹配程度、非目标群体的群体规模对劣势消费者的影响。

第一节 促销中数量限制与时间限制对消费者反应的影响

一 数量限制与时间限制对消费者认知与情感的影响

（一）消费者竞争

促销的一种手段是可以使一些产品变得稀缺或使它们看起来是稀缺的。在与稀缺有关的消费者决策情景中，消费者竞争是一个重要角色（Gupta，2013[1]）。已有文献中曾把产品稀缺性与竞争相联系，并指出，成功地获取某件稀缺的产品意味着一个人在竞争中赢得了胜利

---

[1] Gupta, Shipra, "The Psychological Effects of Perceived Scarcity on Consumers' Buying Behavior", in Lincoln, Ph. D dissertation, Univ. of Nebraska, 2013.

（Knowles and Linn，2004[1]；Nichols，2012[2]；Gupta，2013[3]）。数量限制促销的稀缺性既来自供给也来自需求，而时间限制促销的稀缺性仅来自供给（Gierl，Plantsch and Schweidler，2008[4]）。消费者竞争仅存在于产品限量销售，不存在于产品限时销售。产品限量销售比限时销售能更有效地刺激消费者对稀缺产品的竞争购买心理，加强对购买价值的感知，促使消费者形成较强的购买动机和意图，因而很多时候"限量稀缺信息"比"限时稀缺信息"的促销效果更好（Aggarwal，Jun and Huh，2011[5]；金立印，2005[6]）。

竞争是自然界和人类社会普遍存在的一种现象。竞争是一种存在"想要获胜的感觉"的情感状态。Cialdini（2008）曾指出，消费者不仅在某事物稀缺时更想要拥有它，而且在为它竞争时更想要拥有它。[7]任何生物为了在优胜劣汰中生存和发展都需要进行有限资源的争夺。竞争的情景性描述为：消费者的目标达成之间呈负相关关系，以至于一个人的成功固然伴随着另一个人的失败（Deutsch，1949[8]）。在有限资源的追求中，竞争起到了重要的作用（Aggarwal，Jun and Huh，

---

① Knowles，Eric S. and Jay A. Linn，*Resistance and Persuasion*，Mahwah，NJ：Lawrence Erlbaum，2004.

② Nichols，Bridget Satinover，"The Development，Validation and Implications of a Measure of Consumer Competitive Arousal"，*Journal of Economic Psychology*，Vol. 33，No. 1，2012，pp. 192 – 205.

③ Gupta，Shipra，"The Psychological Effects of Perceived Scarcity on Consumers' Buying Behavior"，in Lincoln，Ph. D dissertation，Univ. of Nebraska，2013.

④ Gierl，Heribert，Michael Plantsch and Janine Schweidler，"Scarcity Effects on Sales Volume in Retail"，*The International Review of Retail，Distribution and Consumer Research*，Vol. 18，No. 1，2008，pp. 45 – 61.

⑤ Aggarwal，Praveen，Sung Youl Jun and Jong Ho Huh，"Scarcity Messages"，*Journal of Advertising*，Vol. 40，No. 3，2011，pp. 19 – 30.

⑥ 金立印：《产品稀缺信息对消费者购买行为影响之实证分析》，《商业经济与管理》2005 年第 8 期。

⑦ Cialdini，Robert B.，*Influence：Science and Practice*，5th ed，Boston：Pearson Education，2008.

⑧ Deutsch，Morton，"An Experimental Study of the Effects of Cooperation and Competition upon Group Process"，*Human Relations*，Vol. 2，1949，pp. 199 – 231.

2011①）。进化心理学领域的研究发现，对稀缺资源的竞争动机会造成消费者之间的攻击性（Griskevicius，Goldstein，Mortensen et al.，2009②）和敌意（Hill，Rodeheffer，Griskevicius et al.，2012③）。一些研究认为，竞争会损害消费者参与活动的内在动机（intrinsic motivation）（Vallerand，Gauvin，Halliwell，1986④；Deci，Betley，Kahle et al.，1981⑤）。比如，当游戏从以娱乐为目的变成竞争为目的时，消费者参与游戏的内在动机会下降。但也有研究指出，竞争对内在动机来说是把"双刃剑"，它既可能由于被感知为受控制而损害内部动机，又有可能通过提供挑战和积极反馈而增加内在动机（Tauer and Harackiewicz，1999⑥）。Cialdini（2008）曾指出，消费者不仅在某事物稀缺时更想要拥有它，而且在为它竞争时更想要拥有它。⑦ 竞争会增加消费者对有限可得产品的欲望，并愿意为这样的产品支付更多。

消费者竞争是指消费者与一个或更多消费者进行对抗的行为，目的在于获得想要的经济或心理报酬（Aggarwal，Jun and Huh，

---

① Aggarwal，Praveen，Sung Youl Jun and Jong Ho Huh，"Scarcity Messages"，*Journal of Advertising*，Vol. 40，No. 3，2011，pp. 19 – 30.

② Griskevicius，Vladas，Noah J. Goldstein，Chad R. Mortensen，Jill M. Sundie，Robert B. Cialdini and Douglas T. Kenrick，"Fear and Loving in Las Vegas：Evolution，Emotion and Persuasion"，*Journal of Marketing Research*，Vol. 46，No. 3，2009，pp. 384 – 395.

③ Hill，Sarah E.，Christopher D. Rodeheffer，Vlades Griskevicius，Kristina Durante and Andrew Edward White，"Boosting Beauty in an Economic Decline：Mating，Spending and the Lipstick Effect"，*Journal of Personality and Social Psychology*，Vol. 103，No. 2，2012，pp. 275 – 291.

④ Vallerand，Robert J.，Lise I. Gauvin and Wayne R. Halliwell，"Negative Effects of Competition on Children's Intrinsic Motivation"，*Journal of Social Psychology*，Vol. 126，No. 5，1986，pp. 649 – 656.

⑤ Deci，Edward L.，Gregory Betley，James Kahle，Linda Abrams and Joseph Porac，"When Trying to Win Competition and Intrinsic Motivation"，*Personality and Social Psychology Bulletin*，Vol. 7，No. 1，1981，pp. 79 – 83.

⑥ Tauer，John M. and Judith M. Harackiewicz，"Winning isn't Everything：Competition，Achievement Orientation and Intrinsic Motivation"，*Journal of Experimental Social Psychology*，Vol. 35，No. 3，1999，pp. 209 – 238.

⑦ Cialdini，Robert B.，*Influence：Science and Practice*，Boston：Pearson Education，2008.

2011①）。Kilduff、Elfenbein 和 Staw（2010）发现，当竞争者之间相似度比较高、竞争者之间交互较多、竞争者之间实力相当时，都会使消费者主观上更愿意参与竞争。② Bagchi 和 Cheema（2013）发现，在拍卖（或谈判）中，红色背景（相比于蓝色背景）会通过提高消费者的唤起水平而引发攻击性，从而使竞拍者（或谈判者）与其他竞拍者（或谈判者）产生更激烈的竞争。③ 稀缺的产品只可能有较少的人拥有它，对于消费者来说，它的感知独特性就会上升，拥有感知独特性较强的产品意味着提高了自我与他人的差异化程度。一件产品的感知独特性会增加它对顾客的价值（Franke and Schreier，2008④）。

（二）消费者后悔

后悔是一种基于认知的负面情感。根据是否采取行为，后悔可以被分为行动后悔和不行动后悔。根据时间节点，后悔可以针对过去的事件或者针对未来的事件，因此，后悔还可以分为体验后悔和预期后悔（Zeelenberg and Pieters，2007⑤）。决策者在产生任何实际损失前就产生各种担忧的心理效应被称为预期后悔（Shiha and Schau，2011⑥）。预期后悔也可以被分为两种：预期不行动后悔（消费者预期如果放弃购买所感受到的后悔）和预期行动后悔（消费者预期如果

---

① Aggarwal, Praveen, Sung Youl Jun and Jong Ho Huh, "Scarcity Messages", *Journal of Advertising*, Vol. 40, No. 3, 2011, pp. 19 – 30.

② Kilduff, Gavin J., Hillary A. Elfenbein and Barry M. Staw, "The Psychology of Rivalry: A Relationally Dependent Analysis of Competition", *Academy of Management Journal*, Vol. 53, No. 5, 2010, pp. 943 – 969.

③ Bagchi, Rajesh and Amar Cheema, "The Effect of Red Background Color on Willingness – to – Pay: The Moderating Role of Selling Mechanism", *Journal of Consumer Research*, Vol. 39, No. 5, 2013, pp. 947 – 960.

④ Franke, Nikolaus and Martin Schreier, "Product Uniqueness as a Driver of Customer Utility in Mass Customization", *Marketing Letters*, Vol. 19, No. 2, 2008, pp. 93 – 107.

⑤ Zeelenberg, Marcel and Rik Pieters, "A Theory of Regret Regulation 1.0", *Journal of Consumer Psychology*, Vol. 17, No. 1, 2007, pp. 3 – 18.

⑥ Shiha, Eric and Hope J. Schau, "To Justify or not to Justify: The Role of Anticipated Regret on Consumers' Decisions to Upgrade Technological Innovations", *Journal of Retailing*, Vol. 87, No. 2, 2011, pp. 242 – 251.

采取购买行为所感受到的后悔)(Sevdalis, Harvey and Yip, 2006[1])。

反事实思考是后悔产生的重要机制。反事实思考是指消费者想象如果做了其他选择会是怎样的结果,即比较现实结果和其他方案可能产生的结果的过程(Walchli and Landman, 2003[2])。消费者在进行决策时,会对可能出现的决策结果进行心理模拟并产生预期后悔,预期后悔会使消费者想要把未来的后悔程度降到最低,因而消费者会倾向于接受后悔可能性最小的方案。例如,在赌博时,当消费者得知他人已经选择了其中一个选项时,为了避免可能出现的关于放弃选项的反馈信息和由此产生的后悔,消费者更倾向于选择同样的选项(Zeelenberg, Beattie, Van Der Pligt et al., 1996[3])。有时,预期后悔会阻止消费者对于放弃方案信息的搜寻,目的也是避免可能带来的后悔(Guttentag and Ferrell, 2008[4])。预期后悔对决策具有重要影响,为了使自己不后悔,消费者经常会做出次优决策(Gilbert, Morewedge, Risen et al., 2004[5])。

消费者在购买产品前进行反事实思考会导致预期后悔(陈荣, 2007[6])。消费者在选择前会预期情感,这将影响他们的行为(Bell,

---

[1] Sevdalis, Nick, Nigel Harvey and Michelle Yip, "Regret Triggers Inaction Inertia – but Which Regret and How?", *British Journal of Social Psychology*, Vol. 45, No. 4, 2006, pp. 839 – 853.

[2] Walchli, Suzanne B., Janet Landman, "Effects of Counterfactual Thought on Postpurchase Consumer Affect", *Psychology & Marketing*, Vol. 20, No. 1, 2003, pp. 23 – 46.

[3] Zeelenberg, Marcel, Jane Beattie, Joop van der Pligt and Nanne K. de Vries, "Consequences of Regret Aversion: Effects of Expected Feedback on Risky Decision Making", *Organizational Behavior and Human Decision Processes*, Vol. 65, No. 2, 1996, pp. 148 – 158.

[4] Guttentag, Robert E. and Jennifer M. Ferrell, "Children's Understanding of Anticipatory Regret and Disappointment", *Cognition and Emotion*, Vol. 22, No. 5, 2008, pp. 815 – 832.

[5] Gilbert, Daniel T., Carey K. Morewedge, Jane L. Risen and Timothy D. Wilson, "Looking forward to Looking Backward, the Misprediction of Regret", *American Psychological Society*, Vol. 15, No. 5, 2004, pp. 346 – 350.

[6] 陈荣:《预期后悔与体验后悔在消费者动态选择过程中的作用机制》,《南开管理评论》2007 年第 3 期。

1982①；Loomes and Sugden，1982②），预期后悔会对消费者之后的行为产生重要影响，它使消费者想要把可能的后悔程度降到最低，从而接受不太可能会带来后悔的方案。李研、李东进和朴世桓（2013）用预期行动后悔和预期不行动后悔解释了脱销的情景性诱导效应。③ 可见，预期后悔是解释情景效应的一种重要机制，预期后悔将显著影响消费者的行为和决策。促销中存在购买限制会影响消费者的不行动后悔（包括预期后悔和体验后悔）。

在购买决策前，如果消费者预期自己现在不购买，以后可能会失去购买的机会，那么他们就会感受到预期不行动后悔。如果消费者考察了产品却没有实施购买行为，而在促销过后又通过反事实思维认为"如果之前购买就好了"，此时就会体验到不行动后悔（李东进、马云飞和李研，2013④）。促销的购买限制决定了某些促销机会的购买有限性较高。购买机会的有限性越高，在错过购买后，越容易产生较强的不行动后悔，前事实所有权丧失而造成的禀赋效应中介了购买机会有限性对不行动后悔的影响（李东进、马云飞和李研，2013⑤）。

在限量促销活动中，担心错过购买的预期不行动后悔是由于消费者竞争引发的；在限时促销活动中，担心错过购买的预期不行动后悔是与消费者竞争无关的，因为限时促销活动中在一定时间范围内消费者是否能够购买到产品取决于自身决策。可见，感知消费者竞争会显著影响消费者对促销的预期不行动后悔，当消费者认为促销吸引力较高时，会预期有很多其他消费者会参与促销活动，而使限量促销的感知稀缺性更强，消费者预期现在不赶快参与促销会造成自己错过购买

① Bell，David E.，"Regret in Decision Making under Uncertainty"，*Operations Research*，Vol. 30，No. 5，1982，pp. 961 – 981.

② Loomes，Graham and Robert Sugden，"Regret Theory：An Alternative Theory of Rational Choice under Uncertainty"，*Economic Journal*，Vol. 92，No. 368，1982，pp. 805 – 824.

③ 李研、李东进、朴世桓：《产品脱销信息对相似品购买延迟的影响——基于后悔理论的研究》，《营销科学学报》2013 年第 4 期。

④ 李东进、马云飞、李研：《错过购买后不行动后悔的形成机制——禀赋效应的中介作用》，《营销科学学报》2013 年第 1 期。

⑤ 同上。

机会。

Inman、Peter 和 Raghubir（1997）指出，促销折扣的幅度会影响购买意向，这一过程受到交易评价的中介作用。① 但是，交易评价并不是直接影响购买意向，而是间接地通过影响预期后悔而影响了购买意向（Swain，Hanna and Abendroth，2006②）。也就是说，折扣幅度对消费者购买意向的影响不仅是通过影响了交易的经济因素，还包括通过影响情感因素，这一情感因素就是指预期后悔。Swain、Hanna 和 Abendroth（2006）指出，折扣与时间限制对购买意向的影响是通过影响消费者的理性（交易评价）、情感（预期后悔）和本能的（购买紧迫感）反应三个方面。③

（三）购买紧迫感

一些研究曾探讨过购买紧迫感对消费者行为的影响。例如，Ge、Messinger 和 Li（2010）研究发现，脱销产品的存在会使消费者推断和预期可得产品也处于短缺状态，致使消费者对可得产品的购买产生一种紧迫感，从而发生购买的即刻效应，即赶快购买其他可得的产品。④ Ge、Messinger 和 Li（2010）在实验中对购买紧迫感的测量方式是，用三个题项构成购买紧迫感指数，包括紧迫感、感觉到时间压力、产品的感知可得程度。⑤ 时间限制可以通过创造购买紧迫感而增加购买意向（Swain，Hanna and Abendroth，2006⑥）。在冲动购买研究领域发现，购买紧迫感是影响消费者冲动购买行为的一个重要因

① Inman, J. Jeffrey, Anil C. Peter and Priya Raghubir, "Framing the Deal: The Role of Restrictions in Accentuating Deal Value", *Journal of Consumer Research*, Vol. 24, No. 1, 1997, pp. 68 – 79.

② Swain, Scott D., Richard Hanna and Lisa J. Abendroth, "How Time Restrictions Work: The Roles of Urgency, Anticipated Regret and Deal Evaluations", *Advances in Consumer Research*, Vol. 33, 2006, p. 523.

③ Ibid..

④ Ge, Xin, Paul R. Messinger and Jin Li, "Influence of Soldout Products on Consumer Choice", *Journal of Retailing*, Vol. 85, No. 3, 2009, pp. 274 – 287.

⑤ Ibid..

⑥ Swain, Scott D., Richard Hanna and Lisa J. Abendroth, "How Time Restrictions Work: The Roles of Urgency, Anticipated Regret and Deal Evaluations", *Advances in Consumer Research*, Vol. 33, 2006, p. 523.

素。在冲动购买过程中，消费者会产生"必须拥有"的感觉，并且对购买产生紧迫感（Bayley and Nancarrow，1998①）。Lau（2003）发现，盗版软件的购买与消费者电脑软件需要的紧迫感呈正相关关系。②购买紧迫感会降低消费者对可得产品的购买延迟，提高购买可能性。在促销情景中，消费者购买紧迫感可能来源于购买限制，包括时间限制和数量限制。

促销的时间限制使消费者必须在促销活动截至之前实现对决策信息的认知闭合。有关时间压力对消费者心理与行为反应的研究可以分为冷认知框架和热认知框架两类（Svenson and Maule，1993③）。热认知框架下会考虑消费者对时间压力的情感反应（如唤起、紧张感），而在冷认知框架下则不会考虑。冷认知框架下时间压力方面的研究侧重于信息处理过程中认知资源分配的问题。购买紧迫感主要属于热认知框架下的内容，着重于消费者的实际心理感受。但是，两类研究框架并不是相互割裂的，而是互相联系和互相影响的。已有研究发现，时间压力会增加消费者的唤起水平和心理紧张感（Keinan，Friedland and BenPorath，1987④）。当消费者的紧张程度越高，消费者在决策中会表现出过早的认知闭合，即做决策时没有顾及所有的可得选项（Janis，1983⑤）。

来源于时间限制产生的压力会使消费者感觉到焦虑，而且时间限制越紧张，消费者的焦虑程度越高（Svenson and Maule，1993⑥）。时

---

① Bayley，Geoff and Clive Nancarrow，"Impulse Purchasing：A Qualitative Exploration of the Phenomenon"，*Qualitative Market Research：An International Journal*，Vol. 1，No. 2，1998，pp. 99 – 114.

② Lau，Eric Kin Wai，"An Empirical Study of Software Piracy"，*Business Ethics：A European Review*，Vol. 12，No. 3，2003，pp. 233 – 245.

③ Svenson，Ola and A. John Maule，*Time Pressure and Stress in Human and Decision Making*，New York：Plenum Press，1993.

④ Keinan，Giora，Nehemia Friedland and Yossef Ben – Porath，"Decision Making under Stress：Scanning of Alternatives under Physical Threat"，*Acta Psychologica*，Vol. 64，No. 3，1987，pp. 219 – 228.

⑤ Janis，Irving L.，*Groupthink*，2nd ed. Boston：Houghton Mifflin，1983.

⑥ Svenson，Ola and A. John Maule，*Time Pressure and Stress in Human and Decision Making*，New York：Plenum Press，1993.

间压力不仅来源于时间限制（客观时间压力），还收到消费者对机会成本感知（主观时间压力）的影响。机会成本感知会引发消费者的焦虑感。在时间限制下的购买决策，消费者会感觉到如果决策过慢会导致丧失购买的机会（Payne，Bettman and Luce，1996[①]）。对于大部分工作繁忙的消费者来说，很多时候都需要在短时间内做出决策，一旦离开购买现场很难保证在促销期间内还有机会再来。那么，促销时间限制的呈现必然会对决策模式产生重要影响。在时间压力下，消费者的信息搜索过程会更短，虽然会增加搜索的覆盖面，但是却降低了每个选项的搜索深度（Janis and Mann，1977[②]）。时间限制会减少消费者在购买决策过程的信息搜索。在时间有限的时候，消费者在制定一个购买决策前只会代表性地去一两家商店，并且很少搜索公正的信息源（Beatty and Smith，1987[③]）。作为一种客观时间压力，促销的时间限制会导致消费者更倾向于依赖经验或直觉进行决策（卢长宝、于然海和曹红军，2012[④]）。促销的时间限制还可能会通过影响消费者的预期不行动后悔，从而提高购买可能性和降低购买延迟。

不仅时间限制的促销活动会产生时间压力，数量限制的促销活动也会产生时间压力。而且数量限制的促销产生的时间压力往往高于时间限制的促销，因为数量限制的促销具有更强的感知稀缺性。在数量限制的促销活动中，消费者竞争是引发时间压力和购买紧迫感的一个关键因素。在零售促销活动中，数量限制与时间限制起到了类似的促进销售、提高促销评价、提高企业利润的作用。但是，数量限制与时间限制的一个重要区别在于，数量限制会引发消费者之间的竞争

①　Payne，John W. , James R. Bettman and Mary Frances Luce， "When Time is Money：Decision Behavior under Opportunity – Cost Time Pressure"，*Organizational Behavior and Human Decision Processes*，Vol. 66，No. 2，1996，pp. 131 – 152.

②　Janis，Irving L. and Leon Mann，*Decision Making：A Psychological Analysis of Conflict，Choice and Commitment*，New York：Free Press，1977.

③　Beatty，Sharon E. and Scott M. Smith， "External Search Effort：An Investigation Across Several Product Categories"，*Journal of Consumer Research*，Vol. 14，No. 1，1987，pp. 83 – 95.

④　卢长宝、于然海、曹红军：《时间压力与促销决策信息搜寻的内在关联机制》，《科研管理》2012 年第 10 期。

（Aggarwal, Jun and Huh, 2011①），而时间限制一般不涉及消费者竞争（除非在购买者会占用其他购买者抢购商品时间的情况）。竞争会增加消费者对有限可得产品的欲望，并愿意为这样的产品支付得更多。竞争使消费者不仅想要获得物品本身，还想要获得"赢"的感觉。在拍卖中，当面对较少而不是较多的竞拍者时，消费者更可能超越拍卖限制，因为竞拍者之间的竞争促使他们想要获得"胜利"（Ku, Malhotra and Murnighan, 2005②）。竞拍者之间的竞争会导致更高的跳价和成交价（Bagchi and Cheema, 2013③）。消费者竞争过程或者消费者对可能存在的竞争的预期会增加他们对促销产品的购买紧迫感，消费者会更担心失去参与促销活动的机会。在具有购买限制的促销活动中，交易价值对购买紧迫感和购买意向影响的过程中预期后悔起到了中介作用（Swain, Hanna and Abendroth, 2006④）。也就是说，预期后悔会影响购买紧迫感。可见，消费者竞争和预期后悔都可能会影响购买紧迫感。

二 情景因素（购买机会的感知易达性）在促销购买限制中的作用

易达性对消费者决策和行为的影响在很多方面体现。Biehal 和 Chakravarti（1983）曾探讨信息易达性对消费者选择的影响，通过学习目标的操纵实现记忆中先前信息易达性的不同会影响品牌选择的结果。⑤ 易达性较高的信息更容易被提取，从而在接下来的决策过程中

① Aggarwal, Praveen, Sung Youl Jun and Jong Ho Huh, "Scarcity Messages", *Journal of Advertising*, Vol. 40, No. 3, 2011, pp. 19 – 30.

② Ku, Gillian, Deepak Malhotra and J. Keith Murnighan, "Towards a Competitive Arousal Model of Decision – Making: A Study of Auction Fever in Live and Internet Auctions", *Organizational Behavior and Human Decision Processes*, Vol. 96, No. 2, 2005, pp. 89 – 103.

③ Bagchi, Rajesh and Amar Cheema, "The Effect of Red Background Color on Willingness – to – Pay: The Moderating Role of Selling Mechanism", *Journal of Consumer Research*, Vol. 39, No. 5, 2013, pp. 947 – 960.

④ Swain, Scott D., Richard Hanna and Lisa J. Abendroth, "How Time Restrictions Work: The Roles of Urgency, Anticipated Regret and Deal Evaluations", *Advances in Consumer Research*, Vol. 33, 2006, p. 523.

⑤ Biehal, Gabriel and Dipankar Chakravarti, "Information Accessibility as a Moderator of Consumer Choice", *Journal of Consumer Research*, Vol. 10, No. 1, 1983, pp. 1 – 14.

被使用。零售选址研究中，将店铺易达性作为零售选址评估的重要指标，店铺易达性对营业额起到决定性作用（Simkin，1990[①]）。易达性较高的选址一般都是那些购买者从起点（如家、单位）到购买地点所花时间比较少的地方。购物中心或店铺的地理位置就决定了其易达性。除此之外，消费者在商铺中是否容易寻找到想要的产品或产品类别也被称为易达性，零售店铺中，产品摆放不当会降低产品的平均易达性。信息、购买地点、购买机会、产品摆放位置等都具有易达性这一属性。感知易达性属于资源的特征之一，它常被消费者用于成本—利益分析。如果资源的感知易达性较低，意味着消费者为获取资源需要付出更多的潜在成本。

Doubeni、Li、Fouayzi 和 DiFranza（2008）将产品的感知易达性定义为消费者获得产品的信心和对整体可获得性的衡量。[②] 消费者认为，获得产品的可能性越高，获得的容易程度越高，感知易达性也越高（Quah，1977[③]）。莫里森和凡库弗（Morrison and Vancouver，2000）将感知易达性定义为消费者定位并获取特定资源的预期容易程度。[④] Li、Kuo 和 Russell（1999）指出，需要花费多少时间和付出多大程度的努力会直接影响资源的感知易达性，其他因素（如是否难以达到、是否有便捷的方式到达）会间接影响感知易达性。[⑤] 本书将购买机会的感知易达性定义为得到促销购买机会的可能性和容易程度，它反映了消费者需要花费多大的精力和成本才能得到购买机会。在营销实践

① Simkin, Lyndon P. , "Evaluating a Store Location", *International Journal of Retail & Distribution Management*, Vol. 18, No. 4, 1990, https: //doi. org/10. 1108/09590559010140345.

② Doubeni, Chyke A. , Wenjun Li, Hassan Fouayzi and Joseph Difranza, "Perceived Accessibility as a Predictor of Youth Smoking", *Annals of Family Medicine*, Vol. 6, No. 4, 2008, pp. 323 – 330.

③ Quah, Stella R. , "Accessibility of Modern and Traditional Health Services in Singapore", *Social Science and Medicine*, Vol. 11, No. 5, 1977, pp. 333 – 340.

④ Morrison, Elizabeth W. and Jeffrey B. Vancouver, "Within – Person Analysis of Information Seeking: The Effects of Perceived Costs and Benefits", *Journal of Management*, Vol. 26, No. 1, 2000, pp. 119 – 137.

⑤ Li, Hairong, Cheng Kuo and Maratha G. Russell, "The Impact of Perceived Channel Utilities, Shopping Orientations and Demographics on the Consumer's Online Buying Behavior", *Journal of Computer – Mediated Communication*, Vol. 5, No. 2, 1999.

中，企业实行送货上门、提供免费乘坐购物车服务或在交通便利处进行店铺选址等都可以提高购买机会的感知易达性。

Li、Ma 和 Li（2012）曾用购买机会的感知易达性解释了消费者在错过购买后如何对下一次相似的购买机会做出反应。当购买机会的感知易达性较高时，消费者倾向于采取购买行为，从而弥补之前错过机会造成的损失；而当购买机会的感知易达性较低时，消费者更倾向于从主观上贬低购买机会以达认知协调。① 有学者用"目标可得性"表达了与购买机会感知易达性相似的含义。例如，王财玉（2012）的研究中，高目标可得性条件下告知学生被试购物地点位于学校附近，步行 15 分钟可到达，而低目标可得性条件下则需要乘公交车 30 分钟然后再步行 15 分钟才可到达。② 该研究的预测试中，检验了购买机会易达性的差异显著性，测量题项为"对我而言到达那里是容易的"（1 表示非常不同意，7 表示非常同意）。这一测量方法与 Li、Ma 和 Li（2012）③ 的研究是一致的。

既然促销存在购买限制，就意味着只有一部分消费者会有机会购买促销产品，而另一部分消费者则无法购买。对于时间限制的促销活动，消费者对是否可以参与促销活动是确定的，明确的时间使消费者可以知晓自己在到达卖场时一定能够购买到产品。对于数量限制的促销活动，消费者对是否能够参与促销活动是不确定的，因为产品有可能在消费者到达卖场时已经被销售完。面对一次促销机会，消费者不仅会衡量产品本身是否值得购买，还可能会考虑购买之前的过程及因素（如购买机会的易达性和确定性）。根据期望理论（Vroom，

———————————

① Li Dongjin, Yunfei Ma and Yan Li, "Calling Back Consumer Who Missed a Purchase: Making Use of Regret", *International Journal of Consumer Research*, Vol. 1, No. 1, 2012, pp. 28–46.

② 王财玉：《社会距离与口碑传播效力研究：解释水平的视角》，《财经论丛》2012 年第 4 期。

③ Li Dongjin, Yunfei Ma and Yan Li, "Calling Back Consumer Who Missed a Purchase: Making Use of Regret", *International Journal of Consumer Research*, Vol. 1, No. 1, 2012, pp. 28–46.

1964），个人行为的积极性受到目标效价和期望值的双重影响。[①] 可见，消费者参与促销活动的意愿会受到两个方面的影响：一是对促销产品本身所带来价值的推断，促销品吸引力越大，消费者越愿意实施购买行为；二是对能够获得促销产品的主观概率，如果消费者认为自己获得促销产品的概率过低，就不大可能参与促销活动。促销购买限制中得到促销产品的确定性会显著影响消费者对促销活动的反应和参与意愿。得到购买机会确定性较高的促销活动，相比于确定性较低的促销活动，消费者参与促销的可能性会较高。

在购买机会易达性较低的情况下，消费者需要付出更多的成本（时间、精力或金钱）才能到达卖场，一旦在到达卖场后，发现自己错过了购买机会，消费者会感到较强的后悔情绪。因此，在购买机会易达性较低的情况下，能否得到数量限制的促销品是存在较大风险的，消费者对错过购买数量限制产品的预期后悔较强，从而抑制了消费者参与促销活动的意愿。此时，消费者更愿意参与得到产品确定性较高的时间限制的促销活动。在购买机会易达性较高的情况下，消费者到达卖场所需付出的成本（时间、精力或金钱）较低，错过购买数量限制产品的预期后悔较低，消费者更愿意参与促销活动（如在线促销活动中限量购买活动常能促使消费者抢购产品）。因为即使没能抢购到数量限制的促销产品，消费者付出的前期成本较低，不至于产生较多的损失。此时，竞争购买心理促使消费者更愿意参与数量限制的促销活动。

购买机会的感知易达性虽然可以直接影响消费者得到购买机会的确定性，即购买机会的感知易达性越低，消费者得到购买机会的确定性越低，但是，在不同感知易达性情景下，购买机会确定性对消费者参与促销意愿的影响程度存在较大差异。在感知易达性较高的情况下，购买机会确定性对消费者参与促销意愿的影响较小或无显著影响；在感知易达性较低的情况下，购买机会确定性对消费者参与促销意愿的影响的突出性明显提高，一旦购买机会确定性较低，消费者将

---

① Vroom, Victor Harold, *Work and Motivation*, New York: Wiley, 1964.

会避免参与促销活动以防错过购买而产生强烈的后悔。在感知易达性较低的情况下，错过购买的预期后悔抑制了消费者参与购买机会确定性较低的促销活动。

如上所述，时间限制和数量限制的促销活动在不同程度的购买机会易达性下各有优势。在购买机会易达性较强的情况下，数量限制的促销活动会比时间限制的促销活动更有效，这一过程受到了感知消费者竞争的中介作用；在购买机会易达性较低的情况下，时间限制的促销活动反而比数量限制的促销活动更有效，这一过程受到了参与促销活动的确定性的中介作用。

据此，本书提出以下研究假设：

假设4-1：购买机会的感知易达性与促销购买限制类型的交互作用会影响消费者对促销活动的反应。

假设4-1a：当购买机会感知易达性较高时，消费者对数量限制的促销活动比时间限制的促销活动反应更积极。

假设4-1b：当购买机会感知易达性较低时，消费者对时间限制的促销活动比数量限制的促销活动反应更积极。

假设4-2：当购买机会感知易达性较高时，感知消费者竞争中介了促销购买限制类型（时间限制 vs 数量限制）对消费者反应的影响。

假设4-3：当购买机会感知易达性较低时，能够参与促销活动的确定性中介了促销购买限制类型（时间限制 vs 数量限制）对消费者反应的影响。

三 消费者个体特质在促销购买限制中的作用

(一) 认知闭合需要

在购买限制的情景中，消费者的认知闭合需要（need for closure, NFC）是一个重要的个体特质。认知闭合需要这一概念由 Kruglanski (1989[①]; Kruglanski and Webster, 1996[②]) 提出，是在决策制定的认知

---

① Kruglanski, Arie W, *Lay Epistemics and Human Knowledge: Cognitive and Motivational Bases*, New York: Plenum, 1989.

② Kruglanski, Arie W. and Donna M. Webster, "Motivated Closing of the Mind: 'Seizing' and 'Freezing'", *Psychological Review*, Vol. 103, No. 2, 1996, pp. 263–283.

一动机方面提出的一种理论框架。认知闭合需要表现了消费者个体在当前决策中对信息搜索终止的需要，认知闭合需要程度较高的个体倾向于实现快速决策。闭合需要，是指个体接近并减少认知不确定性，对待事情时快速规划并坚定地保持一个清晰的观点而不是接受困惑和不确定。具有较高的认知闭合需要的个体在模糊问题上具有达到任何决策的认知需要即立即原则，以及坚持决策而不考虑其他选项即持续原则。这类个体会表现出对周围事物的秩序性、稳定性和可预期性的偏好，对新体验的保守型导向和对果断性的偏好。这些个体在做判断时更倾向于抓住和冻结最易接近的认知选项（Kruglanski and Webster，1996[①]）。

认知闭合需要会产生两类倾向：一类是关于快速夺取闭合偏好的紧迫倾向；另一类是关于维持或冻结闭合欲望的持续倾向（Roets and Van Hiel，2011[②]）。这两类倾向都会让人避免闭合的缺乏，一方面是通过快速地结束这一状态；另一方面是抑制该状态的重现（Roets and Van Hiel，2011[③]）。在信息处理方面，认知闭合需要表现出重要的影响效应（Kruglanski and Webster，1996[④]；Webster and Kruglanski，1994[⑤]）。具有高认知闭合需要的人会有动机越快越好地减少不确定性带来的不适感，这通常是通过抓住社会环境中容易得到的认知线索。当一个观点已经形成时，这类人有动机去保护这一观点具有的闭合状态。结果，他们的思维变得僵硬和死板，在不一致信息面前会坚决抵制改变。有关认知闭合需要在协商情景中的研究发现，具有高闭

① Kruglanski, Arie W. and Donna M. Webster, "Motivated Closing of the Mind: 'Seizing' and 'Freezing'", *Psychological Review*, Vol. 103, No. 2, 1996, pp. 263 – 283.

② Roets, Arne and Alain Van Hiel, "Item Selection and Validation of a Brief, 15 – Item Version of the Need for Closure Scale", *Personality and Individual Differences*, Vol. 50, No. 1, 2011, pp. 90 – 94.

③ Ibid. .

④ Kruglanski, Arie W. and Donna M. Webster, "Motivated Closing of the Mind: 'Seizing' and 'Freezing'", *Psychological Review*, Vol. 103, No. 2, 1996, pp. 263 – 283.

⑤ Webster, Donna M. and Arie W. Kruglanski, "Individual Differences in Need for Cognitive Closure", *Journal of Personality and Social Psychology*, Vol. 67, No. 6, 1994, pp. 1049 – 1062.

合需要的谈判者更容易被对方当事人行为和特征的陈规及成见所影响，而更不愿意使用那些可以帮助他们从各视角理解冲突的信息（De Dreu，Koole and Oldersma，1999①）。

认知闭合需要反映了个体应对模糊性（ambiguity）时的动机和愿望，希望给问题找到一个明确答案，因为相对于混乱和不确定，任何明确的答案都会更好一些（Kruglanski，1989②）。在面对具有模糊性情景时，模糊状态会使认知闭合需要较高的个体产生较多的压力和焦虑，这类个体会具有很强烈的动机去寻找事物的确定性或为问题找出答案，即使此时并没有足够的证据做出结论，所得结论或许并不恰当。认知闭合需要较低的个体更能容忍模糊性，这类个体对即刻消除模糊性和避免不确定状态的偏好较低，相对来说，具有更强的动机进一步收集信息或者对信息进行更深入的分析和思考（Kruglanski and Webster，1996③）。模糊容忍性与模糊规避程度呈高度相关关系（Furnham and Ribchester，1995④）。在不确定或模糊情景中，消费者会通过夺取和冻结两个阶段实现认知闭合（De Dreu，Koole and Oldersma，1999⑤）。

消费者的认知闭合需要既依情景而不同，又会表现出稳定的个体差异。一些情景可以影响消费者认知闭合需要，例如，时间压力、环境噪声、任务吸引力。在时间压力下，比起没有时间压力时，消费者

---

① De Dreu，Carsten K. W.，Sander L. Koole and Frans L. Oldersma，"On the Seizing and Freezing of Negotiator Inferences：Need for Cognitive Closure Moderates the Use of Heuristics in Negotiation"，*Personality and Social Psychology Bulletin*，Vol. 25，No. 3，1999，pp. 348 – 362.

② Kruglanski，Arie W.，*Lay Epistemics and Human Knowledge：Cognitive and Motivational Bases*，New York：Plenum，1989.

③ Kruglanski，Arie W. and Donna M. Webster，"Motivated Closing of the Mind：' Seizing' and ' Freezing'"，*Psychological Review*，Vol. 103，No. 2，1996，pp. 263 – 283.

④ Furnham，Adrian and Tracy Ribchester，"Tolerance of Ambiguity：A Review of The Concept，Its Measurement and Applications"，*Current Psychology*，Vol. 14，No. 3，1995，pp. 179 – 199.

⑤ De Dreu，Carsten K. W.，Sander L. Koole and Frans L. Oldersma，"On the Seizing and Freezing of Negotiator Inferences：Need for Cognitive Closure Moderates the Use of Heuristics in Negotiation"，*Personality and Social Psychology Bulletin*，Vol. 25，No. 3，1999，pp. 348 – 362.

具有较高的认知闭合需要（Chiu，Morris，Hong et al.，2000[①]）。认知闭合需要可以在认知加工过程中表现出稳定的个体差异。从文化角度看，美国人和中国人在认知闭合需要方面存在个体差异。与中国人相比，美国人想要维持可预期性和清楚的社会现实的需要程度较低，具体来说，美国人比中国人在可预期性偏好维度、对模糊的不适感、保守性思想方面的评分较低，而美国人在决策的果断性方面的评分较高（Chiu，Morris，Hong et al.，2000[②]）。Webster 和 Kruglanski（1994）曾开发了测量个体认知闭合需要的量表，用于测量消费者对可预期的需要、对秩序和结构偏好、对模糊性的不舒服感、决断力和心理封闭五个方面的个体特质。[③] 认知闭合需要的测量量表最初有 42 个题项（Webster and Kruglanski，1994）。[④] 由于该量表题项数量过多，造成后续研究中很多学者任意删减题项来使用。Roets 和 Van Hiel（2011）为了解决上述问题，利用多样化大样本重新对认知闭合需要的量表进行了开发和提炼，最终提炼出 15 个题项来测量消费者的认知闭合需要。[⑤] Roets 和 Van Hiel（2011）开发的量表依旧将认知闭合需要分为五个维度，分别是秩序、可预期性、果断性、模糊性和思想保守性。[⑥]

认知闭合需要较高的个人对模糊性的容忍度较低。当消费者对模糊性的容忍度较低时，面对模糊的情景会感受到更多的压力，并且会

① Chiu，Chi – yue，Michael W. Morris，Ying – yi Hong and Tanya Menon，"Motivated Cultural Cognition: The Impact of Implicit Cultural Theories on Dispositional Attribution Varies as a Function of Need for Closure"，*Journal of Personality and Social Psychology*，Vol. 78，No. 2，2000，pp. 247 – 259.

② Ibid. .

③ Webster，Donna M. and Arie W. Kruglanski，"Individual Differences in Need for Cognitive Closure"，*Journal of Personality and Social Psychology*，Vol. 67，No. 6，1994，pp. 1049 – 1062.

④ Ibid. .

⑤ Roets，Arne and Alain Van Hiel，"Item Selection and Validation of a Brief，15 – Item Version of the Need for Closure Scale"，*Personality and Individual Differences*，Vol. 50，No. 1，2011，pp. 90 – 94.

⑥ Ibid. .

尽量避免带有模糊性的刺激（Durrheim and Foster，1997[1]）。在模糊性较低的情景中，高认知闭合与低认知闭合的消费者在决策偏好上不存在显著差异（刘雪峰、张志学和梁钧平，2007[2]）。认知闭合需要水平较高的个体会表现出以下特点：首先，认知闭合需要水平较高的个体更偏好有秩序和结构化，厌恶混沌和混乱，他们喜欢可预期性，追求安全和稳定。其次，高认知闭合需要的个体经常体验到想要达到迅速决策的急切需要，反映在他们的果断性上，他们对模糊会感到非常不适，当情景缺乏闭合时，就会感觉到厌恶感。最后，高认知闭合需要的个体是思想保守的，他们不愿意让其他选项来挑战自己的既有认识（Roets and Van Hiel，2011[3]）。

已有研究曾探讨消费者的认知闭合需要在稀缺性营销策略中的作用。例如，认知闭合需要可以调节稀缺效应的程度，对认知闭合需要较强的消费者，产品稀缺性对购买意向会有更积极的影响（Jung and Kellaris，2004[4]）。但是，该研究并没有区别个体的认知闭合需要对不同稀缺性促销情景的影响差异。Webster 和 Kruglanski（1994）曾指出，开发个体认知闭合需要的量表的一个重要原因是，该测量量表有助于分清个体变化是来源于个性的主效应还是来源于个体与情景的交互作用，从而减少误差偏差并增加评估情景效应的统计效力。[5] 本书的情景因素是促销限制的类型（数量限制 vs 时间限制），测量个体的认知闭合需要，有助于考察个体与该情景之间的交互作用对消费者促

---

① Durrheim, Kevin and Don Foster, "Tolerance of Ambiguity as a Content Specific Construct", *Personality and Individual Differences*, Vol. 22, No. 5, 1997, pp. 741 – 750.

② 刘雪峰、张志学、梁钧平：《认知闭合需要，框架效应与决策偏好》，《心理学报》2007 年第 4 期。

③ Roets, Arne and Alain Van Hiel, "Item Selection and Validation of a Brief, 15 – Item Version of the Need for Closure Scale", *Personality and Individual Differences*, Vol. 50, No. 1, 2011, pp. 90 – 94.

④ Jung, Jae Min and James J. Kellaris, "Cross – National Differences in Proneness to Scarcity Effects: The Moderating Roles of Familiarity, Uncertainty Avoidance and Need for Cognitive Closure", *Psychology & Marketing*, Vol. 21, No. 9, 2004, pp. 739 – 753.

⑤ Webster, Donna M. and Arie W. Kruglanski, "Individual Differences in Need for Cognitive Closure", *Journal of Personality and Social Psychology*, Vol. 67, No. 6, 1994, pp. 1049 – 1062.

销评价的影响。

在促销购买机会的易达性较低的情况下，数量限制促销（相比于时间限制促销）存在更多的不确定性和模糊性，消费者不能确保自己在到达卖场时一定能够购买到促销产品，认知闭合需要较高的个体对这类情景的反应会更消极。在数量限制促销中，相比于时间限制的促销活动，消费者会感受到更强的时间压力，因为数量限制促销的感知稀缺性更强。时间压力会增加唤起水平和心理紧张感（Keinan，Friedland and Ben Porath，1987[①]），并使消费者在决策中表现出过早的认知闭合（Janis，1983[②]）。具有高认知闭合需要的个体会在数量限制中产生更多的紧张感，那么在购买机会感知易达性较低的情况下，个体为了消除不确定性造成的紧张感会对促销活动做出较为消极的反应。在购买机会感知易达性较高的情况下，这类个体更倾向于通过立刻实施购买行为而获得认知闭合。因而，当消费者的认知闭合需要较高时，相比于认知闭合需要较低时，促销购买机会的易达性与促销购买限制类型的交互效应会更强。认知闭合需要较高的个体在购买机会易达性较低的情况下，会更偏好时间限制的促销胜于数量限制的促销。

据此，本书提出以下研究假设：

假设 4 - 4：消费者的认知闭合需要、促销购买机会的易达性与促销购买限制的三重交互作用会影响消费者对促销活动的反应。当消费者的认知闭合需要较高（vs 较低）时，促销购买机会的易达性与促销购买限制类型的交互效应会更强。

（二）独特性需要

独特性需要理论描述了消费者与其他人相似之处的感知以及他们

---

① Keinan, Giora, Nehemia Friedland and Yossef Ben - Porath, "Decision Making under Stress: Scanning of Alternatives under Physical Threat", *Acta Psychologica*, Vol. 64, No. 3, 1987, pp. 219 - 228.

② Janis, Irving L., *Groupthink*, 2nd ed. Boston: Houghton Mifflin, 1983.

对这类感知的反应（Snyder and Fromkin，1977[①]；1980[②]）。独特性需要在各种不同文化环境中都表现出稳定的个体差异（Ruvio，Shoham and Brencic，2008[③]）。例如，McGuire（1976）指出了个体行为的几种不同的动机。其中，与独特性需要相关的是表达需求，即消费者需要向其他人表达自身的个性。[④] 独特性需要使消费者想要获得和展示有区别的产品（Snyder and Fromkin，1980[⑤]；Tian，Bearden and Hunter，2001[⑥]）。消费者的独特性需要驱使个体追求通过消费获得不同感，以此来形成一个与众不同的自我和社会形象（Snyder and Fromkin，1977[⑦]）。通过多样化搜索行为，消费者可以获得独特感（Tian，Bearden and Hunter，2001[⑧]）。独特性需要还会影响消费者对定制化的稀缺产品、创新性消费、独特购物场地的渴望（Lynn and Harris，1997[⑨]）。消费者独特性需要的表现包括购买和展示新奇的、过时的、古董式的、个性化的、纯手工制作的产品，以及在非传统的

---

① Snyder, C. R. and Howard L. Fromkin, "Abnormality as a Positive Characteristic: The Development and Validation of a Scale Measuring Need for Uniqueness", *Journal of Abnormal Psychology*, Vol. 86, No. 5, 1977, pp. 518 – 527.

② Snyder, C. R. and Howard L. Fromkin, *Uniqueness: The Human Pursuit of Difference*, New York: Plenum Press, 1980.

③ Ruvio, Ayalla, Aviv Shoham and Maja M. Brencic, "Consumers' Need for Uniqueness: Short – Form Scale Development and Cross – Cultural Validation", *International Marketing Review*, Vol. 25, No. 1, 2008, pp. 33 – 53.

④ McGuire, William J., "Some Internal Psychological Factors Influencing Consumer Choice", *Journal of Consumer Research*, Vol. 2, No. 4, 1976, pp. 302 – 319.

⑤ Snyder, C. R. and Howard L. Fromkin, *Uniqueness: The Human Pursuit of Difference*, New York: Plenum Press, 1980.

⑥ Tian, Kelly Tepper, William O. Bearden and Gary L. Hunter, "Consumers' Need for Uniqueness: Scale Development and Validation", *Journal of Consumer Research*, Vol. 28, No. 1, 2001, pp. 50 – 66.

⑦ Snyder, C. R. and Howard L. Fromkin, "Abnormality as a Positive Characteristic: The Development and Validation of a Scale Measuring Need for Uniqueness", *Journal of Abnormal Psychology*, Vol. 86, No. 5, 1977, pp. 518 – 527.

⑧ Tian, Kelly Tepper, William O. Bearden and Gary L. Hunter, "Consumers' Need for Uniqueness: Scale Development and Validation", *Journal of Consumer Research*, Vol. 28, No. 1, 2001, pp. 50 – 66.

⑨ Lynn, Michael and Judy Harris, "The Desire for Unique Consumer Products: A New Individual Difference Scale", *Psychology & Marketing*, Vol. 14, No. 6, 1997, pp. 601 – 616.

店铺购物，例如古董店、旧货出售、跳蚤市场（Tian，1997[①]）。

消费者独特性需要的测量方法在文献中有很多。例如，通过31个题项测量三个维度，创新性选择的抗遵从、不流行选择的抗遵从、相似性避免（Tian，Bearden and Hunter，2001[②]；Tian and Mckenzie，2001[③]）。但是，这一量表由于题项太多并没有得到学者的广泛使用。德罗勒特和莫里森（Drolet and Morrison，2001）指出，较短的量表可以减少单调、成本和反应偏差，增加题项的数量会造成不恰当的反应行为和增加误差。[④] Steenkamp 和 Baumgartner（1995）指出，在坚持三维度概念的同时，需要开发短而精简的消费者独特性需要量表。[⑤]由于之前的消费者独特性需要量表大都是以单一国家为基础，几乎都使用了美国消费者样本（e.g. Tian，Bearden and Hunter，2001[⑥]；Tian and Mckenzie，2001[⑦]），因此，Ruvio、Shoham 和 Brencic（2008）开发了能够保证跨文化效度的消费者独特性需要量表。[⑧] Ruvio、Shoham

① Tian, Kelly Tepper, "Categories, Contexts and Conflicts of Consumers' Nonconformity Experiences", in Russell W. Belk ed., *Research in Consumer Behavior*, Greenwich, CT: JAI Press, 1997, pp. 209 – 245.

② Tian, Kelly Tepper, William O. Bearden and Gary L. Hunter, "Consumers' Need for Uniqueness: Scale Development and Validation", *Journal of Consumer Research*, Vol. 28, No. 1, 2001, pp. 50 – 66.

③ Tian, Kelly Tepper and Karyn Mckenzie, "The Long – Term Predictive Validity of The Consumers' Need for Uniqueness Scale", *Journal of Consumer Psychology*, Vol. 10, No. 3, 2001, pp. 171 – 193.

④ Drolet, Aimee L. and Donald G. Morrison, "Do We really Need Multiple – Item Measures in Service Research?", *Journal of Service Research*, Vol. 3, No. 3, 2011, pp. 196 – 205.

⑤ Steenkamp, Jan – Benedict E. M. and Hans Baumgartner, "Development of Cross – National Validation of a Short Form of CSI as a Measure Optimum Stimulation Level", *International Journal of Research in Marketing*, Vol. 12, No. 2, 1995, pp. 97 – 104.

⑥ Tian, Kelly Tepper, William O. Bearden and Gary L. Hunter, "Consumers' Need for Uniqueness: Scale Development and Validation", *Journal of Consumer Research*, Vol. 28, No. 1, 2001, pp. 50 – 66.

⑦ Tian, Kelly Tepper and Karyn Mckenzie, "The Long – Term Predictive Validity of The Consumers' Need for Uniqueness Scale", *Journal of Consumer Psychology*, Vol. 10, No. 3, 2001, pp. 171 – 193.

⑧ Ruvio, Ayalla, Aviv Shoham and Maja M. Brencic, "Consumers' Need for Uniqueness: Short – Form Scale Development and Cross – Cultural Validation", *International Marketing Review*, Vol. 25, No. 1, 2008, pp. 33 – 53.

和 Brencic（2008）的量表继续保持了 Tian、Bearden 和 Hunter（2001）的三个维度并将每个维度的题项减至四个题项，三个维度分别是创造性选择、不流行选择和相似性避免。本书使用的独特性需求量表借鉴了巴罗尼和罗伊（2010b）[①] 的做法，用 Tian、Bearden 和 Hunter（2001）开发的独特性需要量表中的相似性避免维度，共包括八个测量题项，该测量维度反映了消费者对市场上非普通和独特性的产品和服务的兴趣（详见附录 H 独特性需要的测量量表）。

独特性理论指出，消费者具有保持独特感的社会欲望，该社会欲望是消费的一种动机力量（Belk，Ger and Askegaard，2003[②]）。随着产品可得程度的下降，产品变得更有价值，有时是由于消费者的独特性需要。消费者的独特性需要（Tian，Bearden and Hunter，2001[③]）和消费者对独特产品的渴望（Lynn and Harris，1997[④]）会影响自己设计产品的独特性带来的价值感知（Fiore，Lee and Kunz，2004[⑤]）。相比于追求和谐统一的消费者（对独特产品渴求程度低的人），那些致力于想要与其他人相区别的消费者（对独特产品具有很强渴望的人）会非常喜爱独一无二的产品（从这类产品中获得了很多的效用）（Franke and Schreier，2008[⑥]）。为了满足单独身份的需求并维持自

---

① Barone，Michael J. and Tirthankar Roy，"The Effect of Deal Exclusivity on Consumer Response to Targeted Price Promotions：A Social Identification Perspective"，*Journal of Consumer Psychology*，Vol. 20，No. 1，2010b，pp. 78 – 89.

② Belk，Russell W.，Guliz Ger and Soren Askegaard，"The Fire of Desire：A Multisited Inquiry into Consumer Passion"，*Journal of Consumer Research*，Vol. 30，No. 3，2003，pp. 311 – 325.

③ Tian，Kelly Tepper，William O. Bearden and Gary L. Hunter，"Consumers' Need for Uniqueness：Scale Development and Validation"，*Journal of Consumer Research*，Vol. 28，No. 1，2001，pp. 50 – 66.

④ Lynn，Michael and Judy Harris，"The Desire for Unique Consumer Products：A New Individual Difference Scale"，*Psychology & Marketing*，Vol. 14，No. 6，1997，pp. 601 – 616.

⑤ Fiore，Ann Marie，Seung – Eun Lee and Grace Kunz，"Individual Differences，Motivations and Willingness to Use a Mass Customization Option for Fashion Products"，*European Journal of Marketing*，Vol. 38，No. 7，2004，pp. 835 – 849.

⑥ Franke，Nikolaus and Martin Schreier，"Product Uniqueness as a Driver of Customer Utility in Mass Customization"，*Marketing Letters*，Vol. 19，No. 2，2008，pp. 93 – 107.

尊，消费者有动机采取与他人相区别的行为（Gupta，2013[①]）。消费者可以通过拥有物质产品来满足独特性需求。为了追求自我独特性，消费者会选择在小型的、出入不频繁的商店购物，或者购买稀少的和定制化的产品（Franke and Schreier，2008[②]）。

时间限制和数量限制的促销都可以通过降低产品的可得性和提高产品的稀缺性而满足消费者的独特性需要，但是，两类促销在满足独特性需要的能力方面存在差异。稀缺性可能由两种因素引发，有限供给或高需求（Verhallen and Robben，1994[③]）。在限量购买限制中，产品或购买机会的稀缺性源于供给和需求两个方面，卖方降低产品的供给、买方产品需求的增加或者两者同时出现都可能会造成产品或购买机会的稀缺性。在限时购买限制中，产品或购买机会的稀缺性仅仅源于供给的一方，卖方通过限制购买时间达到产品或购买机会的稀缺性。与限时促销相比，限量促销的稀缺性来源的范围更大。限时促销有可能由于促销吸引力的提升而造成大量消费者购买产品，这样，就降低了产品的感知独特性，反而不利于满足消费者的独特性需要。与功能型品牌概念相比，象征型品牌概念对消费者的吸引力更依赖于产品的感知独特性（李东进、李研和吴波，2013[④]）。在象征型（vs 功能型）品牌概念类型下，数量限制比时间限制的促销效果更好（Aggarwal，Jun and Huh，2011[⑤]；金立印，2005[⑥]）。可见，数量限制相比于时间限制的促销在凸显产品独特性方面具有优势，这使数量限制

[①] Gupta, Shipra, "The Psychological Effects of Perceived Scarcity on Consumers' Buying Behavior", in Lincoln, Ph. D dissertation, Univ. of Nebraska, 2013.

[②] Franke, Nikolaus and Martin Schreier, "Product Uniqueness as a Driver of Customer Utility in Mass Customization", *Marketing Letters*, Vol. 19, No. 2, 2008, pp. 93 – 107.

[③] Verhallen, Theo M. M. and Henry S. J. Robben, "Scarcity and Preference: An Experiment on Unavailability and Product Evaluation", *Journal of Economic Psychology*, Vol. 15, 1994, pp. 315 – 331.

[④] 李东进、李研、吴波：《脱销诱因与品牌概念对产品感知与购买的影响》，《管理科学》2013 年第 5 期。

[⑤] Aggarwal, Praveen, Sung Youl Jun and Jong Ho Huh, "Scarcity Messages", *Journal of Advertising*, Vol. 40, No. 3, 2011, pp. 19 – 30.

[⑥] 金立印：《产品稀缺信息对消费者购买行为影响之实证分析》，《商业经济与管理》2005 年第 8 期。

的促销可以更好地满足消费者的独特性需要，并且具有较高独特性需要特质的消费者会对数量限制（vs 时间限制）促销的反应更积极，促销评价和参与促销意向更强。

产品感知稀缺性会影响其感知独特性，从而影响消费者购买意向（Wu，Lu，Wu and Fu，2012[①]）。一方面，由于数量限制促销的稀缺性来源于供给和需求两方，而时间限制促销的稀缺性来源于供给一方，因而数量限制促销比时间限制促销的稀缺性更强并且更易满足消费者的独特性需要；另一方面，时间限制的促销有可能由于促销吸引力较高而吸引大量消费者购买产品，大量消费者有可能拥有该产品将减弱消费者对产品的独特性感知，从而使时间限制的促销不容易满足消费者的独特性需要。因此，独特性需要程度较高的消费者对数量限制促销的反应会优于时间限制的促销。

据此，本书提出以下研究假设：

假设 4 - 5：消费者的独特性需要特质会调节促销购买限制类型（时间限制 vs 数量限制）对消费者反应的影响。对于独特性需要程度较高的消费者，数量限制的促销评价会高于时间限制的促销。

四　研究模型一：时间限制与数量限制

在第一部分有关时间限制与数量限制的研究中，本书提出了五个研究假设。

根据这五个研究假设整理成图 4 - 1 所示的概念模型。

从整合研究模型（见图 4 - 1）中可以看出，感知消费者竞争和购买机会确定性属于有调节的中介变量。在购买机会的感知易达性较高的情况下，感知消费者竞争在自变量购买限制类型（数量限制 vs 时间限制）对消费者反应的影响中起到了中介作用，即数量限制的促销效果更好在于引发了更强的感知消费者竞争。而在购买机会的感知易达性较低的情况下，购买机会的确定性在自变量购买限制类型（数量

---

① Wu，Wann - Yih，Hsial - Yun Lu，Ying - Yin Wu and Chen - su Fu，"The Effects of Product Scarcity and Consumers' Need for Uniqueness on Purchase Intention"，*International Journal of Consumer Studies*，Vol. 36，No. 3，2012，pp. 263 - 274.

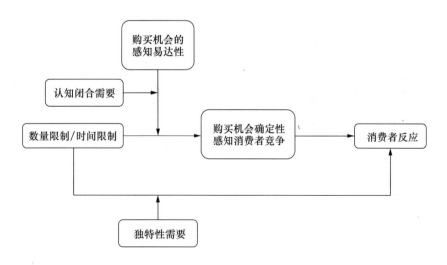

图 4 - 1 研究模型一：促销的数量限制与时间限制的概念模型

资料来源：笔者整理。

限制 vs 时间限制）对消费者反应的影响中起到了中介作用，即时间限量的促销效果更好，在于消费者对购买机会可得的感知确定性较高。这两个有调节的中介变量的作用力恰好是相反的，其中一个变量发挥中介作用时另一个变量的中介作用就会被抑制。到底是哪一个中介变量发挥作用取决于调节变量——购买机会的感知易达性。本书考察消费者的认知闭合需要的目的，不仅在于发现了该调节变量，而且认知闭合需要的调节作用的存在性再一次从侧面证实了假设一的推理逻辑，因为只有假设一在书中的推理逻辑是正确的，认知闭合需要与两者的三重交互作用才可能成立。另外，还可能存在其他消费者个体特征因素会产生调节作用，例如，一些消费者的天生或固有的竞争意识较强，那么他们就会更多地表现出"子模型一"（见图 4 - 2）中的作用机制，从而削弱了购买机会确定性在其中的影响。未来研究还可以探索其他可能的影响因素。本书还考察了另一个消费者个体因素——独特性需要，其调节效应的成立可以从侧面证实限量促销比限时促销具有更强的感知稀缺性。

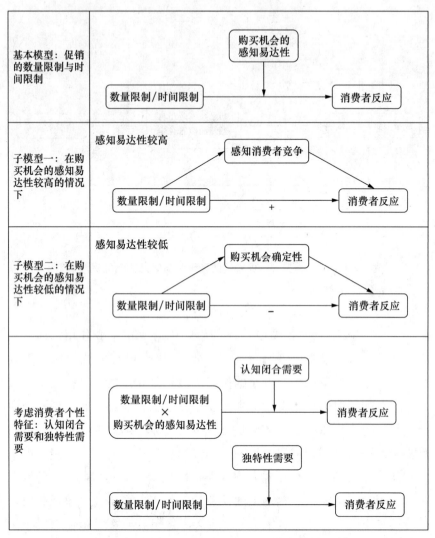

图 4 - 2　研究假设示意：促销的数量限制与时间限制

资料来源：笔者整理。

第二节　促销中的身份限制对消费者反应的影响

一　身份角色与排他性促销的感知公平性

很多时候，企业会选择他们想要服务的顾客，讨好那些最具潜在盈利可能的顾客，而不愿将营销预算投资到那些与企业目标战略不匹配的顾客（Barone and Roy，2010a[①]）。促销机会的排他性属于一种身份限制，只有在特定身份下消费者才能享受的促销。企业对不同消费者的差别对待会增加消费者的不公平感知（Bolton，Warlop and Alba，2003[②]；Boulding，Staelin，Ehret et al.，2005[③]；Lo，Lynch and Staelin，2007[④]；Bolton，Keh and Alba，2010[⑤]；Nguyen，2012[⑥]）。既然存在促销的身份限制，就会有一些消费者无法购买促销产品，或者无法以促销价格购买产品。对于相似的交易，如果消费者意识到他们需要支付比其他消费者更高的价格才能购买到产品，消费者会感觉到价格是不公平的。支付价格的差异会引发消费者对价格的不公平感知，从而降低了购买意向（Campbell，1999[⑦]；Xia and Monroe，2010[⑧]）。排他性促销会使目标消费者感受到自己处于不平等的优势一方，而非目标消

① Barone, Michael J. and Tirthankar Roy, "Does Exclusivity Always Pay off? Exclusive Price Promotions and Consumer Response", *Journal of Marketing*, Vol. 74, No. 2, 2010a, pp. 121 – 132.

② Bolton, Lisa E., Luk Warlop and Joseph W. Alba, "Consumer Perceptions of Price (un) Fairness", *Journal of Consumer Research*, Vol. 29, No. 4, 2003, pp. 474 – 491.

③ Boulding, William, Richard Staelin, Michael Ehret and Wesley J. Johnston, "A Customer Relationship Management Roadmap: What is Known, Potential Pitfalls and Where to Go", *Journal of Marketing*, Vol. 69, No. 4, 2005, pp. 155 – 166.

④ Lo, Alison K. C., John G. Lynch and Richard Staelin, "How to Attract Customers by Giving Them the Short End of the Stick", *Journal of Marketing Research*, Vol. 44, No. 1, 2007, pp. 128 – 241.

⑤ Bolton, Lisa E., Hean Tat Keh and Joseph W. Alba, "How do Price Fairness Perceptions Differ across Culture?", *Journal of Marketing Research*, Vol. 47, No. 3, 2010, pp. 564 – 576.

⑥ Nguyen, Bang, "The Dark Side of Customer Relationship Management: Exploring the Underlying Reasons for Pitfalls, Exploitation and Unfairness", *Journal of Database Marketing and Customer Strategy Management*, Vol. 19, No. 1, 2012, pp. 56 – 70.

⑦ Campbell, Margaret C., "Perceptions of Price Unfairness: Antecedents and Consequences", *Journal of Marketing Research*, Vol. 36, No. 2, 1999, pp. 187 – 199.

⑧ Xia, Lan and Kent B. Monroe, "Is a Good Deal always Fair? Examining the Concepts of Transaction Value and Price Fairness", *Journal of Economic Psychology*, Vol. 31, No. 6, 2010, pp. 884 – 894.

费者则感受到自己处于不平等的劣势一方（Xia，Monroe and Cox，2004[1]；Lo，Lynch and Staelin，2007[2]）。

与优劣和劣势相连的不平等感知是不同的。因为消费者对公平性的判断会极大地受到自身利益的影响而产生偏差，即消费者总是倾向于认为对自己更有利的结果是更公平的（Oliver and Swan，1989[3]）。这意味着相对于处于劣势一方的消费者，处于不平等的优势一方的消费者会认为不公平的程度较低（Ordóñez，Connolly and Coughlan，2000[4]；Xia and Monroe，2008[5]）。还有研究发现，处于优势一方的消费者可能会感觉到内疚，而处于劣势一方的消费者可能会感觉到生气（Xia，Monroe and Cox，2004[6]）。顾客与企业的关系权益也是影响感知公平性的重要因素。当具有较高关系权益的顾客（如老顾客）被排除在外时，顾客会表现出更高的不满意；而当具有较低关系权益的顾客（如新顾客）被排除在外时，顾客的不满意程度会下降。如果是由于其他顾客为新顾客，自己是老顾客，而被排除在促销身份限制之外，就会激发顾客的不满情绪，而降低他们的店铺重购率和满意。感知公平在其中发挥着重要的作用，得不到促销机会对顾客造成的消极影响是源于交易的感知公平性。

---

① Xia, Lan, Kent B. Monroe and Jennifer L. Cox, "The Price is Unfair! A Conceptual Framework of Price Fairness Perceptions", *Journal of Marketing*, Vol. 68, No. 4, 2004, pp. 1 – 15.

② Lo, Alison K. C. , John G. Lynch and Richard Staelin, "How to Attract Customers by Giving Them the Short End of the Stick", *Journal of Marketing Research*, Vol. 44, No. 1, 2007, pp. 128 – 241.

③ Oliver, Richard L. and John E. Swan, "Equity and Disconfirmation Perceptions as Influences on Merchant and Product Satisfaction", *Journal of Consumer Research*, Vol. 16, No. 3, 1989, pp. 372 – 383.

④ Ordó? ez, Lisa D. , Terry Connolly, and Richard Coughlan, "Multiple Reference Points in Satisfaction and Fairness Assessment", *Journal of Behavioral Decision Making*, Vol. 13, No. 3, 2000, pp. 329 – 344.

⑤ Xia, Lan and Kent B. Monroe, "Perceived Price Fairness and Perceived Transaction Value", *European Advances in Consumer Research*, Vol. 8, 2008, p. 394.

⑥ Xia, Lan, Kent B. Monroe and Jennifer L. Cox, "Is a Good Deal always Fair? Examining the Concepts of Transaction Value and Price Fairness", *Journal of Economic Psychology*, Vol. 31, No. 6, 2010, pp. 884 – 894.

根据交易效用理论，在促销具有身份购买限制的情况下，优势一方的消费者会意识到自己比其他人需要支付的价格更低，那么交易对于他们来说就更具有吸引力，他们的反应会比较积极。但是，对于别人支付了更高的价格，优势消费者可能依旧感觉这一交易是不公平的。因此，对自己来说的好交易（如支付更低的价格）并不一定被认为是公平的交易，优势消费者也会对排他性促销的感知不公平的程度做出判断。无论是在购买限制中占优势还是处于劣势，消费者都会认为，与他人不一致是不公平的（Van den Bos，Peters，Bobocel et al.，2006）。[1] 例如，Ordóñez、Connolly 和 Coughlan（2000）发现，MBA 学生认为，当他们获得了比同伴更高的薪水时会感觉更不公平。[2] Van den Bos、Peters、Bobocel 等（2006）证实了当拥有足够的认知资源时，消费者比同伴获得更高的报酬时会感觉到一定程度的不公平，即使他们对此感觉很高兴。[3] 一项调查研究显示，76%的被访者认为，"如果购买的是同一样商品时，我发现别人比我支付的价格更低，这会让我感觉很烦"，72%的被试不同意下述观点："如果一家店铺向我索要的价格常常比其他人更低，因为他们想要保留我这一顾客，而不是保留其他人，我觉得这很好。"（Turow，Feldman and Meltzer，2005[4]）在同等的价格差异面前，如果消费者处于价格劣势的一方相比于处于价格优势的一方，消费者会感觉到更不公平（Xia and Monroe，2010[5]）。

① Van den Bos, Kees, Susanne L. Peters, D. Ramona Bobocel and Jan Fekke Ybema, "On Preferences and Doing the Right Thing: Satisfaction with Advantageous Inequity When Cognitive Processing is Limited", *Journal of Experimental Social Psychology*, Vol. 42, No. 3, 2006, pp. 273 – 289.

② Ordóñez, Lisa D., Terry Connolly and Richard Coughlan, "Multiple Reference Points in Satisfaction and Fairness Assessment", *Journal of Behavioral Decision Making*, Vol. 13, No. 3, 2000, pp. 329 – 344.

③ Van den Bos, Kees, Susanne L. Peters, D. Ramona Bobocel and Jan Fekke Ybema, "On Preferences and Doing the Right Thing: Satisfaction with Advantageous Inequity When Cognitive Processing is Limited", *Journal of Experimental Social Psychology*, Vol. 42, No. 3, 2006, pp. 273 – 289.

④ Turow, Joseph, Lauren Feldman and Kimberly Meltzer, *Open to Exploitation: America's Shoppers Online and Offline*, Annenberg Public Policy Center of the University of Pennsylvania, 2005.

⑤ Xia, Lan and Kent B. Monroe, "Is a Good Deal always Fair? Examining the Concepts of Transaction Value and Price Fairness", *Journal of Economic Psychology*, Vol. 31, No. 6, 2010, pp. 884 – 894.

价格差异产生不同程度的感知公平的观点可以延伸到排他性促销中。在排他性促销中，对于购买机会可得的消费者来说，虽然会提高感知交易价值，但是，依旧会降低交易的感知公平性。

二 交易公平性与限制合理性对劣势消费者反应的影响

交易效用理论解释了排他性促销为优势消费者（促销机会可得的消费者）创造了积极的价值，从而增加了优势消费者对排他性促销的积极反应。根据巴罗尼和罗伊（2010a[①]；2010b[②]）的研究可知，影响优势消费者对排他性促销反应的原因，在于促销交易可以促进购买机会可得消费者的自我增强。显然，影响劣势消费者对排他性促销反应原因不是自我增强。虽然劣势消费者也有可能对排他性促销产生积极的反应（目标群体为专家群体时）（Lo，Lynch and Staelin，2007[③]），但是，一般来说，劣势消费者对排他性促销活动的反应是消极的。本书认为，交易的感知公平性和限制的感知合理性在排他性促销影响劣势消费者反应中起到了关键作用。

感知公平是消费者对卖方价格与可比较的其他方支付价格之间的差异是否平等、合理和正当的评估（Xia，Monroe and Cox，2004[④]；Xia and Monroe，2010[⑤]）。公平和合理是两个高度相关的词汇。《现代汉语词典》对公平的词语释义是：处理事情合情合理，不偏袒任何一方面。从词语的释义来看，公平的解释中包含合理的含义。促销限制

[①] Barone, Michael J. and Tirthankar Roy, "Does Exclusivity Always Pay off? Exclusive Price Promotions and Consumer Response", *Journal of Marketing*, Vol. 74, No. 2, 2010a, pp. 121 – 132.

[②] Barone, Michael J. and Tirthankar Roy, "The Effect of Deal Exclusivity on Consumer Response to Targeted Price Promotions: A Social Identification Perspective", *Journal of Consumer Psychology*, Vol. 20, No. 1, 2010b, pp. 78 – 89.

[③] Lo, Alison K. C., John G. Lynch and Richard Staelin, "How to Attract Customers by Giving Them the Short End of the Stick", *Journal of Marketing Research*, Vol. 44, No. 1, 2007, pp. 128 – 241.

[④] Xia, Lan, Kent B. Monroe and Jennifer L. Cox, "The Price is Unfair! A Conceptual Framework of Price Fairness Perceptions", *Journal of Marketing*, Vol. 68, No. 4, 2004, pp. 1 – 15.

[⑤] Xia, Lan and Kent B. Monroe, "Is a Good Deal always Fair? Examining the Concepts of Transaction Value and Price Fairness", *Journal of Economic Psychology*, Vol. 31, No. 6, 2010, pp. 884 – 894.

出现的感知合理性会正向影响消费者对公平性的判断，消费者对限制的合理性感知就越高，消费者对交易的公平性感知就越高。消费者在对事物做判断时总是喜欢找其他人做比较。过去，有关价格歧视的研究常关注于自我与他人的比较（e. g. Kahneman，Knetsch and Thaler，1986[1]）。消费者不仅会关注于对他们来说可得的价格，还会关注于对他人可得的价格（Feinberg，Krishna and Zhang，2002[2]）。感知公平性是基于社会比较的（Austin，McGinn and Susmilch，1980[3]），社会比较的差异越大，劣势消费者对交易的感知公平性越低。例如，会员可以得到半价优惠，相比于会员可以得到九折优惠，作为非会员的劣势消费者的消极反应会明显提高。在半价优惠情况下，社会比较的差异明显高于九折优惠的情况。促销限制的合理性作为一个情景因素也会影响劣势消费者，在社会比较结果的差异不变的情况下，促销限制的合理性将对劣势消费者的反应产生重要影响。一个易于合理化的促销限制可以有效降低劣势消费者的消极反应。例如，自助餐厅推出生日半价的促销限制，非生日的劣势消费者认为，该促销限制是合理性，因而认为自己付出更高价格是合理的，交易的感知公平性较高。可以看出，如果是由于其他顾客生日而得到半价，对于不可得的消费者不容易产生消极情绪，因为促销限制的感知合理性程度，从而使感知公平程度处于较高水平。

消费者的购买行为是处于社会环境下的，消费者难以忽视周围其他消费者的行为。在某些情景下，即使消费者支付了比别人更低的价格，还是可能会感觉不舒服、内疚的、窘迫的。就像巴罗尼和罗伊

---

① Kahneman，Daniel，Jack L. Knetsch and Richard Thaler，"Fairness as a Constraint on Profit Seeking Entitlements in the Market"，*American Economic Review*，Vol. 76，1986，pp. 728 – 741.

② Feinberg，Fred M.，Aradhna Krishna and Z. John Zhang，"Do We Care What Others Get? A Behaviorist Approach to Targeted Promotions"，*Journal of Marketing Research*，Vol. 39，No. 3，2002，p. 277 – 291.

③ Austin，William，Neil C. McGinn and Charles Susmilch，"Internal Standards Revisited: Effects of Social Comparisons and Expectancies on Judgments of Fairness and Satisfaction"，*Journal of Experimental Social Psychology*，Vol. 16，No. 5，1980，pp. 426 – 441.

（2010a）发现的：依赖型自我构建的消费者反而会更偏好公平的、与他人一致的包容性促销，而不是那些具有购买的身份限制的排他性促销。[①] 对于消费者来说，他们对产品和企业的反应不仅受到需要支付价格的影响，还会受到其他消费者需要支付价格的影响。消费者在对事物做判断时，总是喜欢找他人做比较。社会比较是产生不公平感知的关键。虽然社会比较和期望比较都会影响消费者对事物的满意度，但是，只有社会比较会影响事物的感知公平（Austin，McGinn and Susmilch，1980[②]）。马丁斯（Martins 1995）发现，价格差异和支付能力会影响不公平感知。如果用于做参照的个体是低收入者，比起高收入者来说，消费者会感觉到在价格不公平中更具有优势。[③] 但是，如果用于做参照的个体是高收入者比起低收入者，消费者会感觉到在价格不公平中更具有劣势。如果消费者并没有意识到自己在不平等中处于劣势，他们就不会感觉到不公平，即使不公平感知是可以比较的并提供了参照点（Xia，Monroe and Cox，2004[④]）。由于社交网站的使用不断增加（如网络论坛、微博、博客、个人空间），企业的各类促销活动也变得更加透明。结果，顾客更容易得到可供比较的参照点，这会导致更高的不公平感知（Nguyen and Simkin，2013[⑤]）。

在排他性促销中，消费者会将自己与其他消费者支付的价格和所获得的回报作比较，当劣势消费者意识到在支付同样价格时优势消费者获得了更多的感知价值，或者为了获得同等价值的商品而需要支付

① Barone, Michael J. and Tirthankar Roy, "Does Exclusivity Always Pay off? Exclusive Price Promotions and Consumer Response", *Journal of Marketing*, Vol. 74, No. 2, 2010a, pp. 121 – 132.

② Austin, William, Neil C. McGinn and Charles Susmilch, "Internal Standards Revisited: Effects of Social Comparisons and Expectancies on Judgments of Fairness and Satisfaction", *Journal of Experimental Social Psychology*, Vol. 16, No. 5, 1980, pp. 426 – 441.

③ Martins, Marielza, "An Experimental Investigation of the Effects of Perceived Price Fairness on Perceptions of Sacrifice and Value", in Urbana Champaign, Ph. D. dissertation, Univ. of Illinois, 1995.

④ Xia, Lan, Kent B. Monroe and Jennifer L. Cox, "The Price is Unfair! A Conceptual Framework of Price Fairness Perceptions", *Journal of Marketing*, Vol. 68, No. 4, 2004, pp. 1 – 15.

⑤ Nguyen, Bang and Lyndon Simkin, "The Dark Side of CRM: Advantaged and Disadvantaged Customers", *Journal of Consumer Marketing*, Vol. 30, No. 1, 2013, pp. 17 – 30.

更多的价格时，劣势消费者会感受到强烈的不公平感知。在排他性促销中，感知公平性是影响劣势消费者反应的关键作用，得不到促销机会对顾客造成的消极影响是源于交易的感知公平性。企业对不同消费者的差别对待会增加消费者的不公平感知（Bolton, Warlop, and Alba, 2003[①]; Boulding, Staelin, Ehret et al., 2005[②]; Lo, Lynch and Staelin, 2007[③]; Bolton, Keh and Alba, 2010[④]; Nguyen, 2012[⑤]）。劣势消费者会拒绝参与对自己来说不公平的交易，交易的感知公平性强烈地影响了劣势消费者对交易的参与意愿和相关评价。如果劣势消费者认为，该促销限制是不公平的，将消极影响产品评价和态度。企业可以通过提高劣势消费者对交易的感知公平性降低可能存在的消极影响。

合理化[⑥]对于理解消费者行为和保证消费者满意是至关重要的（Sela and Berger, 2009[⑦]）。Sela、Berger 和 Liu（2009）指出，更多的选项会造成更困难的选择，并且更多的选项会增加消费者对选择合理化的依赖。[⑧] 增加选项的数量常会增加实用品选项的选择，因为这样

① Bolton, Lisa E., Luk Warlop and Joseph W. Alba, "Consumer Perceptions of Price (un) Fairness", *Journal of Consumer Research*, Vol. 29, No. 4, 2003, pp. 474 – 491.

② Boulding, William, Richard Staelin, Michael Ehret and Wesley J. Johnston, "A Customer Relationship Management Roadmap: What is Known, Potential Pitfalls and Where to Go", *Journal of Marketing*, Vol. 69, No. 4, 2005, pp. 155 – 166.

③ Lo, Alison K. C., John G. Lynch and Richard Staelin, "How to Attract Customers by Giving Them the Short End of the Stick", *Journal of Marketing Research*, Vol. 44, No. 1, 2007, pp. 128 – 241.

④ Bolton, Lisa E., Hean Tat Keh and Joseph W. Alba, "How do Price Fairness Perceptions Differ across Culture?", *Journal of Marketing Research*, Vol. 47, No. 3, 2010, pp. 564 – 576.

⑤ Nguyen, Bang, "The Dark Side of Customer Relationship Management: Exploring the Underlying Reasons for Pitfalls, Exploitation and Unfairness", *Journal of Database Marketing and Customer Strategy Management*, Vol. 19, No. 1, 2012, pp. 56 – 70.

⑥ Justification 的标准翻译为"正当的理由，可接受的理由"，英文释义为 a good and acceptable reason for doing something。正当化和合理化是两个表达意思相近的词汇，由于中文语言习惯中很少使用"决策正当化"，而是会使用"决策合理化"，因此本书将 justification 翻译为"合理化"。

⑦ Sela, Aner and Jonah Berger, "Justification and Choice", *Advances in Consumer Research*, Vol. 36, 2009, p. 27.

⑧ Sela, Aner, Jonah Berger and Wendy Liu, "Variety, Vice and Virtue: How Assortment Size Influences Option Choice", *Journal of Consumer Research*, Vol. 35, No. 6, 2009, pp. 941 – 951.

的选择更容易合理化；但是，当情景因素为享乐品提供了易接近的合理化时，增加选项的数量反而产生了相反的效果，即增加了享乐品的选择（Sela，Berger and Liu，2009①）。消费者在享乐品上的花费更难以合理化，而在实用品上的花费更容易合理化（Okada，2005②）。伯森和博蒂（Burson and Botti，2009）检验了消费者如何合理化成功与不成功决策结果，并指出，消费者的满意度会受到以信念为基础的合理化过程的影响。③ 他们的研究发现，专家做出的决策与消费者自己做出的决策相比，消费者并没有感觉到更满意或更不满意。选择带来的满意度不仅取决于结果或谁做出决策，决策制定者有能力找出最优选项的信念也会影响消费者合理化选择的能力（Burson and Botti，2009④）。Keinan、Kivetz 和 Netzer（2009）检验了消费者过度重视特定合理化的动机倾向，研究发现，给享乐产品增加一个小的实用性特征可以起到合理化享乐品购买的作用，从而减少了消费者的内疚感觉。⑤

感知合理性是情景效应的一种重要机制。情景效应（如折中效应、吸引力效应）证实了合理化对决策的重要影响，情景因素改变了选项的合理化程度，从而提高了特定选项被选择的可能性。例如，不可得选项的存在会影响可得的目标选项的购买可能性，该效应是因为它提供给目标选择以正当的理由（Kramer and Carroll，2008⑥）。科尔曼、普尔福德和博尔格（Colman，Pulford and Bolger，2007）指出，

---

① Sela, Aner, Jonah Berger and Wendy Liu, "Variety, Vice and Virtue: How Assortment Size Influences Option Choice", *Journal of Consumer Research*, Vol. 35, No. 6, 2009, pp. 941 – 951.

② Okada, Erica Mina, "Justification Effects on Consumer Choice of Hedonic and Utilitarian Goods", *Journal of Marketing Research*, Vol. 42, No. 1, 2005, pp. 43 – 53.

③ Burson, Katherine A. and Simona Botti, "Choice Satisfaction can be the Luck of the Draw", *Advances in Consumer Research*, Vol. 36, 2009, p. 29.

④ Ibid. .

⑤ Keinan, Anat, Ran Kivetz and Oded Netzer, "Functional Alibi", *Advances in Consumer Research*, Vol. 36, 2009, p. 30.

⑥ Kramer, Thomas and Ryall Carroll, "The Effect of Incidental out – of – Stock Options on Preferences", *Latin American Advances in Consumer Research*, Vol. 2, 2008, pp. 159 – 160.

在不确定的决策中，当结果依赖于未预期的因素并且没有明显的规则指导决策时，消费者倾向于抓住任何可能证明选择一个选项胜于另一个选项的原因。[①] 被占优的不可得选项可以为目标选项更优的选择提供原因，增加消费者在战略选择中的自信，不可得选项通过影响消费者的决策自信，从而增加对目标选项的偏好（Colman，Pulford and Bolger，2007[②]）。当消费者想要合理化他们做出的决策时，对决策过程的关注会从选择好选项变成选择具有好原因的选项，从而增加了容易被合理化的选项的购买可能性（Shafir，Simonson and Tversky，1993[③]；Simonson，1989[④]；Simonson and Nowlis，2000[⑤]）。在上述过程中，甚至不相关原因也会通过影响合理化来影响偏好和选择。在消费者决策过程中，选项的感知合理化对最终决策起到了重要的影响。感知合理化是影响决策的重要机制，很多因素都是通过影响选项的合理化程度来影响决策结果。

上述研究探讨的是消费者决策中选项或选择合理化对决策的影响，选项合理化程度影响了消费者对选项的选择可能性，而决策合理化明显增加了消费者的决策满意度。本书探讨的是排他性促销中选择限制存在的感知合理性。在排他性促销中，限制的感知合理性是指促销限制出现具有可接受的理由，限制的感知合理性程度越高，意味着促销限制的出现的合理程度也越高。较高的限制合理化为劣势消费者创造了"原谅"价格歧视的理由。本书认为，限制的感知合理化有助于降低劣势消费者对选择限制的消极反应。选项或选择的合理化对偏好

① Colman，Andrew M.，Briony D. Pulford and Fergus Bolger，"Asymmetric Dominance and Phantom Decoy Effects in Games"，*Organizational Behavior and Human Decision Processes*，Vol. 104，No. 2，2007，pp. 193 – 206.

② Ibid. .

③ Shafir，Eldar，Itamar Simonson and Amos Tversky，"Reason – Based Choice"，*Cognition*，Vol. 49，No. 1，1993，pp. 11 – 36.

④ Simonson，Itamar，"Choice Based on Reasons：The Case of Attraction and Compromise Effects"，*Journal of Consumer Research*，Vol. 16，No. 2，1989，pp. 158 – 174.

⑤ Simonson，Itamar and Stephen M. Nowlis，"The Role of Explanations and Need for U-niqueness in Consumer Decision Making：Unconventional Choices Based on Reasons"，*Journal of Consumer Research*，Vol. 27，No. 1，2000，pp. 49 – 68.

和选择有积极影响，类似地，选择限制的合理化也可以积极影响劣势消费者的反应，降低选择限制的潜在负面影响。Crocker 和 Major（1994）曾指出，消极待遇的感知合理性会影响消费者的情感、自尊和动机。[①]

在一些企业的差异定价策略中，价格差异或排他性促销机会出现的感知合理性对劣势消费者的反应起到了关键作用。中国消费者为什么能够欣然接受在中国的星巴克比其他地区更贵，却对中国移动在香港的资费比内地更便宜而不依不饶，其中重要的原因在于合理性感知。消费者普遍理解星巴克在中美两国具有不同的品牌形象定位。在中国多为小资钟情星巴克咖啡，在美国则是一种平民形象。在国外购买星巴克咖啡为的是喝本身，很多时候顾客购买后直接带走饮用，而在中国更多的是享受喝咖啡的环境，有些顾客在店里一待就是几个小时。不仅星巴克咖啡在中国采用了高定价策略，与之类似的咖啡品牌（如 COSTA 咖啡、上岛咖啡）的价格与星巴克咖啡相差无几。无论是差别定价形成的原因，还是相似品牌间的横向比较，都为星巴克咖啡的差异定价策略提供了合理化的理由。因而，虽然国内消费者已经意识到星巴克咖啡的价格远高于其他国家，仍然有很多消费者愿意购买和饮用星巴克咖啡。相反，中国移动在香港和内地的差异定价却导致众多消费者的不满。消费者认为，差异定价的原因在于国内电信行业的寡头垄断和市场竞争不充分，在这种情况下，差异定价出现的感知合理性较低，因而造成了劣势消费者的负面情绪和消极口碑。

对于劣势消费者来说，被选择限制排除在外固然是让人不愉快的，因为别人获得了更优惠的促销而自己却无法得到。但是，如果选择限制的感知合理性较高，那么促销限制造成的消极影响就会被减弱。例如，特优精品酒企业"雪树伏特加"专门为调酒师提供免费的伏特加品尝活动而拒绝其他人参加（Silverstein and Fiske，2005[②]）。

---

① Crocker, Jennifer and Brenda Major, "Reactions to Stigma: The Moderating Role of Justifications", in Zanna, M. P. and Olson, J. M. eds., *The Psychology of Prejudice: The Ontario Symposium.* Hillsdale, NJ: Lawrence Erlbaum, 1994, pp. 289 – 314.

② Silverstein, Michael J. and Neil Fiske, *Trading up: Why Consumers Want New Luxury Goods and How Companies Create Them*, New York: Penguin Group, 2005.

在专门面向调酒师的活动中被排除在外时，普通消费者虽然无法参加促销活动，但是会感知到促销限制具有较高的合理化程度，因而普通消费者的消极反应程度会比较低。以往研究指出，当促销活动仅面对专家群体时，劣势消费者对促销活动的反应比无限制时更积极，原因在于该促销限制有助于消费者对产品质量的推断（Lo，Lynch and Staelin，2007①）。本书认为，促销限制的感知合理化程度也是可能的机制。当促销活动仅面对专家群体时，促销限制的合理化程度会比较高。相比于没有促销限制，劣势消费者的反应反而会更积极。在本节第四至第六部分提出了影响劣势消费者反应的各种因素（包括目标群体与企业产品的匹配程度、非目标群体的群体规模、获得目标群体成员资格的难度），这些因素会通过影响促销限制的感知合理性程度，从而对劣势消费者的判断和决策产生重要影响。

据此，本书提出以下假设：

假设4-6：在具有身份限制的排他性促销中，交易的感知公平性越低，劣势消费者的反应就越消极。

假设4-7：在具有身份限制的排他性促销中，促销限制的感知合理性越低，劣势消费者的反应就越消极。

假设4-8：在具有身份限制的排他性促销中，交易的感知公平性与促销限制的感知合理性呈正相关关系。

三　排他性促销幅度对劣势消费者反应的影响

在排他性促销中，促销幅度的增加将提高优势消费者对促销活动的参与意向和购买意向，因为优势消费者获得了更多的交易效用。根据交易效用理论，消费者会从购买中获得两类效应即获取效用和交易效用。获取效用代表了从一个购买交易中所获得的经济上的得到与损失。获取效用等价于从购买商品中获得的效用减去为商品支付的价格。相比于劣势消费者，优势消费者从购买商品中获得了更多效用

---

① Lo，Alison K. C.，John G. Lynch and Richard Staelin，"How to Attract Customers by Giving Them the Short End of the Stick"，*Journal of Marketing Research*，Vol. 44，No. 1，2007，pp. 128 – 241.

（如更多的赠品）或支付了更少的价格。交易效用代表了与交易在财务形式上相关联的愉快或不愉快，等价于内部参照价格减去购买价格。由于优势消费者支付了更低的价格，劣势消费者会降低内部参照价格，从而降低了劣势消费者产生的交易效用。由于总效用等于获取效用加上交易效用（Thaler，1983[①]；Lichtenstein，Netemeyer and Burton，1990[②]），因而劣势消费者在排他性促销中获得的总效用明显低于优势消费者。排他性促销的折扣幅度越大，优势消费者与劣势消费者获得的总效用的差异也越大，从而造成了更强烈的不公平感知。

　　根据公平理论（Adams，1965[③]），消费者不仅关注于自己付出所得回报的绝对量，还关注于回报的相对量，通过社会比较来确定自己获得的回报是否是合理的。消费者会进行横向比较，与组织内的其他人进行社会比较，只有当与别人的投入回报比相等时，消费者才会认为是公平的。企业对不同消费者的差别对待会增加消费者的不公平感知（Bolton，Warlop，and Alba，2003[④]；Boulding，Staelin，Ehret et al.，2005[⑤]；Lo，Lynch and Staelin，2007[⑥]；Bolton，Keh and Alba，2010[⑦]；

[①] Thaler, Richard, "Transaction Utility Theory", *Advances in Consumer Research*, No. 1, 1983, pp. 229 – 232.

[②] Lichtenstein, Donald R., Richard G. Netemeyer and Scot Burton, "Distinguishing Coupon Proneness from Value Consciousness: An Acquisition – Transaction Utility Theory Perspective", *Journal of Marketing*, Vol. 54, No. 3, 1990, pp. 54 – 67.

[③] Adams, Stacy J., "Inequity in Social Exchange", in Berkowitz, L. ed., *Advances in Experimental Social Psychology*, New York: Academic Press, 1965, pp. 267 – 299.

[④] Bolton, Lisa E., Luk Warlop and Joseph W. Alba, "Consumer Perceptions of Price (un) Fairness", *Journal of Consumer Research*, Vol. 29, No. 4, 2003, pp. 474 – 491.

[⑤] Boulding, William, Richard Staelin, Michael Ehret and Wesley J. Johnston, "A Customer Relationship Management Roadmap: What is Known, Potential Pitfalls and Where to Go", *Journal of Marketing*, Vol. 69, No. 4, 2005, pp. 155 – 166.

[⑥] Lo, Alison K. C., John G. Lynch and Richard Staelin, "How to Attract Customers by Giving Them the Short End of the Stick", *Journal of Marketing Research*, Vol. 44, No. 1, 2007, pp. 128 – 241.

[⑦] Bolton, Lisa E., Hean Tat Keh and Joseph W. Alba, "How do Price Fairness Perceptions Differ across Culture?", *Journal of Marketing Research*, Vol. 47, No. 3, 2010, pp. 564 – 576.

Nguyen，2012①）。促销幅度的增加会造成劣势消费者更多的消极反应（如负面情绪、消极的品牌评价和口碑），劣势消费者将更不愿意购买企业的产品或推荐产品。随着促销幅度的增加，劣势消费者将有更强烈的不公平感知。不公平感知与消极消费者反应紧密相关，因此，不公平感知在排他性促销幅度对劣势消费者反应的影响过程中起到了中介作用。

据此，本书提出以下假设：

假设4-9：在具有身份限制的排他性促销中，促销幅度会影响劣势消费者的反应。促销幅度越大，劣势消费者的反应就越消极。

假设4-10：在具有身份限制的排他性促销中，感知公平性在促销幅度影响劣势消费者反应中起到了中介作用。

四 获得目标群体成员资格的难度对劣势消费者反应的影响

在排他性促销中，获得目标群体成员资格的难度决定了可能获得该资格的成员总数，难度越大，意味着获得该资格的成员总数越少。在进行社会比较时，劣势消费者对排他性促销的反应不仅取决于与优势消费者的差异，还取决于优势消费者与劣势消费者的数量和比例。当优势消费者的数量和比例非常低时，相比于较高时，劣势消费者的消极反应会被缓解。随着优势消费者数量和比例的增加，劣势消费者的不公平感知会提高。在排他性促销中，由于选择受到限制，劣势消费者会感觉到威胁。在本节第六部分论述中，本书指出，在这种威胁感会在非目标群体为小众群体（相比于大众群体）中反应更明显，因为规模较大的群体可以提供一种安全感。当小众群体被排除在外或"受到歧视"时，劣势消费者会感受到更强烈的威胁感，劣势消费者更可能拒绝购买产品以抗议企业的歧视行为。获得目标群体成员资格的高难度传递了目标群体为小众群体而非目标群体为大众群体的信号，从而有效地降低了劣势消费者对排他性促销的消极反应。

---

① Nguyen，Bang，"The Dark Side of Customer Relationship Management：Exploring the Underlying Reasons for Pitfalls，Exploitation and Unfairness"，*Journal of Database Marketing and Customer Strategy Management*，Vol. 19，No. 1，2012，pp. 56–70.

　　获得目标群体成员资格的难度还影响了劣势消费者主观感知到的与目标群体的心理距离。在获得目标群体成员资格的难度较低时，劣势消费者与目标群体的心理距离较近，获得差别对待将明显损害自尊，劣势消费者会认为，"我们没有什么区别，为什么对我进行歧视对待"。相对而言，在获得目标群体成员资格的难度较高时，劣势消费者与目标群体的心理距离较远，获得差别对待造成的负面影响较小，劣势消费者会感觉到"我们不一样，他获得什么促销与我无关"。利伯曼、特罗普和斯特方（Liberman，Trope and Stephan 2007）指出，心理距离是消费者对现实的主观体验，距离的估计是主观的。① 本书中提到的心理距离是劣势消费者与优势消费者之间的人际心理距离，是劣势消费者主观上感知到与优势消费者之间的差异。心理距离会影响消费者的构建水平、预期、情感和选择（Liberman，Trope and Stephan，2007②）。消费者认为，外群体成员与自己的心理距离更远，而内群体成员的心理距离更近。当获得目标群体成员资格的难度较高时，劣势消费者会意识到自己想要从当前身份转变为目标群体成员身份需要付出很多努力和成本，因而会从主观上感知到自己与优势消费者之间的差异较大。例如，在某零售店铺中，A 情况是消费满 500 元可成为会员，B 情况是消费满 10000 元可成为会员，会员可以获得商品超低折扣的大礼包，那么劣势消费者在 A 情况（相比于 B 情况）下会意识到成为会员的成本较低、难度较低，自己与会员之间的差别仅是再多消费几百元就可以达到的。在 B 情况下，劣势消费者认为自己远远未达到 B 情况中的会员要求，自己与那些处于优势的会员之间的差别较大。可见，获得目标群体成员资格的难度影响了劣势消费者感知到与优势消费者之间的心理距离。

　　社会心理学研究表明，心理距离会影响群体之间的冲突。如果消费者感知到其他人与自己是相近的，那么消费者更可能友善地对待

---

　　① Liberman, Nira, Yaacov Trope and Elena Stephan, "Psychological Distance", in Arie W. Kruglanski, E. Tory Higgins eds. , *Social Psychology*：*Handbook of Basic Principles*, 2nd ed. New York：Guiford Press, 2007, 15：353 – 383.

　　② Ibid. .

他人（Liberman，Samuels，and Ross，2004①）。除了对心理距离较近的人产生友善的行为，消费者认为，心理距离较近的人与自己是相似的，并预期自己获得的待遇与他们是相似的。心理距离影响了劣势消费者对获得促销的心理预期，而实际的行为反应取决于心理预期与实际之间的差别，通过提高获得目标群体成员资格难度来提高心理预期，可以有效地降低劣势消费者的消极反应。在同样无法得到促销机会的情况下，劣势消费者会由于获得目标群体成员资格的难度较低而产生更消极的反应。不容忽视的是，在获得目标群体成员资格的难度较低的情况下，劣势消费者会更有动力获得成员资格后再实施购买；而在当前情况下，如果无法立刻转变成优势消费者，劣势消费者最可能的行为是拒绝购买。在获得目标群体成员资格的难度较高的情况下，劣势消费者更可能忽视排他性促销的存在，而照常实施购买行为。

据此，本书提出以下假设：

假设 4 - 11：在具有身份限制的排他性促销中，获得目标群体成员资格的难度会影响劣势消费者的反应。获得目标群体成员资格的难度越小，劣势消费者的反应就越消极。

获得目标群体成员资格的难度越大，消费者会认为，优势消费者与劣势消费者获得差异性对待的合理程度越高。因为获得目标群体成员资格的难度较大时，劣势消费者意识到自己与促销的目标群体之间还存在较大的差异（人际心理距离较远），优势消费者对企业的销售业绩做出了更多的贡献，优势消费者理应获得更多的优惠和特别对待。获得目标群体成员资格的难度较大增加了限制的感知合理性。而获得目标群体成员资格的难度较小时，劣势消费者感知自己与优势消费者的心理距离较近、相似度较高，获得有差异的待遇是不合理的，限制的感知合理性的下降引发了劣势消费者更消极的反应。因而，限制的感知合理性在获得目标群体成员资格的难度会影响劣势消费者的

---

① Liberman，Varda，Steven M. Samuels and Lee Ross，"The Name of the Game: Predictive Power of Reputations Versus Situational Labels in Determining Prisoner's Dilemma Game Moves"，*Personality and Social Psychology Bulletin*，Vol. 30，No. 9，2004，pp. 1175 - 1185.

反应的过程中起到了中介作用。

据此，本书提出以下假设：

假设 4 - 12：在具有身份限制的排他性促销中，限制的感知合理性在获得目标群体成员资格的难度影响劣势消费者反应的过程中起到了中介作用。

五　目标群体与企业产品的匹配程度对劣势消费者反应的影响

感知一致性或感知匹配性对于品牌组合及延伸、赞助与广告、产品或促销设计等研究具有重要的作用。曼德勒（Mandler，1982）将感知一致性定义为两个实体间的结构一致，这一术语用于解释两个或多个实体间具有很好的匹配度。[①] 这里的实体可以是品牌与品牌、品牌赞助商与赞助活动、广告产品与广告代言人、品牌与消费者特征等。例如，当广告代言人与产品的匹配度较高时，可以有效提升广告效果，而且高匹配度还可以使广告代言人的个性特征通过联想效应转移至品牌本身（McCracken，1989[②]）。企业常通过赞助活动的方式提高品牌形象，Chien，Cornwell 和 Pappu（2011）发现，赞助商与活动性质的匹配性会影响消费者对品牌的评价，当赞助活动在类别上与赞助商相关（相比于不相关）时会提高赞助商的品牌内涵一致性和清晰度并显示出更一致的品牌个性。[③]

林奇和舒勒（Lynch and Schuler，1994）指出，广告中代言人特征与产品属性需要具有一致性，一致性对于提高广告信息可靠性、产品评价和信息交流的有效性都具有明显的影响效应。[④] 社会适应理论指出，只要某一信息来源促进了消费者对环境条件的适应，消费者将

---

① Mandler, George, "The Structure of Value: Accounting for Taste", in Proceedings of the 17th Annual Carnegie Symposium on Cognition, Hillsdales, NJ. Erlbaum, 1982, pp. 55 – 78.

② McCracken, Grant, "Who is the Celebrity Endorser? Cultural Foundations of the Endorsement Process", *Journal of Consumer Research*, Vol. 16, No. 3, 1989, pp. 310 – 321.

③ Chien, P. Monica, T. Bettina Cornwell and Ravi Pappu, "Sponsorship Portfolio as a Brand – Image Creation Strategy", *Journal of Business Research*, Vol. 64, No. 2, 2011, pp. 142 – 149.

④ Lynch, James and Drue Schuler, "The Matchup Effect of Spokesperson and Product Congruency: A Schema Theory Interpretation", *Psychology & Marketing*, Vol. 11, No. 5, 1994, pp. 417 – 445.

会使用这一信息的来源（Homer and Kahle，1986[①]）。如果广告代言人与产品在某些属性上相匹配，那么，对于产品利益或有效性来说，代言人就成为有效的信息来源（Kamins，1990[②]）。Homer 和 Kahle（1986）观察到消费者会把新信息与已经存在的图式进行同化，同时使心理结构适应合并的新的差异性信息，消费者通过这一过程实现对环境条件的适应。[③] 图式理论可以用来解释这一现象——广告代言人与产品会产生匹配效应（Lynch and Schuler，1994[④]）。对于解释为什么匹配和不匹配的情景会产生不同的消费者反应，图式理论提供了很有效的解释框架。信息匹配时，更容易通过合成信息而产生新的含义，新的概念会被同化或整合到已经存在的图式中（Lynch and Schuler，1994[⑤]）。

品牌概念一致性理论也反映了感知一致性或感知匹配度对企业和消费者的影响。根据品牌概念一致性理论，对某一企业来说，其品牌表达应该传递一致的信息（Chien，Cornwell and Pappu，2011[⑥]）。消费者对品牌延伸的评价依赖于原有产品与品牌延伸后的新产品之间的匹配性。Torelli 和 Ahluwalia（2012）指出，当功能性品牌的延伸产品反映了功能性概念时（相比于象征性概念）对消费者反应的影响更积极，而当象征性品牌的延伸产品反映了象征性概念时（相比于功能性概念）对消费者反应的影响更积极。[⑦] 过去有关品牌概念一致性理论

① Homer，Pamela M. and Lynn R. Kahle，"A Social Adaptation Explanation of the Effects of Surrealism on Advertising"，*Journal of Advertising*，Vol. 15，No. 2，1986，pp. 50 – 54.

② Kamins，Michael A.，"An Investigation into the "Match – Up" Hypothesis in Celebrity Advertising：When Beauty may only be Skin Deep"，*Journal of Advertising*，Vol. 19，No. 1，1990，pp. 4 – 13.

③ Homer，Pamela M. and Lynn R. Kahle，"A Social Adaptation Explanation of the Effects of Surrealism on Advertising"，*Journal of Advertising*，Vol. 15，No. 2，1986，pp. 50 – 54.

④ Lynch，James and Drue Schuler，"The Matchup Effect of Spokesperson and Product Congruency：A Schema Theory Interpretation"，*Psychology & Marketing*，Vol. 11，No. 5，1994，pp. 417 – 445.

⑤ Ibid. .

⑥ Chien，P. Monica，T. Bettina Cornwell and Ravi Pappu，"Sponsorship Portfolio as a Brand – Image Creation Strategy"，*Journal of Business Research*，Vol. 64，No. 2，2011，pp. 142 – 149.

⑦ Torelli，Carlos J. and Rohini Ahluwalia，"Extending Culturally Symbolic Brands：A Blessing or a Curse？"，*Journal of Consumer Research*，Vol. 38，No. 5，2012，pp. 933 – 947.

主要探讨了品牌在表现功能性或象征性方面应该保持一致，而不应该让品牌同时向消费者传递功能性和象征性两个方面，而是明确地选择其中之一（李东进、李研和吴波，2013①）。帕克、贾沃斯基和麦克尔恩尼斯（Park，Jaworski and MacInnis，1986）曾指出，具有多重概念的品牌在树立形象或定位上的有效性较低，对消费者来说，更难以确认它的基本内涵。这会使消费者产生混淆和困惑感，并不利于消费者对品牌的积极评价。②

因而，当品牌传递的信息在类别上保持一致时，消费者对品牌的期待与实际感知更一致，对品牌信息的处理更流畅，从而积极影响品牌感知和评价。类似地，当排他性促销活动中目标群体与企业产品的匹配度较高时，促销活动不可得的消费者可以从促销活动中获得与品牌形象较为一致的营销交流信息。例如，Borders 公司（美国图书零售商）为教师群体提供教师专有的折扣价格图书，这一促销信息向所有消费者传递了与企业形象相一致的信息，树立了该图书企业尊师重教的积极品牌形象，从而使促销机会不可得的劣势消费者提高了对品牌的评价和态度。又如，生产游泳用品的厂商 Fastskin 专门设计如何提高专业运动员竞赛成绩的产品，它仅为奥林匹克参赛团队提供产品而不面向其他游泳者。劣势消费者由此感觉到该家企业在体育用品生产方面具有较高的专业性。但是，如果促销活动中目标群体与企业产品的匹配度较低，会导致消费者对品牌信息处理流畅度下降，企业传递的品牌形象模糊不清，从而消极影响了不可得消费者对品牌的评价和态度。例如，某家体育用品公司推出了专门面向教师的产品促销活动，或者某家图书企业推出了专门面向专业运动员的图书促销活动。有些旅游景点对持有教师证的消费者实施半价优惠，相比于以娱乐为主旅游景点相比，以文化著称的旅游景点推出教师半价的活动更合适，因为目标群体与企业产品的匹配程度会提高。因此，目标群体与

---

① 李东进、李研、吴波：《脱销诱因与品牌概念对产品感知与购买的影响》，《管理科学》2013 年第 5 期。

② Park，C. Whan，Bernard J. Jaworski and Deborah J. Macinnis，"Strategic Brand Concept - Image Management"，*Journal of Marketing*，Vol. 50，No. 4，1986，pp. 135 – 145.

企业产品的匹配程度会影响不可得消费者对促销活动的反应，使这类消费者更积极地评价产品和品牌。

据此，本书提出以下假设：

假设4－13：在具有身份限制的排他性促销活动中，目标群体与企业产品的匹配程度会正向影响劣势消费者的反应。目标群体与企业产品的匹配程度越低，劣势消费者的反应就越消极。

当排他性促销活动中目标群体与企业产品的匹配度较高时，消费者更可能从促销活动中获得与品牌形象较为一致的营销交流信息。促销的目标群体与企业产品的高匹配度，可以增加促销限制的感知合理性，优势消费者和劣势消费者都会更积极地评价促销活动。选择限制是否与个人的目标相一致可以预测个人对限制反应的效应（积极或消极），选择限制与目标的一致性越高，消费者对限制的反应就越积极（Botti，Broniarczyk，Häubl et al.，2008①）。选择限制与目标一致性的提高也会增加限制的合理性感知，从而积极影响消费者对限制的反应，限制的合理性在这一过程中起到了关键的作用。有研究发现，如果企业对限制的原因做出陈述，使限制的出现更合情合理，那么消费者对限制的反应会更积极（Thaler，1985②）。类似地，促销对象与企业产品的匹配程度越高，促销限制的合理性感知越高，限制的合理性降低了劣势消费者对排他性促销的消极反应。当目标群体为专家群体时，相比于一般群体，劣势消费者会产生更积极的反应（Lo，Lynch and Staelin，2007③），这很有可能是因为劣势消费者会认为，该促销购买限制的出现是合理的，合理性的提高是降低劣势消费者消极反应的关键。

---

① Botti, Simona, Susan Broniarczyk, Gerald Häubl, Ron Hill, Yanliu Huang, Barbara Kahn, Praveen Kopalle, Donald Lehmann, Joe Urbany and Brian Wansink, "Choice under Restrictions", *Marketing Letters*, Vol. 19, No. 3/4, 2008, pp. 183 – 199.

② Thaler, Richard, "Mental Accounting and Consumer Choice", *Marketing Science*, Vol. 4, No. 3, 1985, pp. 199 – 214.

③ Lo, Alison K. C., John G. Lynch and Richard Staelin, "How to Attract Customers by Giving Them the Short End of the Stick", *Journal of Marketing Research*, Vol. 44, No. 1, 2007, pp. 128 – 241.

据此，本书提出以下假设：

假设4-14：在具有身份限制的排他性促销中，限制的感知合理性在目标群体与企业的匹配度影响劣势消费者反应中起到了中介作用。

六 非目标群体规模对劣势消费者反应的影响

在营销实践中，一些企业由于销售的区域选择而造成了区域化差别定价或排他性促销，它们在不同区域设置了不同的产品价格或促销优惠。例如，欧洲市场的华为P6智能手机的价格比中国市场高出数千元，同一品牌型号的汽车在浙江比上海便宜数万元，同一型号的电视上海比北京便宜数百元。当企业把目标顾客定位于某些城市的特定消费层次的群体时，为了节约成本，会在非目标省市减少渠道设置，这会导致在这些省市的单位产品成本更高，价格也随之提高。由于某些产品的运输成本或储存成本在不同地区的差异较大，这可能会造成区域化差别定价。除产品成本原因外，企业还可能根据各地区价格弹性的差异而设置差别定价，以此达到利润最大化。从消费者角度来看，处于价格更高区域的消费者，通过价格比较发现自己处于价格歧视的劣势一方。这些情景中较低与较高价格区域规模的相对比例会影响较高价格区域中消费者的反应。

除销售的区域选择外，还有很多情景会出现目标群体与非目标群体的相对规模对劣势消费者的影响效应。例如，企业常会推出专门针对会员的促销活动，如果会员群体的比例较大时，相比于会员比例较小时，作为劣势一方的非会员消费者会反应更为消极。因为获得特殊待遇的优势人群的群体规模越大，劣势消费者心理不平衡的感觉越强烈，反应就越消极。又如，在服务场景中，劣势消费者自己无法享受优惠促销，如果他们发现周围很多顾客都获得了优惠（大部分人对促销可得，而小部分人对促销不可得），相比于发现周围只有很少的顾客获得了优惠（小部分人对促销可得，而大部分人对促销不可得），劣势消费者会感觉到更强的不公平感，负面情绪和消极反应会更强烈。从上述情景中可以看出，在群体受到歧视对待的情况下，群体规模将影响个体为维护群体和自身利益做出反应的程度。

如果消费者感知到目标群体的规模大于非目标群体，意味着非目标群体属于小众群体而目标群体属于大众群体。如果消费者感知到目标群体的规模小于非目标群体，意味着非目标群体属于大众群体而目标群体属于小众群体。相比于非目标群体为大众群体（目标群体为小众群体），当非目标群体为小众群体（目标群体为大众群体）时，劣势消费者会感觉到促销限制更不合理。与非目标群体规模互补的目标群体规模同样会影响劣势消费者的反应。在前文中曾经举出了"自助餐厅推出生日半价优惠"的例子。在该例子中，非生日的劣势消费者之所以认为该促销限制是合理性的一个重要原因，是获得该优惠的消费者毕竟是极少数，大部分消费者都需要支付全价。因而他们会认为自己付出更高的价格是合理的。如果大部分消费者都支付了半价，而自己需要支付全价的时候，劣势消费者会质疑促销限制存在的合理性并做出较为消极的反应。例如，某餐厅推出了凭学生证可获半价优惠活动，当劣势消费者观察到周围半数以上的顾客都使用学生证获得了半价优惠，劣势消费者会感觉到自己付出了过高的价格，认为产品或服务的质量远低于自己支付的价钱。

根据交易效用理论（Thaler，1985[1]），总效用等于购买商品的效用减去购买价格加上内部参照价格再减去购买价格（Thaler，1983[2]；Lichtenstein，Netemeyer and Burton，1990[3]）。根据数学期望的计算方法，劣势消费者对产品或服务支付价格的数学期望（内部参照价格）$E(x) = x_1 \times p(x_1) + x_2 \times p(x_2)$，其中，$x_1$ 表示劣势消费者支付的价格（产品或服务的原价），$p(x_1)$ 表示非目标群体在全部顾客中的比例，x_2 表示优势消费者支付的价格（产品或服务的优惠价格），$p(x_2)$ 表示目标群体在全部顾客中的比例。并且，$x_1 > x_2$ 且 $p(x_1) + p(x_2) = 1$。如果非目标群体为大众群体，那么 $p(x_1) > p(x_2)$；如果非目标群

[1] Thaler, Richard, "Mental Accounting and Consumer Choice", *Marketing Science*, Vol. 4, No. 3, 1985, pp. 199 – 214.

[2] Thaler, Richard, "Transaction Utility Theory", *Advances in Consumer Research*, No. 1, 1983, pp. 229 – 232.

[3] Lichtenstein, Donald R., Richard G. Netemeyer and Scot Burton, "Distinguishing Coupon Proneness from Value Consciousness: An Acquisition – Transaction Utility Theory Perspective", *Journal of Marketing*, Vol. 54, No. 3, 1990, pp. 54 – 67.

体为小众群体，那么 $p(x_1) < p(x_2)$。因而，随着非目标群体规模的增加，劣势消费者对产品或服务的内部参照价格会不断下降，劣势消费者获得的总效用会不断减少甚至会变成负值。

在排他性促销中，由于选择限制的存在，劣势消费者会感觉到选择自由受到威胁。这种威胁感会在自身所在群体的规模比例较小时反应更明显，因为规模比例较大时（大众群体）可以提供一种安全感，而在规模比例较小时（小众群体）"被歧视"的感觉会被突显，威胁感上升激发了劣势消费者反抗和抵制的意向。这是因为群体规模的增加会出现风险稀释（Krause and Ruxton，2002①）。罗伯茨（Roberts，1996）指出，在动物群体中，当群体规模增加时，个体的警惕程度会下降，原因在于在较大群体中个体风险会下降。② 风险下降与安全感提高密切相关。在"歧视待遇"中处于劣势时，身处于大众群体相比于小众群体增加了消费者的安全感，从而缓解了选择自由损失造成的威胁感，使劣势消费者对不可得情景的消极反应程度降低。因而，当消费者在大众群体中遭遇被促销排除在外的情况时，劣势消费者感知到自由被威胁的程度就会下降；当消费者在小众群体中遭遇被促销排除在外的情况时，更容易激发劣势消费者的心理抗拒，从而产生较为消极的反应。

随着群体规模的增加，任何一个成员被关注的可能性都会随之降低（Mullen and Baumeister，1987③），并引发个体对群体的责任分散和相对异质性感知的增加（Liebrand，1984④）。大众群体中，消费者

① Krause, Jens and Graeme D. Ruxton, *Living in Groups*, Oxford: Oxford University Press, 2002.

② Roberts, Gilbert, "Why Individual Vigilance Declines as Group Size Increases", *Animal Behaviour*, Vol. 51, No. 5, 1996, pp. 1077 – 1086.

③ Mullen, Brian and Roy F. Baumeister, "Group Effects on Self – Attention and Performance: Social Loafing, Social Facilitation and Social Impairment", in Clyde Hendrick ed., *Group Processes and Intergroup Relations*, *Review of Personality and Social Psychology*, Thousand Oaks, CA, US: Sage Publications, 1987, pp. 189 – 206.

④ Liebrand, Wim B. G., "The Effect of Social Motives, Communication and Group Size on Behaviour in a N – Person Multi – Stage Mixed – Motive Game", *European Journal of Social Psychology*, Vol. 14, No. 3, 1984, pp. 239 – 264.

感觉到更低的可辨识度以及对追求群体福利的责任感更少（Kerr，1989[①]；Liebrand，1984[②]）。相比于小众群体，当个体处于大众群体时，对维护群体所付有的责任感会下降。在排他性促销中，非目标群体的群体规模比例越大，意味着劣势消费者更不愿意以一己之力帮助群体改变现状——使群体成员从促销机会不可得变成促销机会可得，因而被促销排除之外的消极反应程度会降低。非目标群体的群体规模比例越大，就越会抑制消费者为自己所在群体争取利益和解除"歧视"现状的行为倾向。因此，在排他性促销中，在非目标群体为大众群体的情况下，劣势消费者对消极"刺激—反应"的程度会下降；在非目标群体为小众群体的情况下，这种消极反应的程度会上升，因为消费者感觉到自己对追求群体福利的责任感会上升。

排他性促销一般都将目标群体锁定在较少的人群上。例如，通常店家会规定会员顾客可以享受折上折优惠，而非会员顾客（包括新顾客和潜在顾客）群体比会员顾客群体人数更多。洛、林奇和斯塔林（2007）曾提出，在排他性促销中，目标群体为专家群体会提高劣势消费者的积极评价，这一结果的成立还可能依赖于喜欢的参照群体的规模。[③] 如果目标消费群体是自己喜欢的群体（如专家群体），而且这一群体相对于自己所在群体的规模更小，那么劣势消费者更可能做出积极反应（Lo，Lynch and Staelin，2007[④]）。在基维茨和西蒙森（2003）有关异质性匹配概念的研究中，决策制定者比较了某项目对自己来说的成本和收益，其中把其他群体作为一个较大规模群体来考

[①] Kerr，Norbert L.，"Illusions of Efficacy：The Effect of Group Size on Perceived Efficacy in Social Dilemmas"，*Journal of Experimental Social Psychology*，Vol. 25，No. 4，1989，pp. 287 - 313.

[②] Liebrand，Wim B. G.，"The Effect of Social Motives，Communication and Group Size on Behaviour in a N - Person Multi - Stage Mixed - Motive Game"，*European Journal of Social Psychology*，Vol. 14，No. 3，1984，pp. 239 - 264.

[③] Lo，Alison K. C.，John G. Lynch and Richard Staelin，"How to Attract Customers by Giving Them the Short End of the Stick"，*Journal of Marketing Research*，Vol. 44，No. 1，2007，pp. 128 - 241.

[④] Ibid. .

虑的。① 随着喜欢群体的规模的增加，消费者的不公平感知也会增加
（Lo，Lynch and Staelin，2007②）。目标群体规模的增加造成消费者不
公平感知上升的一个原因，在于限制的合理程度的下降。洛、林奇和
斯塔林（2007）推测，如果专家群体的规模变大，异质性的不匹配和
不公平感知造成的反感程度会上升。③ 在以往的研究中，学者把排他
性促销中的非目标群体都默认地视为一个大众群体，把目标群体视为
一个小众群体。客观上讲，在小众群体获得排他性促销机会更合情合
理。当小众群体被排除在外时，限制的感知合理性会明显下降，从而
使群体成员产生更加消极的反应。相应地，排他性促销选择一个大众
群体作为目标群体的情况比较少，当大众群体被排除在外时，限制感
知合理性可以维持在较高水平，群体成员不容易产生消极反应。随着
非目标群体规模的增加，劣势消费者对限制的感知合理性上升，"被
歧视"消极刺激的程度下降，而且群体规模还削弱了劣势消费者反抗
的动机，劣势消费者对"被歧视"消极刺激的反应程度下降。

　　由此可见，当消费者处于排他性促销的非目标群体中时，如果该
非目标群体为小众群体时，相比于大众群体，劣势消费者对排他性促
销的反应会更消极。消费者对促销不可得产生的消极抗拒反应，往往
来源于内部参照价格下降造成的交易效用的损失，以及对"歧视待
遇"的抗争，即为自己所在的群体争取利益的过程。从认知角度来
看，在非目标群体为小众群体时，相比于大众群体，劣势消费者对交
易的总效用明显下降，认为自己支付的价格与获得的效用更不匹配，
交易的感知公平性下降，因而劣势消费者会更消极地评价产品或服务
的质量，并倾向于拒绝购买产品或服务。从情感角度来看，在非目标
群体为小众群体时，相比于大众群体，交易的歧视性被突显，劣势消

① Kivetz, Ran and Simonson Itamar, "The Idiosyncratic Fit Heuristic: Effort Advantage as a Determinant of Consumer Response to Loyalty Programs", *Journal of Marketing Research*, Vol. 40, No. 4, 2003, pp. 454 – 467.

② Lo, Alison K. C., John G. Lynch and Richard Staelin, "How to Attract Customers by Giving Them the Short End of the Stick", *Journal of Marketing Research*, Vol. 44, No. 1, 2007, pp. 128 – 241.

③ Ibid. .

费者对限制的感知合理性评价更低，因而对排他性促销产生了更消极的反应以表达自己的不满和抗议。

据此，本书提出以下假设：

假设 4 - 15：在具有身份限制的排他性促销中，非目标群体的群体规模会影响劣势消费者的反应。当非目标群体为小众群体时，相比于大众群体，劣势消费者对排他性促销的反应会更消极。[①]

假设 4 - 16：在具有身份限制的排他性促销中，限制的感知合理性在非目标群体的群体规模影响劣势消费者反应中起到了中介作用。

七 研究模型二：身份限制（排他性促销）

在第二部分有关身份限制（排他性促销）的研究中，本书提出了11 个研究假设，分别是假设 4 - 6 至假设 4 - 16。

根据上述 11 个研究假设，并将其整合成图 4 - 3 中的研究模型二。

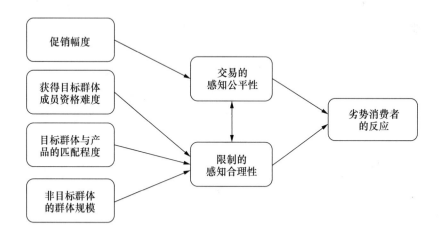

图 4 - 3 研究模型二：排他性促销对劣势消费者反应影响的概念模型

资料来源：笔者整理。

---

① 假设 4 - 15 也可以表达为目标群体的群体规模可以对劣势消费者的反应产生影响。因为目标群体与非目标群体的规模比例是互补的。

感知公平性是基于社会比较的（Austin, McGinn and Susmilch, 1980①）。劣势消费者会比较自己与优势消费者之间投入与回报之比，因而促销幅度的提高将直接影响社会比较的结果。促销幅度越大，社会比较显示的差异越大，劣势消费者越容易感觉到强烈的不公平感知。另外三个影响因素（获得目标群体成员资格难度、目标群体与企业产品的匹配程度、非目标群体的群体规模）并没有直接影响社会比较的结果，因为优势消费者与劣势消费者之间的差异没有发生变化，因而这些因素对感知公平性的影响是间接的。感知公平性的判断一方面取决于客观的待遇差异，另一方面还取决于情景对主体的影响而导致主体的认知偏差。限制的感知合理性将显著影响劣势消费者对同样的待遇差异的态度。当限制的感知合理性较高时，劣势消费者有可能对较大差异待遇的反应较为积极；当限制的感知合理性较低时，劣势消费者也有可能对较小差异待遇的反应表现出极高的不满意和负面情绪。因而，三种影响因素作为情景诱导信息造成了劣势消费者的认知偏差，可以帮助企业在一定程度上降低劣势消费者的消极反应。

由于各自变量无法实现同时操纵，因而本书无法使用结构方程模型检验假设，而需要使用分组实验的方法分别检验各自变量对因变量的影响。类似地，在巴罗尼和罗伊（2010b）的研究中提出了在排他性促销中影响优势消费者反应的三种影响因素，包括独特性需要、对目标群体的态度和为获得目标群体的成员资格所付出的努力程度。② 巴罗尼和罗伊（2010b）在三个实验中分别检验了三种影响因素对优势消费者反应的影响。③ 本书探讨了在排他性促销中影响劣势消费者反应的几种因素，本书将使用三个实验进行假设检验。第一个实验检

---

① Austin, William, Neil C. McGinn and Charles Susmilch, "Internal Standards Revisited: Effects of Social Comparisons and Expectancies on Judgments of Fairness and Satisfaction", *Journal of Experimental Social Psychology*, Vol. 16, No. 5, 1980, pp. 426–441.

② Barone, Michael J. and Tirthankar Roy, "The Effect of Deal Exclusivity on Consumer Response to Targeted Price Promotions: A Social Identification Perspective", *Journal of Consumer Psychology*, Vol. 20, No. 1, 2010b, pp. 78–89.

③ Ibid. .

验了促销幅度与获得目标群体成员资格难度两个影响因素对劣势消费者的影响，第二个实验检验了目标群体与企业产品的匹配程度对劣势消费者的影响，第三个实验检验了非目标群体的群体规模（非目标群体为小众群体还是大众群体）对劣势消费者的影响。

第五章 时间限制与数量限制对消费者反应的影响

本章针对研究模型一中的研究假设（假设 4 – 1 至假设 4 – 5）进行实验设计和假设检验。本章主要包括一个预测试和两个实验研究、第一个实验以定性研究为主以及第二个实验属于定量研究三个部分。

第一节 预测试

一 实验设计

预测试的目的在于确定主实验中的时间限制与数量限制的促销活动具有一致的潜在吸引力。本书研究借鉴了前人的实验设计（Aggarwal，Jun and Huh，2011[①]）。在第一个前测实验中，一些被试需要指出与 6 天限时促销相等价的限量促销是多少块手表，具体题项为"您所在城市的某家商场，销售某国产名牌手表，该品牌以 500 元左右的手表为主。目前商场对手表进行八折促销活动。如果该商场对某款手表进行 6 天的限时促销，那么您觉得与 6 天限时促销相等价的限量促销是多少块手表呢？"，然后计算该开放性问题答案的均值和众数。在第二个前测实验中，另一些被试需要回答同样的问题，但是，他们要从 5 个固定答案中进行选择（包括 50 块手表、100 块手表、150 块手表、200 块手表、500 块手表）。然后计算该问题答案的均值和众数。

---

① Aggarwal, Praveen, Sung Youl Jun and Jong Ho Huh, "Scarcity Messages", *Journal of Advertising*, Vol. 40, No. 3, 2011, pp. 19 – 30.

预测试的被试是主实验的同质被试。预测试的结果将用于实验一和实验二的实验情景。

您所在城市的某家商场，销售某国产名牌手表，该品牌以 500 元左右的手表为主。目前，商场对手表进行八折促销活动。如果该商场对某款手表进行 6 天的限时促销，那么您觉得与 6 天限时促销相等价的限量促销是多少块手表呢？ _____

A. 10 块手表　　　　B. 50 块手表　　　　C. 100 块手表

D. 150 块手表　　　E. 200 块手表　　　F. 500 块手表

二　实验结果

在第一个前测实验中，一些被试（37 人）指出，与 6 天限时促销相等价的限量促销是多少块手表。实验结果显示，开放式问题的平均值是 122.4 块手表，众数是 100 块手表（18/37）。在第二个前测实验中，另一些被试（37 人）需要回答同样的问题，但是，他们要从 5个固定答案中进行选择（包括 10 块手表、50 块手表、100 块手表、150 块手表、200 块手表、500 块手表）。然后计算该问题答案的均值和众数。实验结果显示，众数是 100 块手表（17/37），平均值为118.6 块手表。由于在实际生活中，商家会选择整数作为限量促销的具体值，因此，我们选择了 100 块手表的限量促销与 6 天的限时促销相匹配。这一最终的匹配结果与 Aggarwal、Jun 和 Huh（2011）[①] 的预测试结果是一样的，说明该结果具有跨文化的一致性。

第二节　实验一

实验一使用了混合实验设计，其中感知易达性是组间因素，而数量限制或时间限制为组内因素。在制定的购买机会感知易达性高（或低）的情景中，被试需要对比数量限制和时间限制哪一种对自己的吸

---

① Aggarwal, Praveen, Sung Youl Jun and Jong Ho Huh, "Scarcity Messages", *Journal of Advertising*, Vol. 40, No. 3, 2011, pp. 19 – 30.

引力更高并陈述具体的选择原因，通过文本分析将帮助我们明确消费者决策过程的内在机制，特别是在不同情景中存在不同的反应机制。两种促销限制的实验条件需要在潜在吸引力上保持一致，因此，本实验在预测试中借鉴了前人的研究（Aggarwal, Jun and Huh, 2011①）。预测试结果显示，在限量促销情景为 100 块手表，而限时情景为仅限 6 天。本实验在 Aggarwal、Jun 和 Huh（2011）的实验情景的基础上增加了对商店感知易达性的操纵。

一　实验设计

北方地区某综合性高校 50 名本科生参加了此次实验，被试中的男性占 32%，年龄分布为 19 岁 2 人（4%），20 岁 22 人（44%）、21 岁 13 人（26%）、22 岁 13 人（26%）。每名被试获得一份糖果作为实验报酬。实验一为 2（促销限制类型：时间限制 vs. 数量限制）×2（感知易达性：高 vs. 低）混合实验设计，感知易达性是组间因素，而数量限制或时间限制为组内因素。让被试从两种不同的购买限制中选择对自己吸引力比较大的一种（哪一种情景更能激发我赶快去往卖场参加促销活动），并阐述理由（开放式问题）。实验一之所以采用开放式问题来探索消费者对研究情景的反应，主要是基于下述原因：开放式问题的回答体现了被试对情景的实际反应，如果被试在决策原因中陈述了与"消费者竞争"和"购买机会的确定性"相关的内容，那么就可以反映该中介变量的存在性。而如果只是单纯地通过量表来测量中介变量，并且出现数据上的显著，这样，不一定是真正的中介机制，也有可能是由于该变量与因变量具有较强的相关性而产生了共变效应。通过组内实验设计的开放式问题的方法可以确保中介机制的客观存在性。定性的开放式问题答案的收集对于本书后续的实证定量研究具有很好的补充，是实验结果效度的另一种客观证据。

被试被随机地分为两组（感知易达性高/低）。本书根据情景（商店的距离）操纵了促销活动的感知易达性，具体操纵方法为：购买机

---

① Aggarwal, Praveen, Sung Youl Jun and Jong Ho Huh, "Scarcity Messages", *Journal of Advertising*, Vol. 40, No. 3, 2011, pp. 19 – 30.

会的感知易达性较高组为家门口的超市（步行 5 分钟可到），感知易
达性较低组为很远的一家超市（需搭乘公交车 50 分钟，中间还需换
乘一次）。由于是混合实验设计，每一名被试只会面对一种类型的购
买机会感知易达性（高/低），但是，同一名被试要评价两种促销限制
活动。首先，被试会阅读到两段关于商场促销活动的情景，在情景中
将陈述有关去往商店的路程和时间的内容（用以操纵感知易达性）；
其次，分别陈述了某款手表的促销活动和相关产品信息；最后，关于
促销购买限制的类型（具体内容详见附录 A）。

　　在阅读完上述信息后，被试将回答一系列是非题和开放式问题。
第一题将对情景的感知易达性做操纵检验，具体题项为"请问对您来
说，到达该商场是否容易？（请选择'是'或'否'）"；第二题让被
试对上述两种情景哪种更有吸引力做出判断，具体题项为"请问 A 情
景和 B 情景，哪一个更能促使您赶快前往卖场参与促销活动？（请选
择'A 情景'或'B 情景'）"；第三题让被试开放式地陈述第二题做
出选择的原因，具体题项为"请您阐述在第二题做出选择的原因。您
选择的情景比另外一种情景的促销效果更好是因为什么？"；第四题让
被试选择在 A 情景（限时促销）中的购买机会确定性，具体题项为
"在 A 情景中，在您准备去往卖场参加促销活动时，您能否确定自己
一定可以得到购买机会？（请选择'是'或'否'）"；第五题让被试
选择在 B 情景（限量促销）中的购买机会确定性，具体题项为"在 B
情景中，在您准备去往卖场参加促销活动时，您能否确定自己一定可
以得到购买机会？（请选择'是'或'否'）"；最后，测量了个人信
息即人口统计学变量，包括性别和年龄。

二　实验结果

　　首先，对操纵变量"购买机会的易达性"进行操纵检验。结果显示，
在感知易达性较高组中，有 96%（24/25）的被试认为，到达该卖场是容
易的；在感知易达性较低组中，有 92%（23/25）的被试认为，到达该卖
场是不容易的。可见，感知易达性在情景中的操纵是有效的。

　　其次，对被试认为哪种情景更能促进自己参加促销活动的选择进
行卡方检验。结果显示，促销购买限制类型与感知易达性的交互作用

对促销吸引力产生了显著的影响，$\chi^2 = 5.333$，$p = 0.021 < 0.05$（其他参数详见表5-1）。实验结果证实了假设一，即购买机会的感知易达性与促销购买限制类型的交互作用会影响消费者对促销活动的反应。接下来，进行具体分析，在感知易达性较高的情况下，有44%的被试认为时间限制的促销更有吸引力，而56%的被试则认为数量限制的促销更有吸引力，从数值上看，数量限制的被选择次数高于时间限制，其吸引力也相对高于数量限制。这一结果与以往研究（e. g. Aggarwal, Jun and Huh, 2011[①]；金立印，2005[②]）是一致的，即数量限制比时间限制的促销效果更好。另外，在感知易达性较低的情况下，有76%的被试认为，时间限制的促销更有吸引力；而24%的被试则认为，数量限制的促销更有吸引力，从数值上看时间限制反而比数量限制的促销效果更好，具体数值详见表5-2。

表5-1　　　　　　　　　　　　　χ^2 检验

	P 值	自由度	渐进 P（双侧）	精确 P（双侧）	精确 P（单侧）
Pearsonχ^2	5.333[a]	1	0.021		
连续校正[b]	4.083	1	0.043		
似然比	5.451	1	0.020		
Fisher 的精确检验				0.042	0.021
线性和线性组合	5.227	1	0.022		
有效案例中的样本量	50				

注：a. 0 单元格（.0%）的期望计数少于 5。最小期望计数为 10.00。

b. 仅对 2×2 表计算。

资料来源：笔者整理。

①　Aggarwal, Praveen, Sung Youl Jun and Jong Ho Huh, "Scarcity Messages", *Journal of Advertising*, Vol. 40, No. 3, 2011, pp. 19-30.

②　金立印：《产品稀缺信息对消费者购买行为影响之实证分析》，《商业经济与管理》2005 年第 8 期。

表 5 – 2　　　　　交叉制表——不同情景下的选择频率

| | | 更有吸引力的促销 | | 合计 |
		时间限制	数量限制	
感知易达性	感知易达性较高	11（44%）	14（56%）	25
	感知易达性较低	19（76%）	6（24%）	25
	合计	30	20	50

资料来源：笔者整理。

　　再次，对开放式问题进行分析。本书将针对第三题的开放式问题（请您阐述在第二题做出选择的原因？您选择的情景比另一种情景的促销效果更好是因为什么？）进行分析。

　　本书将分析内容分为四种情况，包括感知易达性高/第二题选 A情景（认为限时促销更有吸引力），感知易达性高/第二题选 B 情景（认为限量促销更有吸引力），感知易达性低/第二题选 A 情景（认为限时促销更有吸引力），感知易达性低/第二题选 B 情景（认为限量促销更有吸引力）。表 5 – 3 中展示了被试对该开放式问题的回答情况，即被试对他们做出第二题选择的主要原因。

　　总结来看，在感知易达性较高的情况下，数量限制促销比时间限制促销的效果更好，关键在于引发了感知消费者竞争，从而进一步提高了预期不行动后悔、购买紧迫感和购买机会的感知价值。在感知易达性较低的情况下，时间限制比数量限制的促销效果更好，关键在于购买机会的确定性较高，购买机会不确定的情况下会显著降低消费者参与促销活动的积极性。这一发现与假设 4 – 2、假设 4 – 3 的陈述是一致的。通过开放式问题，本书可以确认中介变量（消费者竞争、购买机会确定性）的存在性，但是，无法检验中介效应。因此，本书将通过实验二检验交互效应及其内在机制。

　　最后，本书通过两道是非题再次确定购买机会确定性在两种情景（限时促销与限量促销）中的具体表现。结果显示，无论在感知易达性较高组还是较低组，被试都认为在时间限制的促销情景下，被试在准备去往卖场参加促销活动时得到购买机会都是确定的；在数量限制

表 5 - 3 开放式问题的文本分析

第二题选 A 情景的原因 （限时促销更有吸引力）	第二题选 B 情景的原因 （限量促销更有吸引力）
感知易达性高	
"限时促销的持续时间长，让我有足够的思考时间，以及充裕的选择时间"（购买紧迫感） "限时促销的紧张感较低"（购买紧迫感） "限量促销很有可能已经卖完"（购买机会的确定性） "限量促销中我无法确定产品是否还有"（购买机会的确定性） "限时促销中我可以参加活动，而限量促销能参加活动的可能较小"（购买机会的确定性）	"我担心限量促销的产品会很快卖完，这让我更有动力去买"（预期不行动后悔） "对于限量促销的商品，我会担心产品没有了"（预期不行动后悔） "限量促销中先到先得，所以我要抢时间"（购买紧迫感） "限量促销商品不易购得，必须抓紧时间"（购买紧迫感） "限量促销的吸引力更强，更能激发我的购买欲"（机会的感知价值） "限量促销更能引发消费者的热情"（机会的感知价值） "限量促销中，我有竞争对手，因为先到先得，抢到的话感觉赚了"（消费者竞争） "限量促销中，我得在产品被他人抢购完前购买到产品"（消费者竞争）
感知易达性低	
"因为限量促销中产品可能已经卖完"（购买机会的确定性） "限时促销中保证我去了能买到产品，而限量促销中存在不确定性"（购买机会的确定性） "限量促销中得到机会的可能不太大，限时促销的机会更大"（购买机会的确定性） "限量促销的能否购买的偶然性和随机性太大了"（购买机会的确定性） "限时促销中能保证我不白跑一趟，限量促销中要是万一白跑一趟就郁闷了"（购买机会的确定性，预期行动后悔） "很可能已经错过促销而造成白跑"（购买机会的确定性，预期行动后悔） "商家可能故意给出已售完的回复，即使并没有卖掉 100 块"（潜在信用危机） "不喜欢跟别人抢，因而不喜欢限量促销"（消费者竞争）	"限量促销中担心自己买不上，想要赶快去购买"（预期不行动后悔，购买紧迫感） "因为限量促销先到先得，我总感觉有紧迫感"（购买紧迫感） "数量限制使消费者更有动力"（机会的感知价值） "因为限量促销先到先得，要抢在别人前头"（消费者竞争）

资料来源：笔者整理。

的促销情景下，被试在准备去往卖场参加促销活动时得到购买机会都是不确定的。在易达性较高组中，92%（23/25）的被试认为时间限制促销中得到购买机会是确定的，100%（25/25）的被试认为数量限制促销中得到购买机会是不确定的。在易达性较低组中，88%（22/25）的被试认为时间限制促销中得到购买机会是确定的，100%（25/25）的被试认为数量限制促销中得到购买机会是不确定的。由此可见，数量限制和时间限制在本质上存在一种重要的差异，该差异不会因为情景的变化而变化，这一差异就是购买机会是否确定。因此，本书认为，该差异将在一定情景下（感知易达性较低时）发挥重要的作用，而使消费者对两种不同的促销限制的态度和参与积极性产生重要影响。

三　讨论

实验一通过混合实验设计（感知易达性为组间因素、时间限制与数量限制为组内因素）对研究提出的假设 4-1 至假设 4-3 进行了讨论。通过 χ^2 检验，数据结果证实了假设 4-1，即购买机会的感知易达性与促销购买限制类型的交互作用会影响消费者对促销活动的反应。通过开放式问题，本书发现了"消费者竞争"和"购买机会的确定性"在交互作用发生过程中的重要作用，但是，开放式问题无法通过实证检验假设，在实验二中将通过量表测量的方式来验证"消费者竞争"和"购买机会的确定性"在不同情景中的中介作用。

第三节　实验二

实验二的目的是测量两种促销限制在不同情景下的相对有效性以及消费者个体特质（认知闭合需要和独特性需要）对两种促销限制偏好的影响。

一　实验设计

北方地区某综合性大学 189 名本科生参加了实验二，其中男生 72

名（占 38.10%），年龄分布为 18 岁 11 人（占 5.82%），19 岁 54 人（占 28.57%），20 岁 52 人（占 27.51%），21 岁 45 人（占 23.81%），22 岁 24 人（占 12.70%），23 岁 3 人（占 1.59%）。实验二为 2（感知易达性：高 vs. 低）×2（促销限制类型：时间限制 vs. 数量限制）×2（认知闭合需要：高 vs. 低）×2（独特性需要：高 vs. 低）混合实验设计，其中促销限制类型和购买机会的感知易达性为组间因素，认知闭合需要和独特性需要为组内因素，被试被随机分为四组。其中感知易达性高—时间限制组 48 人，感知易达性高—数量限制组 47 人，感知易达性低—时间限制组 48 人，感知易达性低—数量限制组 46 人。

实验二与实验一的情景是相似的，实验二在实验一的基础上增加了对刺激物的功能性价值和象征性价值的陈述，起到帮助被试融入购买情景和增加购买动机的作用。具体内容包括"手表，是指戴在手腕上用以计时或显示时间的仪器。作为一名大学生，拥有一块手表不仅可以帮助自己树立时间观念、提高学习效率、防止上课迟到、有效把握考场上的时间进度，还可以搭配服饰、展示自我形象和个性等。于是，您打算在近期购买一块手表"。

实验二在实验一的基础上增加了需要测量的变量，被试不再需要对两种不同的促销限制情景做对比，而是单独评价四种情景中的一种。测量变量包括购买机会的感知易达性的操纵检验、感知消费者竞争、错过促销的预期后悔、能够参与促销的确定性（购买机会的确定性）、参与促销活动的可能性和促销态度。还测量了人口统计学变量性别和年龄。为了测量消费者个性——认知闭合需要和独特性需要对因变量的影响，在主实验前，首先测量了消费者个性。在实验开始前，告知被试将参加由两个课题组设计的独立问卷，包括问卷一和问卷二。告知被试问卷一的目的是了解当代大学生的个性特征，问卷二的目的是了解大学生在促销情景的反应。

在问卷的第一部分测量了被试的认知闭合需要和独特性需要。认知闭合需要量表借鉴了 Roets 和 Van Hiel（2011）的研究，包含 15 个测量题项（具体题项详见附录 F）。① 根据该量表的得分，将被试分为高/低认知闭合组。独特性需求量表借鉴了巴罗尼和罗伊（2010b）② 的做法，用 Tian、Bearden 和 Hunter（2001）开发的独特性需要量表中的相似性避免维度，共包括八个测量题项，该测量维度反映了消费者对市场上非普通和独特性的产品和服务的兴趣（具体题项详见附录 H）。③ 根据该量表的得分，将被试分为高/低独特性需要组。在上述量表翻译为中文版本时，研究者采用了翻译—回译程序，以保证中文题目与原有量表在内容上的一致性。将量表的各题项的分数累计，根据中位数分为两组，分别计算每组的均值和标准差，T 检验两组得分存在显著差异。

由于"不确定性规避"与"认知闭合需要"有很强的相关性，本书还测量了这一变量。不确定性规避的测量量表借鉴了 Jung 和 Kellaris（2004）的研究④，测量题项包括"我喜欢结构性情景胜于非结构性情景""相比于宽泛的指导方针，我更喜欢具体的指示""当我不知道结果时，我很容易变得焦虑""当我无法预期结果时，我感觉很有压力""当结果无法预料时，我不愿冒风险""我认为规则不能仅因某些实际原因而被打破""我不喜欢模棱两可的情况"（见附录 G）。不确定性规避是中西方文化差异的一个重要的维度。Hofstede（1980）把不确定性避免定义为一种文化差异，是指文化情景中的成

①　Roets, Arne and Alain Van Hiel, "Item Selection and Validation of a Brief, 15 - Item Version of the Need for Closure Scale", *Personality and Individual Differences*, Vol. 50, No. 1, 2011, pp. 90 - 94.

②　Barone, Michael J. and Tirthankar Roy, "The Effect of Deal Exclusivity on Consumer Response to Targeted Price Promotions: A Social Identification Perspective", *Journal of Consumer Psychology*, Vol. 20, No. 1, 2010b, pp. 78 - 89.

③　Tian, Kelly Tepper, William O. Bearden and Gary L. Hunter, "Consumers' Need for Uniqueness: Scale Development and Validation", *Journal of Consumer Research*, Vol. 28, No. 1, 2001, pp. 50 - 66.

④　Jung, Jae Min and James J. Kellaris, "Cross - National Differences in Proneness to Scarcity Effects: The Moderating Roles of Familiarity, Uncertainty Avoidance and Need for Cognitive Closure", *Psychology & Marketing*, Vol. 21, No. 9, 2004, pp. 739 - 753.

员感觉受不确定或不知晓情景威胁的程度。[①] 这种感觉是通过紧张压力和对可预期性的需要而表现出来的。大部分文献都将不确定性规避视为一种文化特征，只有很少的研究把它作为一种个体特征（e. g Jung and Kellaris，2004[②]）。根据不确定性规避的程度，消费者可以分为决策保守型和决策冒险型两种类型。高不确定性规避的人群会厌恶模糊的信息。低不确定性规避的人群对未知情景和模糊状态的可接受程度更高，这类消费者对模糊情景的恐惧程度较低。本书之所以优先选择认知闭合需要作为个体特质，这是因为，在文献中，认知闭合需要一直被视为一种个体差异，而不确定性规避通常被视为一种文化差异。Jung 和 Kellaris（2004）指出，之前没有研究把不确定性规避视为一种个体特征。[③] Hofstede（1980）的不确定性规避量表也不适合用来分析个体水平的差异。[④] 在测量量表方面，认知闭合需要具有成熟的测量量表并曾经被反复检验；而不确定性规避作为个体差异的量表尚不成熟，文献中仅 Jung 和 Kellaris（2004）[⑤] 的研究把不确定性规避视为个体差异，其他相关研究中，都是以文化差异视角测量不确定性规避。

本书根据情景（商店的距离）操纵了促销活动的感知易达性，具体操纵方法为购买机会的感知易达性较高组为家门口的超市（步行 5 分钟可到），感知易达性较低组为很远的一家超市（需搭乘公交车 50 分钟，中间还需换乘一次）。每一名被试只会面对一种类型的购买机会感知易达性（高/低），以及只会面对一种类型的促销活动（时间限制/数量限制），被试需要根据自己所阅读到的情景评价该促销活

---

① Hofstede, Geert, *Culture's Consequences: National Differences in Thinking and Organizing*, Beverly Hills, Calif.: Sage, 1980.

② Jung, Jae Min and James J. Kellaris, "Cross – National Differences in Proneness to Scarcity Effects: The Moderating Roles of Familiarity, Uncertainty Avoidance and Need for Cognitive Closure", *Psychology & Marketing*, Vol. 21, No. 9, 2004, pp. 739 – 753.

③ Ibid. .

④ Hofstede, Geert, *Culture's Consequences: National Differences in Thinking and Organizing*, Beverly Hills, Calif: Sage, 1980.

⑤ Jung, Jae Min and James J. Kellaris, "Cross – National Differences in Proneness to Scarcity Effects: The Moderating Roles of Familiarity, Uncertainty Avoidance and Need for Cognitive Closure", *Psychology & Marketing*, Vol. 21, No. 9, 2004, pp. 739 – 753.

动。首先，被试会阅读到一段关于商场促销活动的情景，在情景中，将陈述有关去往商店的路程和时间的内容（用以操纵感知易达性）；其次，分别陈述了某款手表的促销活动和相关产品信息；最后，关于促销购买限制的类型（具体内容详见附录 B）。

在阅读完上述信息后，被试将回答一系列问题。

第一，对情景中购买机会的感知易达性做操纵检验。具体题项为"对我来说，到达商场是容易的"（1 表示非常不同意，7 表示非常同意）"。

第二，让被试评价错过促销的预期后悔。具体题项为"我十分担心自己到达卖场时促销产品已经被卖完""如果我决定去卖场参加促销活动，但是到达卖场后发现自己已经错过了促销活动，我会感到十分后悔？"（Patrick，Lancellotti and Hagtvedt，2009[①]；Sevdalis，Harvey and Yip，2006[②]）。

第三，测量感知消费者竞争。具体题项为"如果其他人抢先购买，我可能会失去购买促销产品的机会""为了购买到该促销产品，我需要和其他购买者竞争"（1 表示完全不同意，7 表示完全同意）（Aggarwal，Jun and Huh，2011[③]）。

第四，测量购买机会的确定性。具体题项包括"我能确定自己在到达商场时促销产品还有货；我能确定自己在到达商场时能够得购买机会；我能确定自己在到达商场时能够买到促销产品（1 表示完全不同意，7 表示完全同意）"（量表来自本书，根据实验一中收集到的文本进行整理和归纳）。

第五，让被试评价对促销的态度和参与促销意愿。促销态度是指消费者对促销活动自身所持有的态度，具体题项包括"我认为该促销

① Patrick，Vanessa M.，Matthew Lancellotti and Henrik Hagtvedt，" Getting a Second Chance：The Role of Imagery in the Influence of Inaction Regret on Behavioral Intent"，*Journal of the Academy of Marketing Science*，Vol. 37，No. 2，2009，pp. 181 – 190.

② Sevdalis，Nick，Nigel Harvey and Michelle Yip，" Regret Triggers Inaction Inertia – but Which Regret and How？"，*British Journal of Social Psychology*，Vol. 45，No. 4，2006，pp. 839 – 853.

③ Aggarwal，Praveen，Sung Youl Jun and Jong Ho Huh，"Scarcity Messages"，*Journal of Advertising*，Vol. 40，No. 3，2011，pp. 19 – 30.

活动：一点也不喜欢/喜欢、一点也不好/非常好、根本没有意义/十分有意义、一点也不能引起注意/非常能引起注意（七分量表）"，参与促销的可能性测量题项为"我参与该促销活动的可能性？（1 表示不会参加该促销活动，7 表示会参加该促销活动）"

第六，问卷测量了人口统计学变量性别和年龄。实验结束后，每名被试得到固定金额的报酬（5 元钱）以示感谢。

二 实验结果

首先，进行量表的信度分析和自变量的操纵检验。信度检验显示，认知闭合需要量表的可靠度系数是 0.817，不确定性规避是 0.748，独特性需要是 0.932，预期后悔是 0.851，消费者竞争是 0.844，机会确定性是 0.965，促销态度是 0.912。各量表的信度均达可接受标准。自变量的操纵检验显示，购买机会感知易达性高组中被试对促销商场的感知易达性（M = 6.453，SD = 0.908）明显高于购买机会感知易达性低组（M = 3.309，SD = 1.742）[F(1, 187) = 242.897，p < 0.001]。

其次，检验假设 4 - 1，即购买机会的感知易达性与促销购买限制类型的交互作用会影响消费者对促销活动的反应。二元方差分析（two - way ANOVA）显示，促销限制类型对因变量"参与促销可能性"的影响不显著[F(1, 185) = 0.030，p > 0.1]，感知易达性对因变量"参与促销可能性"的影响显著[F(1, 185) = 28.745，p < 0.001]，感知易达性与促销购买限制的交互作用对因变量"参与促销可能性"的影响显著[F(1, 185) = 20.807，p < 0.001]。其中，感知易达性较高时参与促销可能性（M = 4.432，SD = 1.548）明显高于感知易达性较低时（M = 3.330，SD = 1.455）[F(1, 187) = 25.412，p < 0.001]。感知易达性较低时，被试在时间限制促销中的参与促销可能性（M = 3.813，SD = 1.347）高于数量限制促销中（M = 2.826，SD = 1.403）[F(1, 92) = 12.090，p = 0.001]；而在感知易达性较高时，被试在数量限制促销中的参与促销可能性（M = 4.894，SD = 1.564）高于时间限制促销中（M = 3.979，SD = 1.407）[F(1, 93) = 8.989，p = 0.003 < 0.01]，详见图 5 - 1。接下来，把"促销态度"作为因变量，二

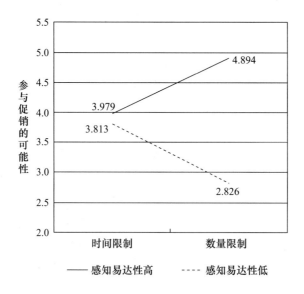

图 5 - 1　促销购买限制与感知易达性对参与促销可能性的影响

资料来源：笔者整理。

元方差分析显示，促销限制类型对因变量"促销态度"的影响不显著 $[F(1, 185) = 0.296, p > 0.1]$，感知易达性对因变量"促销态度"的影响不显著 $[F(1, 185) = 2.651, p > 0.1]$，感知易达性与促销购买限制的交互作用对因变量"促销态度"的影响显著 $[F(1, 185) = 46.994, p < 0.001]$。其中，感知易达性较低时，被试在时间限制促销中的促销态度（$M = 4.984$，$SD = 1.139$）高于数量限制促销中（$M = 3.679$，$SD = 1.393$）$[F(1, 92) = 24.824, p < 0.001]$；而在感知易达性较高时，被试在数量限制促销中的促销态度（$M = 5.176$，$SD = 0.907$）高于时间限制促销中（$M = 4.063$，$SD = 1.350$）$[F(1, 93) = 22.144, p < 0.001]$，详见图 5 - 2。

　　感知易达性对参与促销可能性的影响显著（$p < 0.001$），说明当购买机会的感知易达性较低时，会使消费者更不愿意去往卖场参与促销活动。而感知易达性对促销态度的影响不显著（$p > 0.1$），这说明虽然易达性较低的促销使消费者不愿意花费精力去参与促销活动，但是并没有消极影响消费者对促销活动的态度。

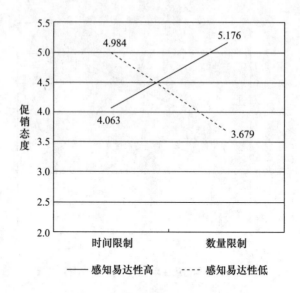

图 5 - 2 促销购买限制与感知易达性对促销态度的影响

资料来源：笔者整理。

一旦未来有相似促销在易达性较高的区域开展时，消费者还是会积极参与促销活动。综上所述，当购买机会感知易达性较高时，消费者对数量限制的促销比时间限制的促销的反应更积极；当购买机会感知易达性较低时，消费者对时间限制的促销比数量限制的促销的反应更积极。

再次，检验感知消费者竞争的中介作用，即检验在感知易达性较高的情况下，感知消费者竞争是否在促销限制类型影响因变量的过程中起到了中介作用。通过 Bootstrap 方法检验消费者竞争的中介作用，自变量（促销限制类型）到因变量（参与促销的可能性）的间接效应和间接效应的标准差通过 Bias - corrected bootstrap 方法（5000 次）进行估计（Preacher, Rucker and Hayes, 2007[①]）。Bootstrap 给出了巴

---

　　① Preacher, Kristopher J. , Derek D. Rucker and Andrew F. Hayes, "Addressing Moderated Mediation Hypotheses: Theory, Methods and Prescriptions", *Multivariate Behavioral Research*, Vol. 42, No. 1, 2007, pp. 185 - 227.

伦和肯尼（Baron and Kenny，1986[①]）中介检验的结果，从而得到相应的系数（见图 5 – 3 和图 5 – 4）。自变量通过中介变量进而影响因变量的间接效应显著（95% CI：LLCI = – 0.453，ULCI = – 0.160，不包含 0），而自变量对因变量的直接效应不显著（β = – 0.042，SE = 0.087，p > 0.1）。由此可见，感知消费者竞争完全中介了促销限制类型对参与促销的可能性的影响，假设 4 – 2 得以验证。

图 5 – 3　购买机会感知易达性较高下感知消费者竞争的中介作用（一）

注：*** 表示 p < 0.001。

资料来源：笔者整理。

重复上述步骤，检验感知消费者竞争是否在促销限制类型影响因变量（促销态度）的过程中起到中介作用。结果显示（见图 5 – 4），自变量通过中介变量进而影响因变量的间接效应显著（95% CI：LLCI =

图 5 – 4　购买机会感知易达性较高下感知消费者竞争的中介作用（二）

注：*** 表示 p < 0.001。

资料来源：笔者整理。

---

① Baron, Reuben M. and David A. Kenny, "The Moderator – Mediator Variable Distinction in Social Psychological Research：Conceptual, Strategic and Statistical Considerations", *Journal of Personality and Social Psychology*, Vol. 51, No. 6, 1986, pp. 1173 – 1182.

-0.434，ULCI = -0.130，不包含0)，而自变量对因变量的直接效应不显著（β = -0.155，SE = 0.079，p > 0.05)。由此可见，感知消费者竞争完全中介了促销限制类型对促销态度的影响，假设4-2再次得到验证。

接下来，检验在感知易达性较低的情况下，购买机会的确定性是否在促销限制类型影响因变量的过程中起到了中介作用。通过Boot-strap方法检验确定性的中介作用，自变量（促销限制类型）到因变量（参与促销的可能性）的间接效应和间接效应的标准差通过 Bias - corrected bootstrap 方法（5000次）进行估计（Preacher，Rucker and Hayes，2007[1])。Bootstrap 给出了巴伦和肯尼（1986)[2] 中介检验的结果，从而得到相应的系数（见图5-5)。自变量通过中介变量进而影响因变量的间接效应显著（95% CI：LLCI = 0.005，ULCI = 0.215，不包含0)，自变量对因变量的直接效应显著（β = 0.198，SE = 0.097，p = 0.044 < 0.05)，而系数 c′（0.198）比系数 c（0.280）有明显下降。可见，购买机会的确定性在促销限制类型影响参与促销的可能性中起到了部分中介作用。

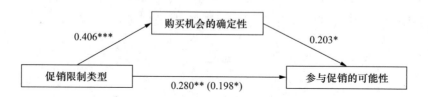

图5-5 购买机会感知易达性较低下购买机会确定性的中介作用（一）
注：＊表示 p < 0.05，＊＊表示 p < 0.01，＊＊＊表示 p < 0.001。
资料来源：笔者整理。

① Preacher，Kristopher J. ，Derek D. Rucker and Andrew F. Hayes，"Addressing Moderated Mediation Hypotheses：Theory，Methods and Prescriptions"，*Multivariate Behavioral Research*，Vol. 42，No. 1，2007，pp. 185 - 227.

② Baron，Reuben M. and David A. Kenny，"The Moderator - Mediator Variable Distinction in Social Psychological Research：Conceptual，Strategic and Statistical Considerations"，*Journal of Personality and Social Psychology*，Vol. 51，No. 6，1986，pp. 1173 - 1182.

重复上述步骤，检验购买机会的确定性是否在促销限制类型影响因变量（促销态度）的过程中起到中介作用。结果显示（见图 5-6），自变量通过中介变量进而影响因变量的间接效应显著（95% CI：LLCI = 0.038，ULCI = 0.266，不包含 0），自变量对因变量的直接效应显著（β = 0.354，SE = 0.101，p < 0.001），而系数 c′（0.354）比系数 c（0.483）有了明显的下降。可见，购买机会的确定性在促销限制类型影响促销态度中起到了部分中介作用。

图 5-6 购买机会感知易达性较低下购买机会确定性的中介作用（二）
注：＊＊表示 p < 0.01，＊＊＊表示 p < 0.001。
资料来源：笔者整理。

检验预期后悔是否在促销限制类型影响因变量的过程中起到中介作用。在购买机会感知易达性较低的情况下，预期后悔没有中介促销限制类型对参与促销可能性的影响（95% CI：LLCI = -0.074，ULCI = 0.038，包含 0），也没有中介促销限制类型对促销态度的影响（95% CI：LLCI = -0.051，ULCI = 0.094，包含 0）。但是，在购买机会感知易达性较高的情况下，预期后悔部分中介了促销限制类型对参与促销可能性的影响（95% CI：LLCI = -0.164，ULCI = -0.010，不包含 0），也部分中介促销限制类型对促销态度的影响（95% CI：LLCI = -0.184，ULCI = -0.018，不包含 0）。根据实验一的结果，本书提出，感知消费者竞争可能会影响消费者的预期后悔。数据显示，感知消费者竞争显著影响了被试的预期后悔 [F (1，187) = 37.363，p < 0.001]。与此同时，购买机会的确定性也显著影响了被试的预期后悔 [F (1，187) = 4.920，p = 0.028 < 0.05]。这说明，当消费者感觉到为了获得促销的竞争越激烈，错过促销的预期后悔越强烈，消

费者觉得获得购买机会的确定性越低，错过购买的预期后悔越强烈。在这里，之所以没有选择预期后悔作为中介变量，原因在于不同情景中产生的预期后悔的类型有差异，不能确保测量了同一变量。在易达性较高的情况下，错过购买的预期后悔侧重于预期不行动后悔；而在易达性较低的情况下，侧重于预期行动后悔。与此同时，也可能同时包含两种成分的后悔，因而变量测量不够纯净，不适合作为中介机制来检验。

接着再检验促销限制类型、感知易达性、认知闭合需要的三重交互效应对因变量的影响。三重交互效应的检验方法借鉴了巴罗尼和罗伊（2010b）[①] 的研究，在他们的研究中，三个自变量包括两个 0/1 变量和一个连续变量。在本实验的三重交互效应包括促销限制类型、感知易达性和认知闭合需要三个自变量。其中，促销限制类型（数量限制/时间限制）为 0/1 变量，感知易达性（低/高）为 0/1 变量，认知闭合需要为连续变量（七分量表）。本书通过分层回归的方法，检验所有的主效应和交互效应。由于认知闭合需要是连续变量，需要把这一变量进行中心化处理以减少多重共线性问题（Aiken and West, 1991[②]; Cohen, Cohen, West and Aiken, 2003[③]）。将因变量"参与促销的可能性"进行中心化处理。在分层回归中，所有的主效应（促销限制类型、感知易达性、认知闭合需要）进入阶段一，所有两重交互效应（促销限制类型×感知易达性、促销限制类型×认知闭合需要、感知易达性×认知闭合需要）进入阶段二，三重交互作用（促销限制类型×感知易达性×认知闭合需要）进入阶段三。R^2 在阶段二模型和阶段三模型的变化是显著的（$p < 0.05$），并且三重交互项对因变量

① Barone, Michael J. and Tirthankar Roy, "The Effect of Deal Exclusivity on Consumer Response to Targeted Price Promotions: A Social Identification Perspective", *Journal of Consumer Psychology*, Vol. 20, No. 1, 2010b, pp. 78 – 89.

② Aiken, Leona S. and Stephen G. West, *Multiple Regression: Testing and Interpreting Interactions*, Newbury Park, CA: Sage, 1991.

③ Cohen, Jacob, Patricia Cohen, Stephen G. West and Leona S. Aiken, *Applied Multiple Regression/Correlational Analysis for the Behavioral Sciences*, 3rd ed. Mahwah, NJ: Lawrence Erlbaum Associates, 2003.

"参与促销的可能性"的影响是显著的（β = - 0.332，t = - 2.809，p = 0.006 < 0.01）。此外，促销限制类型与感知易达性的交互效应显著（β = - 0.499，t = - 4.434，p < 0.001），促销限制类型与认知闭合需要的交互效应显著（β = 0.286，t = 2.696，p = 0.008 < 0.01），感知易达性和认知闭合需要的交互效应显著（β = 0.340，t = 3.270，p = 0.001）。上述结果说明，促销限制类型、感知易达性和认知闭合需要的三重交互效应对因变量"参与促销的可能性"的影响是显著的。然后，测量促销限制类型、感知易达性和认知闭合需要三个自变量对因变量"促销态度"的影响。

重复上述步骤，结果显示，三重交互项对因变量"促销态度"的影响不显著（p > 0.1）。两重交互项中，仅促销限制类型与感知易达性的交互效应显著（β = - 0.776，t = - 6.778，p < 0.001），促销限制类型与认知闭合需要的交互效应不显著（p > 0.1），感知易达性与认知闭合需要的交互效应不显著（p = 0.084 > 0.05）。

本书使用 Roets 和 Van Hiel（2011）的量表来测量被试的认知闭合需要，共包括 15 个题项。[1] 这些题项的平均值作为被试认知闭合需要指标，较高的数值反映了被试具有较高的认知闭合需要，而较低数值反映了被试的认知闭合需要程度较低。认知闭合需要这一变量为连续型变量，本书利用该变量的中位数把被试分为高认知闭合需要组和低认知闭合需要组，用以绘图并更直观地展示三重交互效应。需要注意的是，这里对连续变量认知闭合需要进行二分变量的转换并不是为了证实三重交互效应的存在（三重交互效应在上一段中已经被证实）。为了检验连续变量与哑变量的交互作用，而将连续变量降阶为二分变量检验假设是不正确的，一方面，将连续型自变量降阶为二分变量会降低检验假设的统计功效（Irwin and McClelland，2003[2]）；另一方面，

① Roets, Arne and Alain Van Hiel, "Item Selection and Validation of a Brief, 15 - Item Version of the Need for Closure Scale", *Personality and Individual Differences*, Vol. 50, No. 1, 2011, pp. 90 - 94.

② Irwin, Julie R. and Gary H. McClelland, "Misleading Heuristics and Moderated Multiple Regression Models", *Journal of Marketing Research*, Vol. 38, No. 1, 2003, pp. 100 - 109.

如果自变量间是相关的，将连续型变量进行不合适的二分转化有时会创造出虚假的显著结果（Maxwell and Delaney，1993[①]）。

在分层回归已经检验了促销限制类型、感知易达性和认知闭合需要三种交互效应的基础上，为了使检验步骤与巴罗尼和罗伊（2010b）[②]的研究相一致，进而把认知闭合需要作为一个二分变量进行三因素方差分析。由于促销限制类型、感知易达性和认知闭合需要的三种交互效应仅对因变量"参与促销的可能性"的影响显著，因而本书将"参与促销的可能性"作为因变量，将认知闭合需要作为一个二分变量对数据进行方差分析，进行2（促销限制类型：时间限制 vs. 数量限制）×2（感知易达性：高 vs. 低）×2（认知闭合需要：高 vs. 低）的方差分析。三因素方差分析显示，感知易达性对因变量的影响显著 [$F(1, 181) = 16.524$, $p < 0.001$]，感知易达性与促销限制类型的交互效应对因变量的影响显著 [$F(1, 181) = 15.987$, $p < 0.001$]，感知易达性、促销限制类型与认知闭合需要的三重交互效应显著 [$F(1, 181) = 3.958$, $p = 0.048 < 0.05$]，其他变量或二重交互效应对因变量的影响均不显著（$p > 0.09$）。图 5-7 和图 5-8 中显示了被试在不同情况下的评价结果。由于高低认知闭合需要的被试在四个组（促销购买类型—感知易达性）中的分布不均，在某一情景下（例如感知易达性低—数量限制）的参与促销的可能性并不等于在相应的高认知闭合需要组与低认知闭合需要组这两个组的数值的平均数。

此外，不确定性规避与认知闭合需要呈显著正相关关系；（$r = 0.636$, $p < 0.001$）。在分层回归中，所有主效应（促销限制类型、感知易达性、不确定性规避）进入阶段一，所有两重交互效应（促销限制类型×感知易达性、促销限制类型×不确定性规避、感知易达性×

① Maxwell, Scott E. and Harold D. Delaney, "Bivariate Median Splits and Spurious Statistical Significance", *Psychological Bulletin*, Vol. 113, No. 1, 1993, pp. 181–190.

② Barone, Michael J. and Tirthankar Roy, "The Effect of Deal Exclusivity on Consumer Response to Targeted Price Promotions: A Social Identification Perspective", *Journal of Consumer Psychology*, Vol. 20, No. 1, 2010b, pp. 78–89.

不确定性规避）进入阶段二，三重交互作用（促销限制类型×感知易达性×不确定性规避）进入阶段三。R^2 在阶段二模型和阶段三模型的变化是显著的（$p < 0.05$），并且三重交互项对因变量"参与促销的可能性"的影响是显著的（$\beta = -0.290$，$t = -2.175$，$p = 0.031 < 0.05$）。但是，该三重交互项对因变量"促销态度"的影响不显著（$p > 0.1$）。可见，不确定性规避作为与认知闭合需要相似的一种个体特质发挥了与认知闭合需要相似的作用。需要注意的是，本书之所以优先选择认知闭合需要提出研究假设，这是因为在以往文献中认知闭合需要一直被视为一种个体差异，而不确定性规避通常被视为一种文化差异。在测量量表方面，认知闭合需要具有成熟的测量量表并曾经被反复检验；而不确定性规避作为个体差异的量表尚不成熟，文献中仅 Jung 和 Kellaris（2004）的研究[1]把不确定性规避视为个体差异，其他相关研究中都是以文化差异视角测量不确定性规避的。

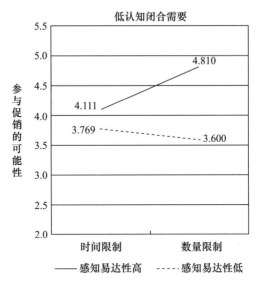

图 5 - 7　低认知闭合需要的消费者对不同促销限制的反应

资料来源：笔者整理。

---

① Jung, Jae Min and James J. Kellaris, "Cross - National Differences in Proneness to Scarcity Effects: The Moderating Roles of Familiarity, Uncertainty Avoidance and Need for Cognitive Closure", *Psychology & Marketing*, Vol. 21, No. 9, 2004, pp. 739 - 753.

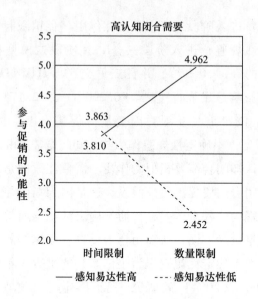

图5-8 高认知闭合需要的消费者对不同促销限制的反应

资料来源：笔者整理。

　　最后，检验独特性需要对因变量的影响。由于独特性需要是连续变量，需要把这一变量进行中心化处理。将标准化处理过的独特性需要与分类变量促销限制类型做乘积项，并考察该乘积项对因变量"参与促销的可能性"的影响是否显著。把促销限制类型、独特性需要和乘积项同时纳入回归模型。多元回归分析显示，促销限制类型对参与促销可能性的影响是不显著的（p＞0.1），促销限制类型与独特性需要的乘积项对参与促销可能性的影响是显著的（β＝－0.320，t＝－2.196，p＝0.029＜0.05）。同样的步骤，促销限制类型与独特性需要的乘积项对促销态度的影响也是显著的（β＝－0.451，t＝－3.115，p＝0.002＜0.01）。为了检验独特性需要与促销限制类型的交互效应，本书检验了在不同促销限制类型下独特性需要影响因变量的斜率。设置 Y 为"参与促销的可能性"，X 为连续变量"独特性需要"，Z 为哑变量"数量限制（0）或时间限制（1）"。

　　首先得到回归方程：

$$Y = 0.300X - 0.035Z - 0.320X \times Z + 0.005 \tag{5.1}$$

当 Z = 0 时，

$$Y = 0.300X + 0.005 \tag{5.2}$$

当 Z = 1 时，

$$Y = -0.020X - 0.030 \tag{5.3}$$

当促销购买限制为时间限制时，消费者的独特性需要对促销参与可能性的影响斜率为 -0.020，未达到显著性水平（p > 0.1）。当促销购买限制为数量限制时，消费者的独特性需要对促销参与可能性的影响斜率为 0.300，达到显著性水平（p < 0.05）。当促销购买限制为时间限制时（Z = 1），消费者的独特性需要与促销参与可能性之间的关系不显著；而在促销购买限制为数量限制时（Z = 0），消费者的独特性需要与促销参与可能性之间呈显著正相关关系。图 5 - 9 描述了在数量限制和时间限制的情况下独特性需要与因变量之间的关系，图 5 - 10 描述了在不同独特性需要水平下促销限制类型与因变量之间的关系。

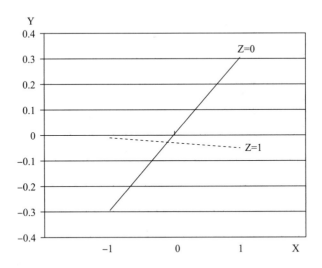

图 5 - 9　独特性需要与购买限制类型的交互效应示意（一）

注：Z = 0 表示数量限制，Z = 1 表示时间限制；X = -1 表示独特性需要较低，X = 0 表示独特性需要适中，X = 1 表示独特性需要较高。

资料来源：笔者整理。

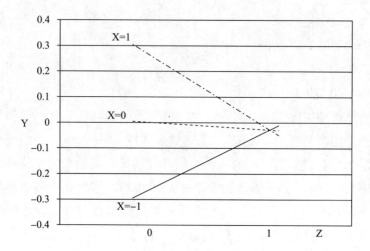

图 5 – 10　独特性需要与购买限制类型的交互效应示意（二）

注：Z = 0 表示数量限制，Z = 1 表示时间限制；X = – 1 表示独特性需要较低，X = 0 表示独特性需要适中，X = 1 表示独特性需要较高。

资料来源：笔者整理。

下面进行 Spotlight 分析，即在独特性需要的平均值上增加一个标准差和减少一个标准差，通过使独特性需要的数据均值漂移增加或减少（对独特性需要增加一个常数，从而使平均值向上或向下漂移）。在独特性需要的平均水平上增加或减少一个标准差，检验在回归方程中自变量促销限制类型是否显著影响了因变量。被标准化处理后的"独特性需要"的均值为 0，标准差为 1，因此构建下述三个方程：

当 X = – 1 时（独特性需要较低），

$$Y = 0.285Z - 0.295 \tag{5.4}$$

当 X = 0 时（独特性需要中等），

$$Y = -0.035Z + 0.005 \tag{5.5}$$

当 X = 1 时（独特性需要较高），

$$Y = -0.355Z + 0.305 \tag{5.6}$$

根据上述三个回归方程构建了如图 5 – 11 所示的图形。由图 5 – 11 可知，在独特性需要程度较低的情况下（X = – 1），数量限制的促销参与可能性低于时间限制的促销活动（因为在购买机会感知易达性较低的情况下，被试对时间限制促销的偏好明显高于数量限制）；在独特性需要程度适中的情况下（X = 0），数量限制的促销与时间限制的促销活动的差异不明显；在独特性需要程度较高的情况下（X = 1），数量限制的促销参与可能性明显高于时间限制的促销活动。可见，消费者的独特性需要特质会调节促销购买限制类型（时间限制 vs. 数量限制）对消费者反应的影响。对于独特性需要程度较高的消费者，数量限制的促销会优于时间限制的促销。假设 4 – 5 得以验证。

本实验还测量了另一个因变量"促销态度"。设置 Y 为"促销态度"，X 为连续变量"独特性需要"，Z 为哑变量"数量限制（0）或时间限制（1）"。

首先得到回归方程：

$$Y = 0.210X + 0.063Z - 0.451X \times Z - 0.049 \tag{5.7}$$

当 Z = 0 时，

$$Y = 0.210X - 0.049 \tag{5.8}$$

当 Z = 1 时，

$$Y = -0.241X + 0.014 \tag{5.9}$$

当促销购买限制为时间限制时，消费者的独特性需要对促销态度的影响斜率为 – 0.241，达到显著性水平（$p < 0.05$）。当促销购买限制为数量限制时，消费者的独特性需要对促销态度的影响斜率为 0.210，未达到显著性水平（$p > 0.05$）。当促销购买限制为时间限制时（Z = 1），消费者的独特性需要越高，消费者对促销态度越消极；而在促销购买限制为数量限制时（Z = 0），消费者的独特性需要与促销态度之间的关系不显著。可见，时间限制由于激发了更多的消费者购买造成了独特性需要较高的消费者对促销态度的下降，数量限制并没有显著增加独特性需要较高的消费者对促销态度的显著增加，但是，显著增加了这类消费者对促销的参与可能性。这一点与研究预期有些不一致，但是，总体来看，独特性需要的消费者对数量限制促销的反应会比时间限制促销的反应更积极。图 5 – 11 描述了在数量限制和时间限制的情况下独特性需要与促销态度之间的关系，图 5 – 12 描述了在不同独特性需要水平下促销限制类型与促销态度之间的关系。

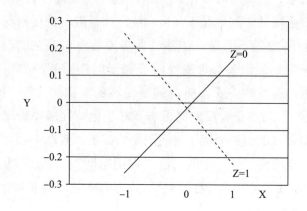

图 5 – 11　独特性需要与购买限制类型的交互效应示意（三）

资料来源：笔者整理。

　　下面进行 Spotlight 分析，在独特性需要的平均水平上增加或减少一个标准差，检验在回归方程中自变量促销限制类型是否显著影响了因变量。被标准化处理后的"独特性需要"的均值为 0，标准差为 1，因此构建下述三个方程：

当 X = –1 时（独特性需要较低）：

$$Y = 0.514Z - 0.259 \tag{5.10}$$

当 X = 0 时（独特性需要中等）：

$$Y = 0.063Z - 0.049 \tag{5.11}$$

当 X = 1 时（独特性需要较高）：

$$Y = -0.388Z + 0.161 \tag{5.12}$$

　　根据三个回归方程构建了如图 5 – 12 所示的图形。由图 5 – 12 可知，在独特性需要程度较低的情况下（X = –1），数量限制的促销态度明显低于时间限制的促销活动；在独特性需要程度适中的情况下（X = 0），数量限制的促销与时间限制的促销活动的差异不明显；在独特性需要程度较高的情况下（X = 1），数量限制的促销态度明显高于时间限制的促销活动。可见，消费者的独特性需要特质会调节促销购买限制类型（时间限制 vs 数量限制）对消费者反应的影响。对于独特性需要程度较高的消费者，数量限制的促销会优于时间限制的促销。假设 4 – 5 得以验证。

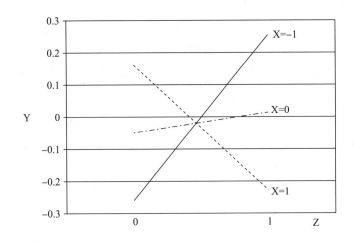

图 5 – 12 独特性需要与购买限制类型的交互效应示意（四）

资料来源：笔者整理。

三 讨论

实验结果表明，在促销活动易达程度较高时，消费者对数量限制的促销比时间限制的促销反应更积极，原因在于数量限制的促销引发了更高的感知消费者竞争，即感知消费者竞争中介了促销购买限制类型对消费者反应的影响。相对地，在促销活动的感知易达程度较低时，消费者对时间限制的促销比数量限制的促销反应更积极，原因在于时间限制的促销使消费者更相信达到卖场时可以获得购买机会，即获得购买机会的确定性中介了促销购买限制类型对消费者反应的影响。本书实验还探讨了消费者个体特征对两类促销限制反应的影响，包括消费者的认知闭合需要和独特性需要。实验结果显示，消费者的认知闭合需要、促销购买机会的感知易达性和促销购买限制类型的三重交互作用会影响消费者对促销活动的反应。当消费者的认知闭合需要（较高 vs 较低）时，促销购买机会的易达性与促销购买限制类型（时间限制 vs 数量限制）的交互效应会更强。消费者的独特性需要特质会调节促销购买限制类型对消费者反应的影响。对于独特性需要程度较高的消费者，数量限制的促销评价会高于时间限制的促销。

感知易达性是资源的一种属性，其他情景同样存在感知易达性问题。例如，网络购物中送货时间会影响资源的感知易达性，当送货时间较长时，感知易达性会下降。但是，实体店和网络店铺的感知易达性的比较存在较大难度，实体店之间由于选址的差异而容易比较出感知易达性，而网络店铺虽然在选择购买上易达性较高，而在得到商品的时间却长于实体店购物所需要的时间。未来研究中，可以进一步探索网络店铺中的感知易达性问题，包括选择决策的感知易达性和获得资源的感知易达性等多重维度。在本实验中，具体的时间点（决策时间点是促销开始后第 1 天、第 2 天……第 6 天）的设置可能是一个边界条件，这是本实验存在的不足之处。因为促销开始后的时间越久，数量限制的促销的吸引力会越弱，原因在于得到购买机会的不确定性明显增加了。但是，鉴于设置具体时间点将需要数倍于现有实验中的被试，实验成本过高而得到的结果意义不大。而且以往研究（e. g. Aggarwal, Jun and Huh, 2011[①]；金立印，2005[②]）也没有设置明确的时间点，因而本实验中沿袭以往的研究情景，并没有设置具体的时间点。另外，促销限制类型、感知易达性和认知闭合需要的三重交互效应对因变量"参与促销的可能性"的影响是显著的，三重交互项对因变量"促销态度"的影响是不显著的。这可能是因为三重效应的存在是源于认知闭合需要较高的个体对于较远卖场的限量促销产生担忧而抑制了参与促销活动的可能性，但是，这类消费者并没有因此而主观上贬低促销活动。

---

① Aggarwal, Praveen, Sung Youl Jun and Jong Ho Huh, "Scarcity Messages", *Journal of Advertising*, Vol. 40, No. 3, 2011, pp. 19 – 30.

② 金立印：《产品稀缺信息对消费者购买行为影响之实证分析》，《商业经济与管理》2005 年第 8 期。

本章小结

　　本章通过一个预测试和两个实验研究检验了研究模型一中的一系列假设并得到了验证。预测试确定了实验一和实验二使用实验情景中的具体数值，因为两种促销限制的实验条件需要在潜在吸引力上保持一致。实验一使用了混合实验设计，其中，感知易达性是组间因素，而数量或时间限制为组内因素。在制定的购买机会感知易达性高（或低）的情景中，被试需要对比数量限制和时间限制哪一种对自己的吸引力更高并陈述具体的选择原因，通过文本分析将帮助研究明确消费者决策过程的内在机制，特别是在不同情景中存在不同的反应机制。实验一中，被试除了要进行选择（二选一），还要陈述选择的原因。通过卡方检验，数据结果证实了假设一，即购买机会的感知易达性与促销购买限制类型的交互作用会影响消费者对促销活动的反应。通过开放式问题，本书发现了"消费者竞争"和"购买机会的确定性"在交互作用发生过程中的重要作用。在实验二中，在实验一的基础上增加了对相关中介变量和消费者个性变量的测量。通过方差分析、回归分析、Bootstrap 分析、Spotlight 分析等检验了研究提出的一系列假设，包括感知消费者竞争和购买机会确定性的中介作用，以及认知闭合需要和独特性需要对消费者反应产生的调节效应。

第六章 身份限制（排他性促销）对
消费者反应的影响

本章针对研究模型二中的研究假设（假设 4 – 6 至假设 4 – 16）进行实验设计和假设检验。本章主要包括三个部分的内容，通过三个实验研究分别检验了研究模型二中提出的四个影响因素及其作用机制。其中，第一个实验检验了两个自变量及其作用机制，而第二个和第三个实验分别检验了一个自变量及其作用机制。

第一节 实验三

实验三的目的是检验促销幅度与获得目标群体成员资格难度两个影响因素对劣势消费者的影响，以及交易的感知公平性和限制的感知合理性的中介作用。

一 实验设计

北方地区某综合性大学 108 名本科生参加了此次实验，其中男生 31 名（28.70%），平均年龄 20.23 岁（SD = 1.287），18 岁 8 人（7.40%），19 岁 28 人（25.90%），20 岁 27 人（25.00%），21 岁 24 人（22.20%），22 岁 18 人（16.70%），23 岁 3 人（2.80%）。每名被试得到固定金额的报酬（5 元钱）。实验三使用了本科生样本作为被试，原因在于该实验通过产品降价幅度和会员门槛来操纵自变量，而这些因素的操纵效果会明显受到被试收入、职业等因素的影响。为了有效地控制不相关因素对实验结果的影响，本书使用了同质性较高的本科生样本作为被试以解决上述问题。

实验采用了 2（促销幅度：大 vs. 小）×2（获得目标群体成员资格难度：高 vs. 低）的组间实验设计。首先要突出情景中促销具有排他性且被试被排除在外。其他消费者可以获得促销机会，但被试所在的非目标群体无法得到促销机会，促销的排他性得到了突出。情景中将出现两个虚拟品牌，品牌 A 和品牌 B。品牌 A 正在进行促销活动，但是获得促销机会需要满足一定的要求。品牌 B 没有进行促销。情景中的被试被品牌 A 的促销活动排除在外。在实验中，品牌 A 是研究的焦点品牌，品牌 B 在实验中出现的目的在于衬托品牌 A。

首先告知被试"您打算在学校附近的某家数码商店购买一款MP3"。有两款 MP3 播放器，分别是品牌 A 和品牌 B，被试需要从中做出选择。两款 MP3 在存储容量上是一样的，外观吸引力无明显差别。但是，在另外两个非价格属性（音质和电池）上各有优势。品牌A 具有最新音效技术，音质更加清澈；品牌 B 具有超长待机时间。目前，品牌 A 正在进行促销活动，而品牌 B 没有促销活动。两款产品的原价都是 299 元（具体内容详见附录 C）。在促销幅度较小组中，品牌 A 的促销价是 289 元；在促销幅度较大组中，品牌 A 的促销价是199 元。但是，品牌 A 的促销价格仅针对会员顾客促销，其他非会员顾客无法获得促销价格，需要支付 299 元全价。在获得目标群体成员资格难度较低组中，获得会员资格的方式是"累计购买 500 元即可成为该店铺的会员"；在获得目标群体成员资格难度较高组中，获得会员资格的方式是"累计购买 5000 元即可成为该店铺的会员"。在上述情景中，品牌 A 和品牌 B 各有优势以此形成权衡决策。从两类非价格属性（音质和电池）上看，品牌 A 的属性优势比较明显，而品牌 B 的属性优势较小，但是，品牌 A 存在价格歧视，对于劣势消费者来说，可能会由于价格歧视的存在而降低对品牌 A 的偏好。本实验的目的在于考察两个自变量（促销幅度和获得目标群体成员资格的难度）是否可以帮助劣势消费者降低价格歧视带来的心理成本。

在被试阅读完情景信息后，需要回答一系列问题。

首先，测量因变量消费者偏好，具体测量题项为"如果您要在品牌 A 和品牌 B 之间做出选择，您更可能选择哪一个？"（1＝更可能选择品牌 A，4 = 选择品牌 A 和品牌 B 的可能性一样，7 = 更可能选择品牌 B）。该测量题项借鉴了巴罗尼和罗伊（2010b）[①] 的研究。进行数据处理时，先将该测量题项进行反编码，反编码之后，数字越小表明劣势消费者对促销不可得的反应越消极，对焦点品牌 A 的偏好越弱。

其次，测量两个中介变量交易的感知公平性和限制的感知合理性。以往研究中对价格感知公平性的测量方法是直接询问被试他或她认为的公平程度（e. g. Bolton, Warlop and Alba, 2003[②]），因而本书中交易的感知公平性的测量题项为"会员购买品牌 A 只需要促销价 289 元/199 元，而您作为非会员购买品牌 A 需要支付全价 299 元，对于这一交易您感到："（1 = 非常不公平，7 = 非常公平）。以往研究中仅存在决策的感知合理性量表（e. g. Inman and Zeelenberg, 2002[③]，题项包括决策的合理化、决策易于辩护、决策是符合逻辑的），但是，文献中没有限制的感知合理性量表。由于决策合理化是消费者为自身决策寻找理由或使理由足够正当的过程，而促销限制的感知合理性是对企业设置限制的理由是否正当的判断，因而两种感知合理性的测量存在差异。本书通过消费者访谈自行编制了限制合理性量表。促销限制的感知合理性的测量题项为"品牌 A 的促销价格仅限于该店铺的会员购买，而您由于不属于会员而无法购买，那么您认为该促销限制是："（1 = 非常不合理，7 = 非常合理；1 = 非常不正当，7 = 非常正当）。

再次，进行自变量的操纵检验。分别检验促销幅度与获得目标群体成员资格难度这两个自变量。促销幅度的操纵检查题项为"根据上述情景，您认为品牌 A 的促销幅度："（1 = 非常小，7 = 非常大）。获

① Barone, Michael J. and Tirthankar Roy, "The Effect of Deal Exclusivity on Consumer Response to Targeted Price Promotions: A Social Identification Perspective", *Journal of Consumer Psychology*, Vol. 20, No. 1, 2010b, pp. 78 – 89.

② Bolton, Lisa E., Luk Warlop and Joseph W. Alba, "Consumer Perceptions of Price (un) Fairness", *Journal of Consumer Research*, Vol. 29, No. 4, 2003, pp. 474 – 491.

③ Inman, J. Jeffrey and Marcel Zeelenberg, "Regret in Repeat Purchase Versus Switching Decisions: The Attenuating Role of Decision Justifiability", *Journal of Consumer Research*, Vol. 29, No. 1, 2002, pp. 116 – 128.

得目标群体成员资格难度的操纵检查题项为"根据上述情景，您认为在该家店铺获得会员的资格的难度："（1＝非常小，7＝非常大）。

最后，测量被试的个人信息，包括性别和年龄。实验结束后，工作人员对被试表明感谢并支付承诺的报酬。

二　实验结果

首先，进行信度检验和自变量的操纵检验。结果显示，感知合理性的可靠度系数为 0.900，达到可接受标准。自变量折扣幅度的操纵是有效的，折扣较高组被试的感知折扣（M＝4.868，SD＝1.241）明显高于折扣较低组（M＝2.018，SD＝1.097）[F(1, 106)＝160.174，p<0.001]。自变量获得目标群体成员资格的难度的操纵是有效的，难度较高组被试的感知获得难度（M＝5.054，SD＝1.742）明显高于难度较低组（M＝3.519，SD＝1.540）[F(1, 106)＝23.377，p<0.001]。

其次，检验假设 4-6 至假设 4-8，即在具有身份限制的排他性促销中，交易的感知公平性越低，劣势消费者的反应越消极；在具有身份限制的排他性促销中，限制的感知合理性越低，劣势消费者的反应越消极；在具有身份限制的排他性促销中，交易的感知公平性与限制的感知合理性呈显著正相关关系。回归分析显示，交易的感知公平性显著影响了劣势消费者对焦点品牌（品牌 A）的选择偏好[F(1, 106)＝41.882，p<0.001]，限制的感知合理性同样显著影响了劣势消费者对焦点品牌（品牌 A）的选择偏好[F(1, 106)＝17.930，p<0.001]。相关分析显示，交易的感知公平性与限制的感知合理性呈显著的正相关关系（Pearson 系数 r＝0.658，p<0.001）。由此假设4-6 至假设 4-8 得以验证。

再次，检验促销幅度和获得目标群体成员资格难度对劣势消费者反应影响。二元方差分析显示，促销幅度对劣势消费者焦点品牌偏好的影响是显著的[F(1, 104)＝6.055，p＝0.016<0.05]，获得目标群体成员资格难度对劣势消费者焦点品牌偏好的影响也是显著的[F(1, 104)＝4.443，p＝0.037<0.05]，但是，两个自变量的交互项对劣势消费者焦点品牌偏好的影响是不显著的[F(1, 104)＝

0.329，p > 0.1]。促销幅度较大时，劣势消费者选择焦点品牌的偏好（M = 4.283，SD = 2.231）低于促销幅度较小时（M = 5.236，SD = 1.943）。获得目标群体成员资格难度较高时，劣势消费者选择焦点品牌的偏好（M = 5.161，SD = 2.113）高于获得目标群体成员资格难度较低时（M = 4.346，SD = 2.095）。

最后，检验交易的感知公平性和限制的感知合理性的中介作用。通过 Bootstrap 方法检验交易的感知公平性在促销幅度影响劣势消费者反应过程中的中介作用，自变量（促销幅度）到因变量（品牌偏好）的间接效应和间接效应的标准差通过 bias - corrected bootstrap 方法（5000 次）进行估计（Preacher，Rucker and Hayes，2007[①]）。Boot-strap 给出了 Baron 和 Kenny（1986）[②] 中介检验的结果，从而得到相应系数（见图 6 - 1）。自变量通过中介变量进而影响因变量的间接效应是显著的（95% CI：LLCI = - 0.270，ULCI = - 0.061，不包含 0），而自变量对因变量的直接效应是不显著的（β = - 0.073，SE = 0.086，p > 0.1）。由此可见，交易的感知公平性完全中介了促销幅度对劣势消费者焦点品牌偏好的影响，假设 4 - 10 得以验证。

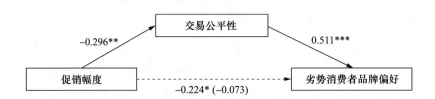

图 6 - 1　交易感知公平性的中介作用

注：∗ 表示 p < 0.05，∗∗ 表示 p < 0.01，∗∗∗ 表示 p < 0.001。

资料来源：笔者整理。

① Preacher, Kristopher J., Derek D. Rucker and Andrew F. Hayes, "Addressing Moderated Mediation Hypotheses: Theory, Methods and Prescriptions", *Multivariate Behavioral Research*, Vol. 42, No. 1, 2007, pp. 185 - 227.

② Baron, Reuben M. and David A. Kenny, "The Moderator - Mediator Variable Distinction in Social Psychological Research: Conceptual, Strategic and Statistical Considerations", *Journal of Personality and Social Psychology*, Vol. 51, No. 6, 1986, pp. 1173 - 1182.

如果把促销幅度作为自变量，劣势消费者对焦点品牌偏好作为因变量，把交易的感知公平性和限制的感知合理性作为中介变量，利用Bootstrap 方法再次进行中介效应检验。Bootstrap 给出了巴伦和肯尼（1986）[1] 中介检验的结果，从而得到相应系数（见图 6 − 2）。自变量通过交易感知公平性进而影响因变量的间接效应是显著的（95% CI：LLCI = − 0.263，ULCI = − 0.058，不包含 0），自变量通过限制感知合理性进而影响因变量的间接效应是不显著的（95% CI：LLCI = − 0.089，ULCI = 0.052，包含 0），并且自变量对因变量的直接效应是不显著的（β = − 0.070，SE = 0.087，p > 0.1）。由此可见，在促销幅度影响劣势消费者对焦点品牌偏好的过程中，交易的感知公平性起到了完全中介作用，而限制的感知合理性没有起到中介作用，与本书提出的假设是一致的。

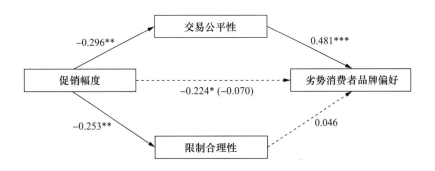

图 6 − 2　促销幅度—劣势消费者品牌偏好的中介变量检验

注：＊表示 p < 0.05，＊＊表示 p < 0.01，＊＊＊表示 p < 0.001。

资料来源：笔者整理。

再次，通过 Bootstrap 方法检验限制的感知合理性在获得目标群体成员资格难度影响劣势消费者反应过程中的中介作用，自变量（获得目标群体成员资格难度）到因变量（品牌偏好）的间接效应和间接

---

① Baron, Reuben M. and David A. Kenny, "The Moderator − Mediator Variable Distinction in Social Psychological Research: Conceptual, Strategic and Statistical Considerations", *Journal of Personality and Social Psychology*, Vol. 51, No. 6, 1986, pp. 1173 − 1182.

效应的标准差通过 Bias – Corrected Bootstrap 方法（5000 次）进行估计（Preacher，Rucker and Hayes，2007[①]）。Bootstrap 给出了巴伦和肯尼（1986）[②] 中介检验的结果，从而得到相应系数（见图6－3）。自变量通过中介变量进而影响因变量的间接效应是显著的（95% CI：LLCI = 0.022，ULCI = 0.177，不包含 0），而自变量对因变量的直接效应是不显著的（β = 0.111，SE = 0.092，p > 0.1）。由此可见，限制的感知合理性完全中介了获得目标群体成员资格难度对劣势消费者焦点品牌偏好的影响，假设 4 – 16 得以验证。

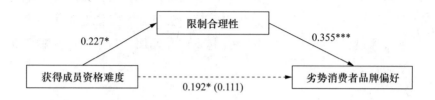

图 6 – 3　限制感知合理性的中介作用

注：＊表示 p < 0.05，＊＊＊表示 p < 0.001。

资料来源：笔者整理。

如果把获得目标群体成员资格难度作为自变量，劣势消费者对焦点品牌偏好作为因变量，把交易的感知公平性和限制的感知合理性同时作为中介变量，利用 Bootstrap 方法再次进行中介效应检验。Bootstrap 给出了巴伦和肯尼（1986）[③] 中介检验的结果，从而得到相应系数（见图6－4）。自变量通过交易感知公平性进而影响因变量的间接效应是不显著的（95% CI：LLCI = － 0.007，ULCI = 0.209，包含 0），自变量通过限制感知合理性进而影响因变量的间接效应是不显著的

① Preacher，Kristopher J.，Derek D. Rucker and Andrew F. Hayes，"Addressing Moderated Mediation Hypotheses：Theory，Methods and Prescriptions"，*Multivariate Behavioral Research*，Vol. 42，No. 1，2007，pp. 185 – 227.

② Baron，Reuben M. and David A. Kenny，"The Moderator – Mediator Variable Distinction in Social Psychological Research：Conceptual，Strategic and Statistical Considerations"，*Journal of Personality and Social Psychology*，Vol. 51，No. 6，1986，pp. 1173 – 1182.

③ Ibid. .

（95% CI：LLCI = −0.049，ULCI = 0.073，包含 0），并且自变量对因变量的直接效应是不显著的（β = 0.102，SE = 0.085，p > 0.1）。由此可见，在自变量影响因变量的过程中，交易感知公平性和限制感知合理性的单独间接效应均是不显著的，自变量影响因变量的直接效应是不显著的，而交易的感知公平性与限制的感知合理性呈显著正相关关系（Pearson 系数 r = 0.658，p < 0.001）。于是，本书提出如图 6 − 5 所示的双中介模型。

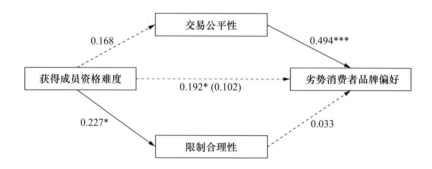

图 6 − 4　获得目标群体成员资格难度—劣势消费者品牌偏好的中介变量检验

注：∗ 表示 p < 0.05，∗∗∗ 表示 p < 0.001。

资料来源：笔者整理。

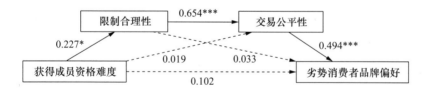

图 6 − 5　获得目标群体成员资格难度—劣势消费者品牌偏好的双中介模型

注：∗ 表示 p < 0.05，∗∗∗ 表示 p < 0.001。

资料来源：笔者整理。

使用 Bootstrap 方法检验如图 6 − 5 所示的双中介模型。该模型与

Hayes（2013）[1] 提出的模型 6（见图 6 - 6）是一致的。各路径系数及显著度如图 6 - 5 所示。结果显示，路径"自变量—限制感知合理性—因变量"的间接效应是不显著的（95% CI：LLCI = - 0.050，ULCI = 0.071，包含 0），路径"自变量—交易感知公平性—因变量"的间接效应是不显著的（95% CI：LLCI = - 0.056，ULCI = 0.087，包含 0），路径"自变量—限制感知合理性—交易感知公平性—因变量"的间接效应是显著的（95% CI：LLCI = 0.019，ULCI = 0.167，不包含 0）。自变量到因变量的直接效应是不显著的（95% CI：LLCI = - 0.066，ULCI = 0.269，包含 0）。由此可见，获得目标群体成员资格的难度影响劣势消费者焦点品牌偏好的过程中，交易感知合理性和交易感知公平性依次起到了中介作用，假设 4 - 12 需要做出相应的修正。

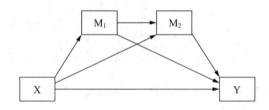

图 6 - 6　双中介模型

资料来源：Hayes（2013）[2]：模型 6。

三　讨论

实验三检验了促销幅度与获得目标群体成员资格难度两个影响因素对劣势消费者的影响。实验结果表明，促销幅度的增加会明显提高劣势消费者的消极反应，原因在于交易的感知公平性的降低。在获得目标群体成员资格难度影响劣势消费者反应的过程中，虽然在忽略交易的感知公平性时，限制的感知合理性起到了完全中介作用，但是，

① Hayes, Andrew F., "Introduction to Mediation, Moderation and Conditional Process Analysis: A Regression - based Approach", *Journal of Educational Measurement*, Vol. 51, No. 3, 2013, pp. 335 - 337.

② Ibid. .

当把交易的感知公平性纳入模型后，限制的感知合理性就无法单独中介自变量到因变量之间的关系。于是，本书提出了"获得目标群体成员资格难度—限制的感知合理性—交易的感知公平性—劣势消费者反应"的双中介模型，并且两个中介变量依次共同完全中介了自变量到因变量之间的关系。与前文提出的观点相一致，交易的感知公平性更多地依赖于社会比较（特别是价格比较），但限制的感知合理性主要受到其他情景因素（如获得目标群体成员资格难度），限制的感知合理性会通过产生偏差性认知而影响交易的感知公平性。交易的感知公平性不仅依赖于社会比较的结果，还依赖于情景因素的偏差性影响，即同样的比较结果下，当限制的感知合理性更高时，交易的感知公平性的程度会有所提升。

第二节　实验四

实验四的目的是检验目标群体与企业产品的匹配程度对劣势消费者的影响以及限制合理性的中介作用。

一　实验设计

本实验将普通消费者作为样本。由于本实验中出现了"教师"这一职业，而学生与教师接触较多并持有固有的积极态度，可能对实验结果造成影响。在具有具体产品价格的实验三中，被试收入的差异会对实验结果产生影响，因而选择了同质性较高的本科生样本。与实验三不同，实验四中没有出现具体的产品价格，实验四通过目标群体与企业产品的变换来实现目标群体与企业产品的匹配性的操纵，收入和职业的差异不会对实验结果造成显著影响。为了提高实验结果的外部效度，因而选择了普通消费者作为样本。

实验四共回收问卷180份，剔除有空缺回答、答案矛盾（感知公平性的两个测量题项中有一个题项需要反编码，如果两个题项的结果存在明显矛盾则问卷为无效问卷）或不符合职业要求（运动员或教师）的问卷35份，回收有效问卷145份，有效率达80.56%。有效样本中男性 60 人，占 41.38%。年龄分布为：15—20 岁有 1 人，占 0.69%；21—25 岁有 18 人，占 12.41%；26—30 岁有 59 人，占 40.69%；31—40 岁有 54 人，占 37.24%；41—50 岁有 12 人，占 8.28%；51—60 岁有 1 人，占 0.69%。学历分布为：中专有 4 人，占 2.76%；大专有 27 人，占 18.62%；大学本科有 104 人，占 71.72%；硕士研究生有 8 人，占 5.52%；博士研究生有 2 人，占 1.38%。月收入分布为：没有收入有 3 人，占 2.07%；2000 元以下有 10 人，占 6.90%；2000—3000 元有 26 人，占 17.93%；3000—5000 元有 31 人，占 21.38%；5000—8000 元有 37 人，占 25.52%；8000—15000 元有 30 人，占 20.69%；15000 元以上有 8 人，占 5.52%。

实验四采用专业调查网站发放调查问卷，一部分被试来自该调查网站的申请推荐，被试主动参与问卷调查并获得网站积分，积分可以用于兑换礼物；另一部分被试来自邮件寄发问卷调查网页界面的链接，邀请被试参与问卷填答。之所以采用这种方法发放问卷并回收是基于下述原因：

首先，本实验情景中出现了"教师"这一群体，学生样本与教师接触较多，实验结果容易受到被试对教师的固有积极态度的影响，因而不适合采用学生样本，更适合使用普通消费者样本。

其次，与传统纸质问卷相比，通过专业网站发放问卷得到样本的随机性更强，人群覆盖面更广，这样，可以增加样本的多样性，使实验样本更接近于普通人群特征，与学生样本相比更具有代表性，提高了实验结果的外部效度。

再次，参与调查的被试多为主动参与者，属于自选择参与的调查，降低了被试本不愿参与调查而不认真填答的可能。

最后，通过网站的技术支持，可以保障被试被随机分入不同组中并保证每台电脑和 IP 地址只有一次填答问卷的机会，从而防止了被试重复填答问卷。

实验采用了 2（目标群体：运动员 vs 教师）×2（企业产品：体育用品 vs. 图书）的组间实验设计。当目标群体与企业产品为"体育用品—运动员""图书—教师"时属于高匹配度，当目标群体与企业产品为"体育用品—教师""图书—运动员"时属于低匹配度，并且在后面的回答问题中进行自变量的操纵检验。具体来说，在目标群体与企业产品的匹配性较高的组包括两个组：一是"体育用品—运动员"，本书选择了运动员群体作为体育用品制造商的促销对象；二是"图书—教师"，本书选择了持有教师证的老师群体作为图书出版社的促销对象。而在目标群体与企业产品的匹配性较低的组也包括两个组：一是"体育用品—教师"，本书选择了持有教师证的老师群体作为体育用品制造商的促销对象；二是"图书—运动员"，本书选择了运动员群体作为图书出版社的促销对象。

被试被随机分为四组，每组被试将阅读到下述四种情景中的一种：

情景一：某体育用品制造商宣布了一则促销优惠活动，促销活动期间体育运动员可以凭有效证件获得该家企业的超低折扣优惠机会（仅需支付原价的50%）。很遗憾，您并不是体育运动员，您无法获得此促销机会。您在获得该促销信息前，刚好看上了这家企业的一套体育用品并计划购买。您意识到自己无法获得五折优惠，而是要支付产品的原价。

情景二：某体育用品制造商宣布了一则促销优惠活动，促销活动期间教师可以凭有效证件（教师证）获得该家企业的超低折扣优惠机会（仅需支付原价的50%）。很遗憾，您并不是教师，您无法获得此促销机会。您在获得该促销信息前，刚好看上了这家企业的一套体育用品并计划购买。您意识到自己无法获得五折优惠，而是要支付产品的原价。

情景三：某图书出版社宣布了一则促销优惠活动，促销活动期间教师可以凭有效证件（教师证）获得该家企业的超低折扣优惠机会（仅需支付原价的50%）。很遗憾，您并不是教师，您无法获得此促销机会。您在获得该促销信息前，刚好看上了这家企业的一套图书并计划购买。您意识到自己无法获得五折优惠，而是要支付产品的原价。

情景四：某图书出版社宣布了一则促销优惠活动，促销活动期间体育运动员可以凭有效证件获得该家企业的超低折扣优惠机会（仅需支付原价的50%）。很遗憾，您并不是体育运动员，您无法获得此促销机会。您在获得该促销信息前，刚好看上了这家企业的一套图书并计划购买。您意识到自己无法获得五折优惠，而是要支付产品的原价。

在被试看完上述情景后，需要回答一系列问题。

首先，询问被试"面对企业推出这样的促销信息，您是否愿意购买这家企业的产品？"（1 = 非常不愿意，7 = 非常愿意）"您在多大程度上想要购买这家企业的产品"（1 = 一点也不想购买；7 = 非常想购买）（Tsiros，2009[①]）。以此测量购买意向。

其次，测量被试对交易的感知公平性、促销限制的感知合理性。感知公平性的测量方法借鉴了前人的研究。在坎贝尔（Campbell，1999）的研究中，对不公平感知的评价是让被试从1—7 中选择一个数字，1 表示非常公平，7 表示非常不公平，其中1—3 表示公平，5—7 表示不公平，4 表示两个都不是。[②] 此外，坎贝尔（1999）还让被试对"这一价格是不公平的"这句陈述的同意程度打分，1 表示强烈同意，7 表示强烈不同意。[③] 两个测量题项求平均数作为感知公平性的指标。在本书中，被试需要对两个测量题项打分用以测量感知公平性，分别是"对于运动员/教师支付了更低的价格，您认为这是"（1 = 非常不公平，7 = 非常公平）"运动员/教师只需要支付五折价格，而您需要支付产品的原价。您认为您所支付的价格是不公平的"（1 = 非常不同意，7 = 非常同意）（此题项需要反编码）。促销限制的感知合理性的测量题项为"该促销活动仅限于运动员/教师群体购买，而您由于不属于运动员/教师而无法购买，那么您认为该促销限制是："

---

① Tsiros, Michael, "Releasing the Regret Lock: Consumer Response to New Alternatives after a Sale", *Journal of Consumer Research*, Vol. 35, No. 6, 2009, pp. 1039 – 1059.

② Campbell, Margaret C., "Perceptions of Price Unfairness: Antecedents and Consequences", *Journal of Marketing Research*, Vol. 36, No. 2, 1999, pp. 187 – 199.

③ Ibid. .

（1 = 非常不合理，7 = 非常合理；1 = 非常不正当，7 = 非常正当）。

再次，进行自变量的操纵检验。目标群体与企业产品的匹配性的操纵检验借鉴了以往的研究。例如，Chien、Cornwell 和 Pappu（2011）的实验中让被试评价赞助商与活动性质的感知匹配性（1 = poor matched/7 = well matched），用该题项进行了自变量（匹配性）的操纵检验。[①] 本实验的测量题项为"请您评价企业这项促销活动的对象（运动员/教师）与企业产品的感知匹配性"（1 = 非常不匹配，7 = 非常匹配）。

最后，测量了被试的个人信息即人口统计学变量，包括性别、年龄、学历、职业、月收入。本书排除了教师和运动员这两种职业的被试。

二　实验结果

本实验中被试被随机分为四组，其中，"体育用品—运动员"组和"图书—教师"组为高匹配组，"体育用品—教师"组和"图书—运动员"组为低匹配组。自变量的操纵检验显示，在高匹配组被试对促销活动的对象与企业产品的感知匹配性（M = 4.784，SD = 1.436）明显高于低匹配组（M = 3.761，SD = 1.760）[$F_{(1, 143)}$ = 14.763，$p < 0.001$]。信度检验显示，购买意向量表的可靠度系数是 0.897，感知公平性量表的可靠度系数是 0.671，感知合理性量表的可靠度系数是 0.867，均达可接受水平。其中，感知公平性量表的可靠度系数稍低的原因在于，题项一的刻度仅包括不公平感知（仅负向认知一侧），而题项二的刻度包括不公平感知和公平感知（负向认知和正向认知两侧），造成两个题项的一致性有所下降。

首先，检验假设 4 – 11，在具有身份限制的排他性促销活动中，目标群体与企业产品的匹配程度会正向影响劣势消费者的反应。单因素方差分析显示，当目标群体与企业产品不匹配时（M = 4.000，SD = 1.643）劣势消费者的购买意向显著低于匹配时（M = 4.723，

① Chien, P. Monica, T. Bettina Cornwell and Ravi Pappu, "Sponsorship Portfolio as a Brand – Image Creation Strategy", *Journal of Business Research*, Vol. 64, No. 2, 2011, pp. 142 – 149.

SD = 1.603）［F（1，143）= 7.192，p = 0.008 < 0.01］（见图 6 - 7）。在"体育用品—运动员"组（M = 4.639，SD = 1.382）和"图书—教师"组（M = 4.803，SD = 1.803）中被试的购买意向均高于"体育用品—教师"（M = 4.264，SD = 1.427）组和"图书—运动员"组（M = 3.729，SD = 1.820）。此外，回归分析显示，目标群体与企业产品的感知匹配性（自变量的操纵检验）显著影响了劣势消费者的购买意向［F（1，143）= 218.714，p < 0.001］。由此验证了假设 4 - 11，目标群体与企业产品的匹配程度会正向影响劣势消费者的反应。目标群体与企业产品的匹配程度越低，劣势消费者的反应越消极。

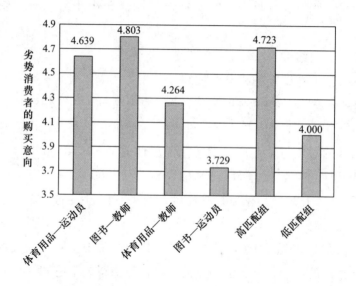

图 6 - 7 不同组中劣势消费者的购买意向

资料来源：笔者整理。

其次，检验假设 4 - 12，在排他性促销中，限制的感知合理性在目标群体与企业的匹配度影响劣势消费者反应中起到了中介作用。本书通过 Bootstrap 方法检验限制合理性感知的中介作用，自变量（高/低匹配）到因变量（购买意向）的间接效应和间接效应的标准差通过 Bias - Corrected Bootstrap 方法（5000 次）进行估计（Preacher，

Rucker and Hayes，2007[1]）。Bootstrap 给出了巴伦和肯尼（1986）[2] 中介检验的结果，从而得到相应系数（见图 6 – 8）。自变量通过中介变量进而影响因变量的间接效应是显著的（95% CI：LLCI = 0. 150，UL-CI = 0. 880，不包含 0），而自变量对因变量的直接效应是不显著的（β = 0. 222，SE = 0. 201，p > 0. 1）。可见，限制合理性感知在高/低匹配影响购买意向的过程中起到了完全中介作用，假设 4 – 12 得以验证。

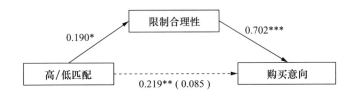

图 6 – 8　限制感知合理性的中介作用

注：标准化回归系数，∗ 表示 p < 0. 05，∗∗ 表示 p < 0. 01，∗∗∗ 表示 p < 0. 001。

资料来源：笔者整理。

再次，检验假设 4 – 6 至假设 4 – 8，即在具有身份限制的排他性促销中，交易的感知公平性越低，劣势消费者的反应越消极；在具有身份限制的排他性促销中，限制的感知合理性越低，劣势消费者的反应越消极；在具有身份限制的排他性促销中，交易的感知公平性与限制的感知合理性呈正相关关系。回归分析显示，限制合理性感知显著影响了购买意向［F(1，143) = 140. 686，p < 0. 001］，而交易公平性感知也显著影响了购买意向［F(1，143) = 60. 202，p < 0. 001］。相关分析显示，限制合理性感知与交易公平性感知之间呈显著正相关

① Preacher，Kristopher J. ，Derek D. Rucker and Andrew F. Hayes，"Addressing Moderated Mediation Hypotheses：Theory，Methods and Prescriptions"，*Multivariate Behavioral Research*，Vol. 42，No. 1，2007，pp. 185 – 227.

② Baron，Reuben M. and David A. Kenny，"The Moderator – Mediator Variable Distinction in Social Psychological Research：Conceptual，Strategic and Statistical Considerations"，*Journal of Personality and Social Psychology*，Vol. 51，No. 6，1986，pp. 1173 – 1182.

关系（Pearson 系数 r = 0.672，p < 0.001）。假设 4 - 6、假设 4 - 7 和假设 4 - 8 得以验证。

最后，如果把目标群体与企业的匹配度作为自变量，劣势消费者对焦点品牌偏好作为因变量，把交易的感知公平性和限制的感知合理性同时作为中介变量，利用 Bootstrap 方法再次进行中介效应检验。结果显示，Bootstrap 给出了巴伦和肯尼（1986）[1] 中介检验的结果，从而得到相应系数（见图 6 - 9）。自变量通过交易感知公平性进而影响因变量的间接效应是不显著的（95% CI：LLCI = - 0.003，ULCI = 0.083，包含 0），自变量通过限制感知合理性进而影响因变量的间接效应是显著的（95% CI：LLCI = 0.041，ULCI = 0.247，不包含 0），并且自变量对因变量的直接效应是不显著的（β = 0.064，SE = 0.061，p > 0.1）。由此可见，在本实验情景中，交易的感知公平性没有起到中介作用，限制的感知合理性起到了中介作用。限制合理性对于引发劣势消费者消极反应中的解释力要高于交易公平性感知。因而，目标群体与企业产品的匹配性影响劣势消费者反应的过程更合适使用限制合理性作为中介变量进行解释。

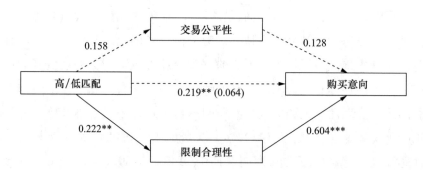

图 6 - 9 目标群体与企业的匹配度—劣势消费者购买意向的中介变量检验

注：** 表示 p < 0.01，*** 表示 p < 0.001。

资料来源：笔者整理。

---

[1] Baron, Reuben M. and David A. Kenny, "The Moderator - Mediator Variable Distinction in Social Psychological Research: Conceptual, Strategic and Statistical Considerations", *Journal of Personality and Social Psychology*, Vol. 51, No. 6, 1986, pp. 1173 - 1182.

三　讨论

实验四主要验证了目标群体与企业产品的匹配程度会正向影响劣势消费者的反应。目标群体与企业产品的匹配程度越低，劣势消费者的反应越消极。限制的感知合理性在目标群体与企业的匹配度影响劣势消费者反应中起到了中介作用。本实验可以观察到，在两个高匹配组中，"体育用品—运动员"组（M = 4.639，SD = 1.382）和"图书—教师"组（M = 4.803，SD = 1.803），教师组的购买意向更高；在两个低匹配组中，"体育用品—教师"（M = 4.264，SD = 1.427）组和"图书—运动员"组（M = 3.729，SD = 1.820），教师组的购买意向更高。这可能是由于被试对不同群体的态度会影响劣势消费者的反应，中国传统文化向来崇尚尊师重教，使普通民众对教师职业具有更为积极的态度。因而，对目标群体的态度在影响劣势消费者反应的过程中可能起到了重要的作用，未来研究中可以进一步探索。

第三节　实验五

实验五的目的是检验非目标群体的群体规模对劣势消费者的影响以及限制合理性的中介作用。

一　实验设计

本实验共回收问卷 75 份，删去答错甄别题、自己或父母在上海地区的被试和认真度自评小于 4 的问卷共 17 份。有效样本 58 人，有效率达到 77.33%。其中男性 27 人，占 46.6%。年龄分布为：21—25 岁有5 人，占 8.6%；26—30 岁有 24 人，占 41.4%；31—40 岁有 27 人，占46.50%；41—50 岁有 2 人，占 3.4%。学历分布为：大专有 5 人，占8.6%；大学本科有 43 人，占 74.1%；硕士有 10 人，占 17.20%。月收入分布为：2000—3000 元有 4 人，占 6.9%；3001—5000 元有31 人，占 53.40%；5001—8000 元有 14 人，占 24.10%；8001—15000 元有 6 人，占 10.30%；15001—50000 元有 3 人，占 5.2%。

实验五采用专业调查网站发放调查问卷，一部分被试来自该调查网站的申请推荐，被试主动参与问卷调查并获得网站积分，积分可以用于兑换礼物；另一部分被试来自邮件寄发问卷调查网页界面的链接，邀请被试参与问卷填答。之所以采用这种方法发放问卷并回收，是基于下述原因：首先，实验中购买产品的情景为网络购物，在线填答问卷相比于纸质问卷更贴近实际的购物场景。其次，通过网站调查，可以增加样本的多样性，使实验样本更接近于普通人群特征，与学生样本相比更具有代表性，提高了实验结果的外部效度。再次，参与调查的被试多为主动参与者，属于自选择参与的调查，降低了被试本不愿参与调查而不认真填答的可能。最后，通过网站的技术支持，可以保障被试被随机地分到不同组中并保证每台电脑和 IP 地址只有一次填答问卷的机会，从而防止了被试重复填答问卷。

实验五采用了单因素组间实验设计，被试被随机地分为非目标群体的群体规模较大组和较小组两组。其中，非目标群体的群体规模较大组 27 人，群体规模较小组 31 人。在实验材料中，被试将阅读一个帮助父母购买电视机的情景。请被试想象自己是情景中的主人公，并回答一系列问题。实验情景中的内容如下："您的父母决定购置一台新款电视机。由于他们的网购经验不足，所以委托您在网上选购一台电视机。经过一系列筛选，您对品牌 A 的某款电视机和品牌 B 的某款电视机比较中意和认可。这两个品牌都是 55 英寸高清 LED 液晶电视，并且两款电视的外观吸引力无明显差别。但是，两个品牌在两个非价格属性（USB 支持格式和操作系统）上各有优势。其中，品牌 A 的USB 支持格式更多，可以放映较多格式的视频或音频；品牌 B 的能效等级更高，即品牌 B 比品牌 A 相对来说更省电。"

在实验五中，本书使用了促销地理区域的大小来操纵非目标群体的群体规模。实验情景中之所以使用了产品促销价格的地理区域来操纵非目标群体的群体规模，这是因为，在中国各省市经常出现同样的产品具有不同最低价格的现象，也就是说，一些区域的消费者会发现自己所在的区域无法享受低价，必须支付更高的价格。例如，在某网络论坛上，来自河南省的消费者多次发表言论抱怨某知名电子生产商在河南的产品价格明显高于其他省市。笔者也曾经遭遇自己所在省市的某款大宗家电产品的价格明显高于某直辖市的价格。在非目标群体的群体规模较大组（编码为1）中，促销地理区域为"仅限上海地区购买"，具体陈述为"您使用了比价网站搜寻这两款电视机的最低价格。您发现，品牌A最低价格是5299元，但是该价格仅限于'上海地区'的消费者购买，其他地区的最低价格是5499元；品牌B的最低价格是5499元，您家所在的省（或直辖市）和其他绝大部分地区的最低价格都是5499元"。在非目标群体的群体规模较小组（编码为0）中，促销地理区域为"除了您家所在省（或直辖市）之外的大部分地区"，在被试阅读完情景信息后，需要回答一系列问题。

首先，被试需要回答三道甄别题，用于删去阅读材料不认真的被试。第一题甄别题是"在上述情景中，能够以5299元促销价购买到品牌A的是下列哪个区域中的消费者？请您从数字1—5中选择一个（正确答案是唯一的）——"[1=上海地区，2=您家所在的省（或直辖市），3=除您家所在省（或直辖市）之外的其他绝大部分地区，4=您家所在的省（或直辖市）和其他绝大部分地区，5=所有地区]。在非目标群体的群体规模较小组，此题必须回答3才可视为有效问卷；在非目标群体的群体规模较大组，此题必须回答1才可视为有效问卷。第二道甄别题是"如果您家购买品牌A需要花费多少钱？请您从数字1—3中选择一个（正确答案是唯一的）"（1=5299元，2=5499元，3=无法确定）。此题必须回答2才可被视为有效问卷。第三道甄别题是"如果您家购买品牌B需要花费多少钱？请您从数字1—3中选择一个（正确答案是唯一的）"（1=5299元，2=5499，3=无法确定）。此题必须回答2才可被视为有效问卷。

其次，测量因变量消费者偏好，具体测量题项为"如果您要在品牌A和品牌B之间做出选择，您更可能选择哪一个？"（1=更可能选择品牌A，4=选择品牌A和品牌B的可能性一样，7=更可能选择品牌B），该测量题项借鉴了巴罗尼和罗伊（2010b）[①] 的研究。进行数据处理时，先将该测量题项进行反编码，反编码之后，数字越小表明劣势消费者对促销不可得的反应越消极，对焦点品牌A的偏好越弱。

再次，测量两个中介变量交易公平性感知和限制合理性感知。以往研究中对价格感知公平性的测量方法是直接询问被试他或她认为的公平程度（e. g. Bolton，Warlop and Alba，2003[②]），因而本书中交易公平性感知的测量题项为"其他大部分省（或直辖市）的消费者购买品牌A只需要支付5299元，而您以及您所在省（或直辖市）的消费者购买品牌A需要支付5499元，对于这一交易您感到："（1＝非常不公平，7＝非常公平）或"上海地区的消费者购买品牌A只需要支付5299元，而您所在省（或直辖市）和其他绝大部分地区的消费者购买品牌A需要支付5499元，对于这一交易您感到："（1＝非常不公平，7＝非常公平）。限制的感知合理性的测量方法沿用了实验三的测量方法，测量题项为"品牌A的促销价格5299元具有区域限制，其他大部分省（或直辖市）都参与该促销价格，而您所在的地区不属于促销价格区域，因而您如果购买品牌A需要支付5499元，那么您认为该促销限制："（1＝非常不合理，7＝非常合理；1＝非常不正当，7＝非常正当）或"品牌A的促销价格5299元具有区域限制，该价格仅限于上海地区，而您所在的地区和其他绝大部分地区都不属于促销价格区域，因而您如果购买品牌A需要支付5499元，那么您认为该促销限制："（1＝非常不合理，7＝非常合理；1＝非常不正当，7＝非常正当）。

最后，测量了被试的个人信息即人口统计学变量，包括性别、年龄、学历、您目前工作和生活的省份（或直辖市）、您父母目前工作和生活的省份（或直辖市）（由于研究情景原因需要删去来自上海的被试）、月收入。

---

① Barone，Michael J. and Tirthankar Roy，"The Effect of Deal Exclusivity on Consumer Response to Targeted Price Promotions: A Social Identification Perspective"，*Journal of Consumer Psychology*，Vol. 20，No. 1，2010b，pp. 78 – 89.

② Bolton，Lisa E.，Luk Warlop and Joseph W. Alba，"Consumer Perceptions of Price（un）Fairness"，*Journal of Consumer Research*，Vol. 29，No. 4，2003，pp. 474 – 491.

二　实验结果

首先，检验假设 4 - 15，在具有身份限制的排他性促销中，非目标群体的群体规模会影响劣势消费者的反应，当非目标群体为小众群体时，相比于大众群体，劣势消费者对排他性促销的反应会更消极。单因素方差分析显示，非目标群体规模显著影响了劣势消费者对焦点品牌（品牌 A）的偏好 $[F(1, 56) = 10.941, p = 0.002 < 0.01]$。当非目标群体为小众群体时，劣势消费者对焦点品牌的偏好（M = 2.774，SD = 1.383）明显低于非目标群体为大众群体时（M = 3.963，SD = 1.344）。

其次，检验假设 4 - 16，在具有身份限制的排他性促销中，限制的感知合理性在非目标群体规模影响劣势消费者反应中起到了中介作用。通过 Bootstrap 方法检验限制的感知合理性在非目标群体规模影响劣势消费者反应过程中的中介作用，自变量（非目标群体规模）到因变量（品牌偏好）的间接效应和间接效应的标准差通过 Bias - Corrected Bootstrap 方法（5000 次）进行估计（Preacher, Rucker and Hayes, 2007[①]）。Bootstrap 给出了巴伦和肯尼（1986）[②] 中介检验的结果，从而得到相应系数（见图 6 - 10）。自变量通过中介变量进而影响因变量的间接效应显著（95% CI：LLCI = -0.042，ULCI = 0.187，包含 0），这说明限制的感知合理性在非目标群体规模影响劣势消费者反应中没有起到中介作用，假设 4 - 16 没有得到验证。

图 6 - 10　限制感知合理性的中介作用

注：＊＊表示 p < 0.01。

资料来源：笔者整理。

①　Preacher, Kristopher J., Derek D. Rucker and Andrew F. Hayes, "Addressing Moderated Mediation Hypotheses: Theory, Methods and Prescriptions", *Multivariate Behavioral Research*, Vol. 42, No. 1, 2007, pp. 185 - 227.

②　Baron, Reuben M. and David A. Kenny, "The Moderator - Mediator Variable Distinction in Social Psychological Research: Conceptual, Strategic and Statistical Considerations", *Journal of Personality and Social Psychology*, Vol. 51, No. 6, 1986, pp. 1173 - 1182.

接下来，检验假设交易的感知公平性是否在非目标群体规模影响劣势消费者反应中起到了中介作用。通过 Bootstrap 方法检验交易的感知公平性在非目标群体规模影响劣势消费者反应过程中的中介作用，自变量（非目标群体规模）到因变量（品牌偏好）的间接效应和间接效应的标准差通过 bias – corrected bootstrap 方法（5000 次）进行估计（Preacher, Rucker and Hayes, 2007[①]）。Bootstrap 给出了巴伦和肯尼（1986）[②] 中介检验的结果，从而得到相应系数（见图 6 – 11）。自变量通过中介变量进而影响因变量的间接效应是不显著的（95% CI：LLCI = – 0.011，ULCI = 0.191，包含 0），这说明交易的感知公平性在非目标群体规模影响劣势消费者反应中也没有起到中介作用。

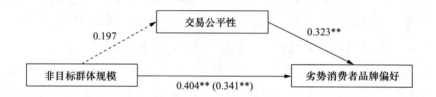

图 6 – 11　交易感知公平性的中介作用

注：＊＊表示 p < 0.01。

资料来源：笔者整理。

再次，回归分析显示，交易的感知公平性显著影响了劣势消费者对焦点品牌的偏好 [$F_{(1, 56)}$ = 10.072，p = 0.002 < 0.01]，验证了假设 4 – 6。回归分析显示，限制的感知合理性显著影响了劣势消费者对焦点品牌的偏好 [$F_{(1, 56)}$ = 4.081，p = 0.048 < 0.05]，验证了假设 4 – 7。这与图 6 – 10 中的结果并不矛盾，因为在图 6 – 9 中限

①　Preacher, Kristopher J., Derek D. Rucker and Andrew F. Hayes, "Addressing Moderated Mediation Hypotheses: Theory, Methods and Prescriptions", *Multivariate Behavioral Research*, Vol. 42, No. 1, 2007, pp. 185 – 227.

②　Baron, Reuben M. and David A. Kenny, "The Moderator – Mediator Variable Distinction in Social Psychological Research: Conceptual, Strategic and Statistical Considerations", *Journal of Personality and Social Psychology*, Vol. 51, No. 6, 1986, pp. 1173 – 1182.

制的感知合理性和非目标群体规模同时被纳入模型时，限制的感知合理性对因变量的影响才不显著。从图6 - 10和图6 - 11可知，限制的感知合理性与非目标群体规模的相关性更强，而交易的感知公平性对劣势消费者对焦点品牌的偏好的关联更强。根据相关分析，限制的感知合理性与交易的感知公平性呈显著正相关关系（Pearson 系数 r = 0.656，p < 0.001）。由此假设4 - 8再次得到验证。因此，本书提出如图6 - 12所示的双中介模型。

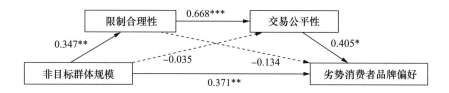

图6 - 12　非目标群体规模—劣势消费者品牌偏好的双中介模型

注：＊表示 p < 0.05，＊＊表示 p < 0.01，＊＊＊表示 p < 0.001。

资料来源：笔者整理。

最后，使用 Bootstrap 方法检验如图6 - 5所示的双中介模型。该模型与 Hayes（2013）[①]提出的模型6（见图6 - 6）是一致的。各路径系数及显著性如图6 - 11所示。结果显示，路径"自变量—限制感知合理性—因变量"的间接效应是不显著的（95% CI：LLCI = - 0.205，ULCI = 0.071，包含0），路径"自变量—交易感知公平性—因变量"的间接效应是不显著的（95% CI：LLCI = - 0.102，ULCI = 0.079，包含0），路径"自变量—限制感知合理性—交易感知公平性—因变量"的间接效应是显著的（95% CI：LLCI = 0.027，UL-CI = 0.244，不包含0）。自变量到因变量的直接效应是显著的（95% CI：LLCI = 0.123，ULCI = 0.619，不包含0）。由此可见，获得目标群体成员资格的难度影响劣势消费者焦点品牌偏好的过程中，限制的

① Hayes, Andrew F., "Introduction to Mediation, Moderation and Conditional Process Analysis: A Regression - Based Approach", *Journal of Educational Measurement*, Vol. 51, No. 3, 2013, pp. 335 - 337.

感知合理性和交易的感知公平性共同起到了部分中介作用，假设 4 – 16 需要做出相应的修正。

三 讨论

实验五检验了非目标群体的群体规模对劣势消费者的影响以及限制的感知合理性的中介作用。实验结果表明，非目标群体的群体规模显著影响了劣势消费者的反应，当非目标群体为大众群体时（相比于小众群体），可以降低劣势消费者的消极反应。然而，限制的感知合理性并没有在非目标群体的群体规模影响劣势消费者反应的过程中起到中介作用，假设 4 – 16 没有得到验证。但是，本书又进一步构建了"非目标群体的群体规模—限制的感知合理性—交易的感知公平性—劣势消费者反应"的双重中介模型，实验结果证实了该双重中介模型部分成立，即两个中介变量依次共同部分中介了自变量到因变量之间的关系。因而，假设 4 – 16 得以修正，限制的感知合理性无法单独中介自变量到因变量的关系，而是先通过限制的感知合理性，之后通过交易的感知公平性，共同发挥中介作用。

本章小结

本章通过三个实验研究检验并修正了研究模型二中的一系列假设。在实验三中，检验了促销幅度与获得目标群体成员资格难度两个影响因素对劣势消费者的影响。促销幅度对消费者反应的影响及其中介机制与研究假设相一致。但是，获得目标群体成员资格难度影响劣势消费者反应的机制与研究假设不完全一致，实验结果显示，在获得目标群体成员资格难度影响劣势消费者反应的过程中，限制的感知合理性和交易的感知公平性起到了顺序中介作用。在实验四中，验证了目标群体与企业产品的匹配程度会正向影响劣势消费者的反应。目标群体与企业产品的匹配程度越低，劣势消费者的反应就越消极，限制的感知合理性起到了完全中介作用。该研究结果与研究假设相一致。在实验五中，非目标群体的群体规模对劣势消费者反应主效应检验与研究假设相一致，但限制的感知合理性的中介效应没有得到验证。根据实验结果，本书发现，在非目标群体的群体规模影响劣势消费者反应的过程中，限制的感知合理性和交易的感知公平性起到了顺序中介作用。根据实验三、实验四和实验五的检验结果，对研究模型二进行相应的修正，修正如图6－13所示。由图6－13可知，在排他性促销中，影响劣势消费者对焦点品牌反应的直接原因在于限制的感知合理性和交易的感知公平性，两个因素都可以直接影响劣势消费者的反应，而限制的感知合理性还可以通过影响交易的感知公平性而间接地影响劣势消费者的反应。根据实验三、实验四和实验五的结果可知，促销幅度、获得目标群体成员资格的难度和目标群体与产品的匹配程度三个自变量对因变量的直接效应是不显著的，都是通过影响限制的感知合理性或交易的感知公平性而间接地影响劣势消费者的反应，而自变量非目标群体的群体规模对因变量的直接效应是显著的，因此，在图6－13中画出了自变量非目标群体的群体规模到因变量的直接影响的箭头。

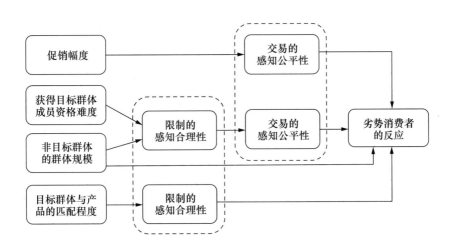

**图 6 – 13　研究模型二的修正方案：排他性促销对
劣势消费者反应影响的概念模型**

资料来源：笔者整理。

第七章 结论

本章包括四部分内容，一是关于主要研究结论，陈述了研究模型一（时间限制与数量限制对消费者反应的影响）和研究模型二（身份限制或排他性促销对消费者反应的影响）中的假设检验情况；二是关于研究的理论贡献；三是关于实践启示，包括购买限制研究的社会价值、时间限制与数量限制研究的实践价值、身份限制（排他性促销）研究的实践价值；四是关于研究局限与未来研究方向。

第一节 主要研究结论

一 时间限制与数量限制对消费者反应的影响

通过一个预测试和两个行为学实验，检验了本书提出的一系列假设，假设验证情况如表 7 - 1 所示。

表 7 - 1 研究模型一各假设的检验情况

假设内容	方法	验证结果
假设 4 - 1：购买机会的感知易达性与促销购买限制类型的交互作用会影响消费者对促销活动的反应	实验一（卡方检验）实验二（方差分析）	成立
假设 4 - 1a：当购买机会感知易达性较高时，消费者对数量限制的促销活动比时间限制的促销活动的反应更积极	实验二（方差分析）	成立
假设 4 - 1b：当购买机会感知易达性较低时，消费者对时间限制的促销活动比数量限制的促销活动的反应更积极	实验二（方差分析）	成立

假设内容	方法	验证结果
假设 4-2：当购买机会感知易达性较高时，感知消费者竞争中介了促销购买限制类型（时间限制 vs 数量限制）对消费者反应的影响	实验二（Bootstap 分析）	成立
假设 4-3：当购买机会感知易达性较低时，能够参与促销活动的确定性中介了促销购买限制类型（时间限制 vs 数量限制）对消费者反应的影响	实验二（Bootstap 分析）	部分成立
假设 4-4：消费者的认知闭需要、促销购买机会的易达性与促销购买限制的三重交互作用会影响消费者对促销活动的反应	实验二（分层回归、多元回归、方差分析）	成立
假设 4-5：消费者的独特性需要特质会调节促销购买限制类型（时间限制 vs 数量限制）对消费者反应的影响。对于独特性需要程度较高的消费者，数量限制的促销评价会高于时间限制的促销	实验二（多元回归、Spotlight 分析）	成立

资料来源：笔者整理。

二　身份限制或排他性促销对消费者反应的影响

通过三个行为学实验，检验了本书提出的一系列假设，假设验证情况如表 7-2 所示。

表 7-2　　　　　　　　研究模型二各假设的检验情况

假设内容	方法	验证结果
假设 4-6：在具有身份限制的排他性促销中，交易的感知公平性越低，劣势消费者的反应就越消极	实验三、实验四和实验五（回归分析）	成立
假设 4-7：在具有身份限制的排他性促销中，促销限制的感知合理性越低，劣势消费者的反应促销就越消极	实验三、实验四和实验五（回归分析）	成立
假设 4-8：在具有身份限制的排他性促销中，交易的感知公平性与促销限制的感知合理性呈正相关关系	实验三、实验四和实验五（相关分析）	成立
假设 4-9：在具有身份限制的排他性促销中，促销幅度会影响劣势消费者的反应。促销幅度越大，劣势消费者的反应就越消极	实验三（方差分析）	成立

续表

假设内容	方法	验证结果
假设 4 - 10：在具有身份限制的排他性促销中，感知公平性在促销幅度影响劣势消费者反应中起到了中介作用	实验三（Bootstrap 分析）	成立
假设 4 - 11：在具有身份限制的排他性促销中，获得目标群体成员资格的难度会影响劣势消费者的反应。获得目标群体成员资格的难度越小，劣势消费者的反应就越消极	实验三（方差分析）	成立
假设 4 - 12：在具有身份限制的排他性促销中，限制的感知合理性在获得目标群体成员资格的难度影响劣势消费者反应的过程中起到了中介作用 （假设 4 - 12 的修正：在具有身份限制的排他性促销中，获得目标群体成员资格的难度影响劣势消费者反应的过程中限制的感知合理性和交易的感知公平性共同起到了中介作用）	实验三（Bootstrap 分析）	成立 提出了双中介的修正方案，双中介模型成立
假设 4 - 13：在具有身份限制的排他性促销活动中，目标群体与企业产品的匹配程度会正向影响劣势消费者的反应。目标群体与企业产品的匹配程度越低，劣势消费者的反应就越消极	实验四（方差分析）	成立
假设 4 - 14：在具有身份限制的排他性促销中，限制的感知合理性在目标群体与企业的匹配度影响劣势消费者反应中起到了中介作用	实验四（Bootstrap 分析）	成立
假设 4 - 15：在具有身份限制的排他性促销中，非目标群体的群体规模会影响劣势消费者的反应。当非目标群体为小众群体时，相比于大众群体，劣势消费者对排他性促销的反应会更消极	实验五（方差分析）	成立
假设 4 - 16：在具有身份限制的排他性促销中，限制的感知合理性在非目标群体规模影响劣势消费者反应中起到了中介作用 （假设 4 - 16 的修正：在具有身份限制的排他性促销中，非目标群体规模影响劣势消费者反应的过程中限制的感知合理性和交易的感知公平性共同起到了中介作用）	实验五（Bootstrap 分析）	不成立 提出了双中介的修正方案，双中介模型部分成立

资料来源：笔者整理。

第二节 理论贡献

在理论上，本书研究有助于完善促销理论，丰富购买限制理论和交易限制理论。本书共探讨了两个促销购买限制相关的研究问题，分别是关于促销的数量限制与时间限制的情景适应性研究、关于身份限制（排他性促销）对劣势消费者反应的影响因素及其作用机制。

第一部分是关于促销的数量限制与时间限制的情景适用性研究。这部分研究的理论贡献在于探讨了情景因素（购买机会的易达性）如何影响消费者对于不同促销限制（数量限制与时间限制）的反应，以及在不同情景下消费者对不同促销限制的偏好发生逆转的内在作用机制。具体来说，在购买机会易达性较高的情况下，消费者对数量限制促销的反应会比时间限制更积极，原因在于数量限制更容易引发消费者竞争；在购买机会易达性较低的情况下，消费者反而对时间限制促销的反应更积极，原因在于时间限制与数量限制相比具有更高的购买机会的确定性。这部分研究的理论贡献在于在原有文献基础上指出了时间限制优于数量限制的情景原因，弥补了以往文献（主要观点为数量限制总是优于时间限制）与营销实践（两种促销限制都会出现且频率相当）的矛盾。

此外，本书还探索了消费者的个体特质（认知闭合需要、独特性需要）如何影响消费者对不同促销限制的反应和偏好。具体来说，在购买机会易达性较低的情况下，消费者得到数量限制促销的购买机会是不确定的，此时认知闭合需要较高的个体由于厌恶模糊性、不确定性和不可预期性而降低了数量限制促销的偏好。独特性需要较高的个体更偏好稀缺性较强的促销活动，由于数量限制促销的稀缺性源于供给和需求两个方面，而时间限制促销的稀缺性仅源于供给一方，因而独特性需要较高的个体会更愿意参与数量限制的促销而胜于时间限制的促销。这部分研究的理论贡献在于丰富了消费者个性与购买限制的交互作用方面的研究文献。

第二部分是关于促销的身份限制（排他性促销）对劣势消费者反应的影响研究。这部分研究的理论贡献在于从不同的身份角色视角考察排他性促销中消费者做出积极或消极反应的影响因素。以往文献重点探讨了排他性促销中优势消费者做出积极或消极反应的影响因素，只有很少的研究探讨了排他性促销中劣势消费者做出反应的影响因素。这部分研究的理论贡献在于提出了排他性促销中影响劣势消费者做出反应的重要影响因素及其内在机制。本书提出了四种可能影响劣势消费者的因素，包括排他性促销幅度、获得目标群体成员资格的难度、目标群体与企业产品的匹配度和非目标群体的群体规模。本书研究的理论贡献还在于指出了影响劣势消费者反应的内在机制除交易的感知公平性外，还包括限制的感知合理性。根据实验研究的结果，排他性促销的促销幅度会通过影响交易的感知公平性，进而影响劣势消费者的反应。在获得目标群体成员资格难度影响劣势消费者反应的过程中，限制的感知合理性和交易的感知公平性起到了顺序中介作用。限制的感知合理性和交易的感知公平性还会依次顺序中介非目标群体的群体规模对劣势消费者反应的影响。在目标群体与企业产品匹配度影响劣势消费者反应的过程中，仅有限制的感知合理性起到了完全中介作用。这部分研究的理论贡献还包括提出了不同于以往研究的中介机制，除了交易的感知公平性会起到中介作用，限制的感知合理性在一些情景因素影响劣势消费者反应中具有更强的解释力，例如，目标群体与企业产品匹配度对劣势消费者反应的影响更适合使用限制的感知合理性来解释。

此外，这部分研究还对于交易公平性感知的形成提出了新的见解和观点，影响交易的感知公平性的程度取决于两个方面：一是社会比较的结果，即比较自己与其他人的投入产出比，比较结果的差异越大，感知公平性的程度越低；二是情景要素对比较结果的偏差性影响，在限制的感知合理程度较高的情景下，同样，差异产生的主观公平感会有所提高。因而，如果劣势消费者认为某促销限制的设置是足够合理性的，那么就可以提高交易的感知公平性并有效降低劣势消费者的潜在消极反应。

第三节 实践启示

一 购买限制研究的社会价值

购买限制问题,不仅存在于企业的促销活动中,还包括基于环境保护需要的购买限制问题、资源供求失衡造成的购买限制、政府法律设置的购买限制等方面。这些购买限制问题不局限于营销领域,而是广泛地涉及各类社会问题。研究购买限制问题具有较高的社会价值,需要得到各领域学者、政策制定者、营销实践者的关注和重视。

随着人口数量的不断激增,人类必将面临各类环境保护的问题。目前,消费者在购买产品的过程中,只承担了产品的生产成本,却没有承担环保成本。一包牛奶可能两元钱就能购买到,这一价格承担了牛奶和包装的成本、生产商和经销商的利润。但是,自然界可能需要上百年的时间才能把一袋牛奶的包装降解掉,而且有些材质的包装可能除焚烧外是无法降解的。在人类大量制造垃圾的时候,消费者不得不思考产品生产的环保问题。企业为了生存和盈利,依旧在马不停蹄地生产着各色的产品和包装,然而自然界还能承受多久?

一百多年前,人类社会从农业时代进军至工业时代,商品时代就此展开。就像封建王朝终究抵不过历史发展的洪流,那么环保问题也必将成为下一轮历史发展的方向。在环保面前,消费者有义务限制自己制造垃圾的速度,尽可能降低制造垃圾的数量。购买限制也必将从消费者内部产生,如环保主义价值观(López and Cuervo - Arango, 2008[①]),以及从社会和企业角度进行外部限制,如额外的产品消费需要支付高额环保费用。人类有天生的倾向想要改善自己的物质条件,而且享乐适应理论告诉我们,人类可能会不断追求物质享受。那么,国家和企业早晚需要通过外部限制影响消费者的购买,这具有极

[①] López, Antonio González and María Amérigo Cuervo - Arango, "Relationship among Values, Beliefs, Norms and Ecological Behavior", *Psicothema*, Vol. 20, No. 4, 2008, pp. 623 - 629.

其重要的社会意义。

　　随着资源有限性的日益凸显和人口规模的不断扩大，一些稀缺资源正在和将要出现严重的供求失衡。现在，中国一些省市已经对特定产品的购买进行了限制。例如，在北京需要有北京户籍的居民才可以购买住房（最多购买两套），或者连续五年（含）以上在北京缴纳社会保险或个人所得税缴纳证明的非北京户籍居民才可购买北京住房（最多购买一套）。又如，在上海购买汽车需要进行拍卖，在北京购买汽车需要摇号。2013 年 12 月 16 日，天津也开始实施机动车限购政策，消费者需要通过摇号或竞价方式取得车牌号，而且天津从 2014年 3 月 1 日起与北京一样实施车辆尾号限行。

　　上述现实问题反映了购买限制在未来将会越来越多地影响消费者的购买行为。购买限制问题是当代社会发展的一种新兴的现象，也是社会的未来趋势，这一问题必将得到社会学家、营销学术界和实践界越来越多的关注。

二　时间限制与数量限制研究的实践价值

　　稀缺诉求在企业营销战略和策略中具有重要角色，一些产品经理非常热衷于突显稀缺诉求的促销方案。很多国际知名品牌常通过生产限量版产品创造产品的感知稀缺性，而零售商则更多地使用促销活动的限量或限时来创造稀缺感知。每逢节假日（情人节、国庆节、三八妇女节、五一劳动节等），各实体商铺总会推出各种各样的优惠促销活动来烘托节日购物气氛，商家用各种主题的优惠购物活动刺激着消费者的消费者。甚至有一些节日（如淘宝网的"双 11""双 12"）是被商家创造出来的。这些促销活动必须具有一定的限制才可能发挥作用，当促销活动没有时间限制或数量限制而是长期存在，那么它已然失去了促销对企业的价值——激发购物者的热情并在短期内迅速增加产品销量。当企业推出有一个极有吸引力的交易（产品—价格组合）时，通常都会附带有促销活动的时间限制或促销产品的数量限制。在"双 11"期间，一些网上零售商推出了五折的超低价折扣，很多网友提前几天就把想要购买的产品加入购物车，并在"双 11"当天凌晨抢购产品。消费者之所以如此热情和积极，原因就在于购买机会具有较高的稀缺性，如果自己不尽快抢购，促销产品很可能很快被其他消费者抢走而失去购买的机会。

本书探讨了在不同情景下促销的时间限制与数量限制的相对有效性及其作用机制，以及消费者个性与情景的交互作用对消费者促销反应的影响。根据本书的结论，在购买机会感知易达性较高的情况下，数量限制的促销比时间限制的促销具有更高的有效性，更容易吸引消费者参与促销活动和购买促销产品。在购买机会感知易达性较低的情况下，时间限制反而比数量限制更有效。因而，在城市规模较大的地区，目标顾客覆盖面较广时，零售商更适合采用时间限制的促销活动，数量限制由于降低了购买机会的确定性而无法达到促进易达性较低的消费者尽快购买的作用。如果零售企业的选址对目标顾客来说的感知易达性较高时，数量限制的促销由于增加了感知消费者竞争而比时间限制的促销活动更有效。

在购买机会易达性较高的情况下，数量限制比时间限制的促销效果更好的原因在于消费者竞争。感知消费者竞争对于激发消费者购买具有稀缺信号的产品具有重要意义。为了在零售环境中提升感知消费者竞争，零售企业可以通过改善购买环境中的社会密度、背景音乐、背景颜色等，从而提高消费者对传递稀缺信号的产品（如限量版产品）的购买意愿并降低购买延迟。购买机会易达性较低意味着消费者需要付出更多的前期成本才能到达店铺，那么易达性较低本身就会降低消费者对促销活动的兴趣，再加上数量限制促销无法保障消费者可以获得促销机会，这会导致消费者产生较强的预期行动后悔而抑制了参与促销的行为意向。但是，这类商家可以在店铺内进行限量促销，即当消费者已经达到店铺并发现了促销活动时，如果此时为限量促销会比限时促销效果更好，因为此时购买机会感知易达性较高。因而，对于地理位置相对偏僻或距离目标消费群体较远的商家，可以在传播范围较广的促销宣传中选择限时促销，而在店铺内部进行促销宣传时可以选择限量促销。

淘宝网的"双11"购物节对促销活动优先进行了时间限制，其次一些商铺还对特定商品的促销进行了数量限制。之所以以时间限制为主，原因在于淘宝网的"双11"（11月11日）促销活动并不局限于一家零售商，而是众多零售商在同一天做促销活动。很多零售商在一起的时候，更适合规定同一个促销时间段，类似于商业集聚效应，而不是各自设置数量限制。这样，还有利于淘宝网进行统一的宣传活动。如果是某一单品做网络促销，数量限制则会比时间限制更能刺激消费者尽快购买。正是因为如此，在"双11"购物节当天，除有些商品可以一整天都以促销价格销售外，还有一些商家推出了限量的促销品。另外，对于库存丰富的商家来说，购物节的促销活动主要是为了薄利多销，如果限制了促销品的数量反而影响了自己的利润。促销购买限制的适用性还需要结合产品本身的属性（功能性或象征性），当产品属于功能型品牌概念类型时，更适合时间限制的促销活动，这样，可以通过薄利多销来增加零售商利润；当产品属于象征型品牌概念类型时，更适合数量限制的促销活动，这样的产品单个盈利率比较高，通过影响感知消费者竞争来减少顾客犹豫的时间。

利用购买限制影响消费者行为的营销策略还可以有更多的应用方式。例如，市场上有这样一款钻戒，称为"男人一生只能买一枚的戒指"。这一求婚钻戒品牌叫戴瑞珠宝（Darry Ring）。它的销售很特别，只有男性可以购买，凭借身份证一生只能购买一次，女性不能购买。它宣传的理念是：一个男人这辈子只能送给一个女人一枚Darry Ring，Darry Ring相信真爱只属于两个人。Darry Ring以"一生、唯一、真爱"作为品牌自身的文化理念，其广告词是"用一生给你一个唯一的承诺"。这一销售模式不仅在营销沟通上向消费者传递了真爱的真谛，从而得到很多消费者的认同和赞许，而且还通过购买限制本身为Darry Ring钻戒产生了极高的感知价值（独特性、唯一性、排他性等），使这一钻戒富含了更多的象征价值。很多女孩子都梦想收到一枚Darry Ring钻戒，以此作为幸福的见证。

三 身份限制（排他性促销）研究的实践价值

在促销活动的实施过程中，营销者发现，有针对性的促销策略往往会比广泛性的促销策略更有效果，因而这类具有身份购买限制的排他性促销得到了很多营销制定者的青睐。然而，具有身份限制的排他性促销在对优势消费者产生积极的交易排他性效应外，还可能对劣势消费者产生各类消极影响。本书研究对营销实践具有以下启示：

首先，在排他性促销中，企业应该多使用非价格属性形成差别待遇。企业面对的目标顾客并非一成不变，企业可能会由于自身经营或市场环境的变化而不得不调整目标顾客群，而消费者一方也有可能由于经济状态的变化而改变自身的特征，并进入企业目标顾客的范畴，那么对于企业来说，在进行有针对性的营销活动时，不仅要对目标顾客（优势消费者）创造感知顾客价值，也要尽可能减少对非目标顾客（劣势消费者）的消极影响，因为他们以后也可能成为企业的顾客，以及减少这类顾客对企业的负面口碑传播。价格歧视问题会给企业造成很多潜在的负面影响，包括企业形象、伦理道德、负面口碑等。Nguyen 和 Simkin（2013）认为，在对不同顾客进行差别营销时，处于劣势一方的消费者最在乎的方面是价格。① 根据本书的研究结论，排他性促销中劣势消费者对交易的感知公平性会明显受到促销幅度的影响，因为感知公平性更多地依赖于价格比较——别人可得的价格与自己可得的价格之间的数量比较。因此，企业在有针对性的实施目标市场的营销活动时，可以更多地使用非价格差异方面的策略，例如，在服务、赠品、产品配件、售后服务等方面创造更多的顾客价值。

其次，在排他性促销活动中，提高目标群体与企业产品匹配性，展示获得目标群体成员资格的高难度都可以缓解劣势消费者对歧视待遇的消极反应。在排他性促销中，如果能使目标顾客与企业产品产生较高的匹配性，那么就有助于帮助企业形成清晰而一致的品牌形象。例如，Borders 公司（美国图书零售商）为教师群体提供教师专有的折扣价格图书，这一促销信息向所有消费者传递了与企业形象相一致的信息，树立了该图书企业尊师重教的积极品牌形象，从而使促销机会不可得的劣势消费者提高了对品牌的评价和态度。又如，生产游泳用品的厂商 Fastskin 专门设计如何提高专业运动员竞赛成绩的产品，

① Nguyen, Bang and Lyndon Simkin, "The Dark Side of CRM: Advantaged and Disadvantaged Customers", *Journal of Consumer Marketing*, Vol. 30, No. 1, 2013, pp. 17–30.

它仅为奥林匹克参赛团队提供产品而不面向其他游泳者。劣势消费者由此感觉到该家企业在体育用品生产方面具有较高的专业性。展示获得目标群体成员资格的高难度也可以降低差别待遇的感知合理性，提高促销限制存在的合理性和正当性。如果别人获得更优的交易模式的前提是付出了很多前期成本，而自己无法获得该交易模式所产生的心理成本就会降低。因此，当面对促销机会不可得的劣势消费者的抱怨时，企业可以向他们传递获得目标群体成员资格具有较高难度的信息，降低劣势消费者的消极反应。

再次，企业有时会使用天然的地理范围设置产品销售区域或产品参与促销活动的区域。促销的区域限制属于排他性促销的一种常见类型。例如，北京某游乐场曾推出专门针对天津地区顾客的促销活动，原价 149 元的门票，顾客凭天津地区的有效身份证仅需 99 元，而包括北京在内的其他地区的居民则无法享受该促销活动。消费者在网络店铺购买商品时经常会遇到"北京专供""上海专供""华北地区专供""江浙沪专供"等区域限定的情况。例如，LG 公司推出的某款电视在上海地区的价格是全国最低的，然而，在其他地区的顾客必须多支付几百元才能够购买同款商品，而得到的产品和服务是一样的。

2013 年 5 月，支付宝新浪官方微博发布了"网上消费总额大学排名 TOP10"，其中浙江大学荣登榜首。有网友调侃说，浙江大学能夺冠主要是因为"江浙沪包邮"。当然，排名的原因还有很多，包括学校人数、区域经济水平和学校离市中心远近等。处于这三个省市的消费者可以享受到比其他地区消费者更优惠的价格，因为其他地区的消费者需要支付更高的邮费，那么从获得商品的成本来看，江浙沪消费者获得了排他性的价格促销机会，排他性促销进一步增加了消费者的购买意向，虽然该"促销机会"是长期存在的。所以说，排他性促销机会是帮助浙江大学荣登榜首的一个不容忽视的原因。

"地区专供"的促销方式在日本十分常见。日本的一些产品包装上常能看到"东京限定""京都限定"等标注，而且这种印有某地区限定的产品确实只能在当地购买到。这种限定方式不仅会出现在某个城市限定（例如，北海道限定、东京限定），还会出现某个更大区域的产品限定，例如东北限定。很多企业在经营过程中发现，那些标志有某地区限定的产品会卖得比没有标志的产品更好。有些地域（特别是比较偏远的地区）如果把当地的特产运输到其他城市需要花费高额的运输成本，那么这些地域的特产就应该设定为"区域专供"的产品，强调本地区购买的排他性和独特性，可以吸引路过和前来本区域的消费者，增加了这类特供商品的购买机会的有限性。

在日本，区域限定的销售方式并非只是一个噱头，而是在其他地方确实购买不到，这种排他性的销售方式增加了产品的象征性价值。很多游客十分热衷于收集"区域限定版"的商品，这类商品无疑比到处可得的商品更具有纪念意义，让消费者一看就知道产品来自何方，区域限定增加了消费者对产品的感知价值和购买意向。需要注意的是，区域限定的营销效果还取决于市场环境与消费者对营销信息的信任，在日本十分适用和常见的"区域专供"可能会由于国内某些商家的欺骗行为而失去消费者的信任和造成对专供的怀疑，这样，通过区域形成的排他性促销就无法产生应有的促销效果。

区域专供的商品（只有在本区域可得购买或其他地区购买需要花费更高的价格）可以同时增加可得消费者和不可得消费者对产品的评价。对于可得消费者来说，区域专供商品由于突出了购买机会的排他性和稀缺性而提高了产品评价。对于暂时不可得的消费者来说，区域专供商品会增加消费者未来的购买意向，原因在于提高了购买机会的有限性。但是，对于不可得区域消费者来说，是否出现积极反应还在于是否存在价格歧视或自己是否在未来有得到产品的机会。在区域专供的商品中，可得区域是较小的，而不可得区域范围较广，对于不可得区域消费者来说不存在被歧视的感觉，因而不容易出现消极反应，反而由于机会难得而增加了未来购买意向。

最后，基于身份限制的促销活动在营销实践中日益常见，很多企业正在通过身份角色的设置挖掘细分市场。例如，由于企业的市场细分策略，很多银行推出了个性化的信用卡服务。这类信用卡专门针对观念新潮、消费欲望强烈的时尚女性的信用卡，包括广发银行的"真情卡"、光大银行的"阳光伊人卡"、华夏银行的"丽人卡"、花旗银

行与 H_2O 护肤品代理奥思集团合作推出了"Citibank Oasis"信用卡、建设银行的"芭比信用卡"、招商银行的"Hello Kitty 粉丝信用卡"等。拥有这类信用卡后的消费者可以享受很多服装、美容、健身领域商铺的特殊促销优惠。又如，一些银行推出了专门针对大学生群体的信用卡，包括东亚银行推出了"港大智能卡"和"香港大学信用卡"。还有一些银行与非银行机构进行合作推出联合卡，这些非银行机构的涉及范围很广，包括大型零售商、邮政部门、商业机构、网上商城等。甚至有银行在特定时期推出体育赛事卡，例如，汇丰银行曾利用体坛赛事推出"世界杯万事达卡"。拥有了某种信用卡或银行卡就意味着获得了一种身份，在根据信用卡类型实施的促销活动中会存在购买的身份限制，拥有这些特殊身份的信用卡主人可以享受其他群体无法得到的特殊优惠，就会获得排他性的促销机会。

第四节　研究局限与未来研究方向

本书对购买限制的探讨局限于促销情景中，未来研究可以探索更广泛的购买限制问题，包括内部或自我限制、外部限制。例如，基于环境保护需要的购买限制、消费者的环保主义价值观产生的购买限制、资源供求失衡造成的购买限制、政府法律设置的购买限制等方面。在其他领域的购买限制问题研究中，可以结合消费者自身特点，如社会身份地位或人格特征如何影响消费者对政策影响下的限购产品的购买意向。在促销情景中的购买限制不局限于时间限制、数量限制或身份限制，还包括其他可能的购买限制情景。例如，购买的先决条件，促销具有最小购买要求（Inman, Peter and Raghubir, 1997[①]）。在一些促销情景中，要求消费者至少购买一定数额的产品才可以享受促

---

① Inman, J. Jeffrey, Anil C. Peter and Priya Raghubir, "Framing the Deal: The Role of Restrictions in Accentuating Deal Value", *Journal of Consumer Research*, Vol. 24, No. 1, 1997, pp. 68 – 79.

销优惠，如"满500元减100元""累计购物满1000元可享受八折优惠""一件九折，两件八折，三件七折""第二件半价""相同第三件免费"。

在本书的第一部分促销购买限制研究中，本书实验情景中并没有考虑促销幅度对实验结果的影响，这是第一部分研究存在的不足之处。如果产品促销幅度增加，对数量限制促销的影响程度可能会高于时间限制的促销，那么在感知易达性较高的情况下，将进一步提高数量限制的促销效力；而在感知易达性较低的情况下，反而降低了数量限制促销的吸引力和消费者参与促销的实施意愿。另外，第一部分的实验（实验一和实验二）中，具体的时间点（决策时间点是促销开始后第1天、第2天……第6天）的设置可能是一个边界条件，这是本实验存在的不足之处。因为促销开始后的时间越久，数量限制的促销的吸引力会越弱，原因在于得到购买机会的不确定性明显增加了。但是，鉴于设置具体时间点将需要数倍于现有实验中的被试，实验成本过高而得到的结果意义不大。而且以往研究（e.g. Aggarwal，Jun and Huh，2011①；金立印，2005②）也没有设置明确的时间点，因而本实验中沿袭以往的研究情景，并没有设置具体的时间点。

在第一部分促销购买限制的研究中，本书主要采用了学生样本并在实验室环境下完成实验，这类样本的好处在于同质性较高，能够尽可能减少外部因素对结果的影响，但是却降低了研究结果的外部效度和结果的可推广性。因而，在未来研究中，可以使用非学生样本检验本研究的结果，或使用真实的商业环境中检验研究提出的假设，这样，可以有效地拓展研究结论的外部有效性。另外，数量限制在购买机会易达性较高的情况下由于提高了感知消费者竞争而增加了消费者参与促销活动的意向。由此可知，在稀缺诉求相关的营销问题的研究中，消费者竞争是一个重要的方面。以往文献中，有关消费者竞争现

---

① Aggarwal，Praveen，Sung Youl Jun and Jong Ho Huh，"Scarcity Messages"，*Journal of Advertising*，Vol. 40，No. 3，2011，pp. 19 – 30.

② 金立印：《产品稀缺信息对消费者购买行为影响之实证分析》，《商业经济与管理》2005 年第 8 期。

象的探讨多存在于拍卖行为研究，而在其他方面，这一现象还没有得到充分的探讨。除了拍卖情景，还有很多其他情景值得学者进一步探讨消费者竞争问题，包括广告诉求、在店囤积行为、交易倾向等。由于消费者竞争是关于消费者之间的行为倾向，因而对其他人行为的推断将影响自身的行为。未来研究可以从他人行为判断或行为博弈的视角深入，也可以探讨消费者固有的竞争意识对促销限制类型偏好和敏感度的影响。

在第二部分排他性促销中，本书仅探讨了影响劣势消费者反应的四种影响因素，包括促销幅度、获得目标群体成员资格难度、非目标群体的群体规模、目标群体与企业产品的匹配程度。除这四种因素外，还可能存在其他方面的影响因素，例如，消费者自身的个体特征、排他性促销的模式、信息呈现或框定方式等。未来研究可以继续探讨其他可能存在的影响因素及其作用机制。在实验四中可以观察到，无论是高匹配组还是低匹配组，教师组的购买意向都高于运动员组。这有可能是由于被试对不同群体的态度会影响劣势消费者的反应，中国传统文化向来崇尚尊师重教，使普通民众对教师职业持有更积极的态度。因而，对目标群体的态度在影响劣势消费者反应的过程中可能起到了重要的作用，未来研究中可以进一步探索。

本书在有关促销区域供应形成排他性促销的研究中没有考虑身份限制即壁垒形成原因，该原因对于解释消费者心理与行为反应具有重要的作用。基于区域专供的排他性促销，有时会由于产生了稀缺效应反而提升了暂时不可得消费者对产品的态度和未来购买意向，例如日本区域限定的销售方式。区域专供可能产生积极或消极的影响，关键在于消费者对于形成限制或壁垒的原因的理解，通过提升限制的合理化，保障公平性感知。壁垒的形成如果是基于客观原因，例如，当地特产、交通要素，消费者更容易对限制产生合理化感知。但是，壁垒的形成如果是企业主观上设置的，消费者对限制的合理化感知程度会较低。未来研究可以进一步探讨促销身份限制的形成原因对消费者反应的影响。

在排他性促销中，由于存在消费者身份角色的差别，而使优势消费者与劣势消费者产生不同的心理和行为反应。未来研究可以更动态地考察排他性促销问题，例如，有研究发现，顾客降级会使顾客变得更不忠诚（Wagner，Hennig – Thurau and Rudolph，2009[①]）。根据前景理论（Kahneman and Tversky，1979[②]），消费者对得到和损失的反应程度是不同的，因而顾客降级带来的损失的程度会大于顾客升级带来的得到的程度。未来研究可以考察消费者个体特征对上述过程的影响。例如，趋利聚焦的个体相比于避害聚焦的个体会在顾客升级时表现出更积极的反应，而避害聚焦的个体相比于趋利聚焦的个体会在顾客降级时表现出更消极的反应。又如，对于本身具有较高社会地位的消费者可能会对顾客降级更敏感，对于本身具有较低社会地位的消费者可能对顾客降级敏感度较低而对顾客升级的敏感度较高。

　　以往研究曾探讨可得或不可得消费者与企业的关系权益对消费者排他性促销的反应（e.g. Tsai and Lee，2007[③]），但是，缺乏可得消费者与不可得消费者之间关系权益的探索。因为消费者的购买行为是处于一种社会环境下，消费者难以忽视周围其他消费者的行为。在某些情景下，即使消费者支付了比别人更低的价格，还是可能会感觉不舒服、内疚或窘迫。巴罗尼和罗伊（2010a）发现，对于依赖型自我构建的消费者反而会更偏好公平的、与他人一致的包容性促销，而不是那些具有购买身份限制的排他性促销。[④] 对于一个被身份购买限制排除在外的消费者，如果他的朋友（相比于陌生人）对促销购买机会是可得的，他会如何做出反应。在熟悉的朋友面前，消费者为了维护自身的面子和形象，会做出与单独状态下不同的举止和行为。在具有

① Wagner, Tillmann, Thorsten Hennig – Thurau and Thomas Rudolph, "Does Customer Demotion Jeopardize Loyalty?", *Journal of Marketing*, Vol. 73, No. 3, 2009, pp. 69 – 85.

② Kahneman, Daniel and Amos Tversky, "Prospect Theory: An Analysis of Decision under Risk", *Econometrica: Journal of the Econometric Society*, Vol. 47, No. 2, 1979, pp. 263 – 291.

③ Tsai, Dungchun and Hsiao – Ching Lee, "Will You Care When You Pay More? The Negative Side of Targeted Promotions", *Journal of Product & Brand Management*, Vol. 16, No. 7, 2007, 16 (7), pp. 481 – 491.

④ Barone, Michael J. and Tirthankar Roy, "Does Exclusivity Always Pay off? Exclusive Price Promotions and Consumer Response", *Journal of Marketing*, Vol. 74, No. 2, 2010a, pp. 121 – 132.

身份限制的排他性促销前，自己获得购买机会，而旁边的朋友被限制在外，那么消费者为了保持与同伴一致而可能表示出对购买机会的贬低和排斥。而如果旁边被购买限制排除在外的消费者不是自己的朋友而是陌生人，那么消费者受到的社会影响会降低，消费者更可能提高排他性促销的交易价值感知而实施购买行为。因而，未来研究还可以考察排他性促销中可得消费者与不可得消费者之间的关系权益对消费者反应的影响。

附录 A 实验一问卷示例

以"购买机会的感知易达性高"组为例

尊敬的同学：

您好！非常感谢您能参与此次调查！本问卷是基于一项学术研究，绝无其他用途。恳请您根据自己的实际感受填写问卷，答案没有对错之分，您的认真填答将对我们的研究有莫大的帮助。衷心感谢您的配合与支持！

南开大学商学院

请您阅读下述情景，想象自己是情景中主人公，并根据情景回答问题。

下面有 A 和 B 两种促销情景：

A 情景：

"您家附近有一家商场，您只需要步行 5 分钟即可到达商场。您在该商场的广告宣传单看上一款品牌手表（原价 500 元左右），这款手表正在进行促销活动。该手表品牌是国内的知名品牌，几乎从来都不打折，这次突然进行了八折优惠。促销活动会持续 6 天。"

B 情景：

"您家附近有一家商场，您只需要步行 5 分钟即可到达商场。您在该商场的广告宣传单看上一款品牌手表（原价 500 元左右），这款手表正在进行促销活动。该手表品牌是国内的知名品牌，几乎从来都不打折，这次突然进行了八折优惠。这款手表仅限 100 块参加促销活动，先到先得，售完为止。"

（1）请问对您来说，到达该商场是否容易？（请选择"是"或"否"）_____

（2）请问 A 情景和 B 情景，哪一个更能促使您赶快前往卖场参与促销活动？（请选择"A"情景或"B"情景）_____

（3）请您阐述在第二题做出选择的原因？您选择的情景比另外一种情景的促销效果更好的原因是什么？

_____

_____

_____

（4）在 A 情景中，在您准备去往卖场参加促销活动时，您能否确定自己一定可以得到购买机会？（请选择"是"或"否"）_____

（5）在 B 情景中，在您准备去往卖场参加促销活动时，您能否确定自己一定可以得到购买机会？（请选择"是"或"否"）_____

（6）个人信息

您的性别_____　　您的年龄_____

附录B　实验二问卷示例

以"购买机会的感知易达性高/时间限制"组为例

尊敬的同学：

　　您好！非常感谢您能参与此次调查！本问卷包括两个独立调查，问卷一是关于当代大学生的个性特征，问卷二是关于大学生在促销情景中的反应。两项问卷调查都是基于学术研究，绝无其他用途。恳请您根据自己的实际感受填写问卷，答案没有对错之分，您的认真填答将对我们的研究有莫大的帮助。衷心感谢您的配合与支持！

南开大学行为科学研究中心

问卷（一）

　　本问卷调查的目的是了解当代大学生的个性特征，答案没有对错之分，请您根据自己的实际感受作答即可。

　　请您对下列语句的同意程度进行打分，1表达非常不同意句中的观点，7表达非常同意句中的观点。请您从数字1—7中选择一个画钩。

题项	非常不同意						非常同意
我发现我的性格适合井井有条、循规蹈矩的生活方式	①	②	③	④	⑤	⑥	⑦
我发现建立始终如一的规律能使我更好地享受生活	①	②	③	④	⑤	⑥	⑦

题项	非常不同意						非常同意
我喜欢在生活中建立一个清晰而固定的模式	①	②	③	④	⑤	⑥	⑦
我喜欢和熟悉的朋友在一起，因为我了解他们会做什么、怎么做	①	②	③	④	⑤	⑥	⑦
我不喜欢和那些行为经常出人意料的人打交道	①	②	③	④	⑤	⑥	⑦
我不喜欢不可预测的环境	①	②	③	④	⑤	⑥	⑦
当我做出一个决策后，我会感觉如释重负	①	②	③	④	⑤	⑥	⑦
遇到问题的时候，我通常能够迅速地找到最好的解决办法	①	②	③	④	⑤	⑥	⑦
当我无法找到问题的解决方法时，我会很快变得心烦意乱	①	②	③	④	⑤	⑥	⑦
我不喜欢进入我无法预测的情景中	①	②	③	④	⑤	⑥	⑦
当我不了解生活中某件事发生的原因时，我会感觉不舒服	①	②	③	④	⑤	⑥	⑦
我不喜欢一个人的话里有多种不同的含义	①	②	③	④	⑤	⑥	⑦
我不喜欢那些可以有许多不同答案的问题	①	②	③	④	⑤	⑥	⑦
当有人不同意群体内其他每个人都认同的观点，我会很恼火	①	②	③	④	⑤	⑥	⑦
在形成自己的观点之前，我通常不会咨询许多不同的观点	①	②	③	④	⑤	⑥	⑦
我更喜欢结构性情景胜于非结构性情景	①	②	③	④	⑤	⑥	⑦
相比于宽泛的指导方针，我更喜欢具体的指示	①	②	③	④	⑤	⑥	⑦
当我不知道结果时，我很容易变得焦虑	①	②	③	④	⑤	⑥	⑦
当我无法预期结果时，我感觉很有压力	①	②	③	④	⑤	⑥	⑦
当结果无法预料时，我不愿冒风险	①	②	③	④	⑤	⑥	⑦
我认为规则不能仅因某些实际原因而被打破	①	②	③	④	⑤	⑥	⑦
我不喜欢模棱两可的情况	①	②	③	④	⑤	⑥	⑦
我会避免购买那些已经被普通消费者所接受和购买的产品或品牌	①	②	③	④	⑤	⑥	⑦

续表

题项	非常不同意						非常同意
当我拥有的某件产品在普通大众中变得流行时，我会开始尽量少用它	①	②	③	④	⑤	⑥	⑦
当我知道某产品或品牌被普通大众购买时，我经常会尽量避免购买这类产品或品牌	①	②	③	④	⑤	⑥	⑦
一般来说，我不喜欢那些每个人都购买了的产品或品牌	①	②	③	④	⑤	⑥	⑦
一旦我之前购买的时尚品在普通大众中变得流行时，我就不再穿戴它们	①	②	③	④	⑤	⑥	⑦
对于那些在普通大众中越常见的产品或品牌，我对购买它们越不感兴趣	①	②	③	④	⑤	⑥	⑦
当每个人都会经常购买某件产品时，这样的产品对我来说没有什么价值	①	②	③	④	⑤	⑥	⑦
当我拥有的某种款式的衣服变得太常见时，我通常不会再穿它	①	②	③	④	⑤	⑥	⑦

问卷（二）

请您阅读下述情景，想象自己是情景中的主人公，并根据情景回答问题。

> 手表，是指戴在手腕上用以计时或显示时间的仪器。作为一名大学生，拥有一块手表不仅可以帮助自己树立时间观念、提高学习效率、防止上课迟到、有效把握考场上的时间进度，还可以搭配服饰、展示自我形象和个性等。于是，您打算在近期购买一块手表。
>
> 您家附近有一家商场，您只需要步行5分钟即可到达商场。您在该商场的广告宣传单上看中了一款品牌手表（原价500元左右），这款手表正在进行促销活动。该手表品牌是国内的知名品牌，几乎从来都不打折，这次突然进行了八折优惠。促销活动会持续6天。

在下述题目中，请您从数字 1—7 中选择一个画钩。

（1）请您对下述语句的同意程度打分，1 表示非常不同意，7 表示非常同意。

题项	非常不同意						非常同意
对我来说，到达该商场是容易的	①	②	③	④	⑤	⑥	⑦
我十分担心自己到达卖场时促销产品已经被卖完	①	②	③	④	⑤	⑥	⑦
如果我决定去卖场参加促销活动，但是到达卖场后发现自己已经错过了促销活动，我会感到非常后悔	①	②	③	④	⑤	⑥	⑦
如果其他人抢先购买，我可能会失去购买促销产品的机会	①	②	③	④	⑤	⑥	⑦
为了购买到该促销产品，我需要和其他购买者竞争	①	②	③	④	⑤	⑥	⑦
我能确定自己在到达商场时促销产品还有货	①	②	③	④	⑤	⑥	⑦
我能确定自己在到达商场时能够得到购买机会	①	②	③	④	⑤	⑥	⑦
我能确定自己在到达商场时能够买到促销产品	①	②	③	④	⑤	⑥	⑦

（2）您对该促销活动的态度：

①　　②　　③　　④　　⑤　　⑥　　⑦

一点也不喜欢　　　　　　　　　　喜欢

①　　②　　③　　④　　⑤　　⑥　　⑦

一点也不好　　　　　　　　　　非常好

①　　②　　③　　④　　⑤　　⑥　　⑦

根本没有意义　　　　　　　　　十分有意义

　　　　①　　②　　③　　④　　⑤　　⑥　　⑦
　　　　一点也不能引起注意　　　　非常能引起注意

（3）您参与该促销活动的可能性：

　　　　①　　②　　③　　④　　⑤　　⑥　　⑦
　　　　不会参加该促销活动　　　　会参加该促销活动

（4）请您回答个人信息：

性别：A. 男性　　　B. 女性

年龄：_____

——END——

填答完毕后，请您上交问卷并向工作人员领取报酬！

再次感谢您的参与！

附录 C 实验三问卷示例

以"促销幅度小——获得目标群体成员资格难度高"组为例

尊敬的同学：

您好！非常感谢您能参与此次调查！本问卷是基于一项学术研究，绝无其他用途。恳请您根据自己的实际感受填写问卷，答案没有对错之分，您的认真填答将对我们的研究有莫大的帮助。衷心感谢您的配合与支持！

南开大学商学院

请您仔细阅读下述情景，想象自己是情景中的主人公，并根据情景回答问题。

> 您打算在学校附近的某家数码商店购买一款 MP3。目前，您对两款 MP3 比较满意，分别是品牌 A 和品牌 B。两款 MP3 在存储容量上是一样的，外观吸引力无明显差别。但是，在另外两个非价格属性（音质和电池）上各有优势。品牌 A 具有最新音效技术，音质更加清澈；品牌 B 具有超长待机时间。两款产品的原价都是 299 元。目前，品牌 A 正在进行促销活动，而品牌 B 没有促销。品牌 A 的促销价是 289 元，但是，该促销价格仅针对会员顾客（会员专属价格），其他非会员顾客无法获得促销价格，需要支付 299 元全价。经询问得知，在该店铺累计购买 5000 元可成为店铺会员。由于目前您不是会员，无法得到会员价格。因而，对于您来说，品牌 A 和品牌 B 的价格都是 299 元。

在下述题目中，请您从数字 1—7 中选择一个画钩：

（1）如果您要在品牌 A 和品牌 B 之间做出选择，您更可能选择哪一个？

①　　②　　③　　④　　⑤　　⑥　　⑦
更可能选　　　　选择品牌 A　　　更可能选
择 299 元　　　和品牌 B 的　　　择 299 元
的品牌 A　　　可能性一样　　　的品牌 B

（2）会员购买品牌 A 只需要促销价 289 元/1199 元，而您作为非会员购买品牌 A 需要支付全价 299 元，对于这一交易您感到：

①　　②　　③　　④　　⑤　　⑥　　⑦
非常不公平　　　　　　　　非常公平

（3）品牌 A 的促销价格仅限于该店铺的会员购买，而您由于不属于会员而无法购买，那么您认为该促销限制是：

①　　②　　③　　④　　⑤　　⑥　　⑦
非常不合理　　　　　　　　非常合理

①　　②　　③　　④　　⑤　　⑥　　⑦
非常不正当　　　　　　　　非常正当

（4）根据上述情景，您认为品牌 A 的促销幅度：

①　　②　　③　　④　　⑤　　⑥　　⑦
非常小　　　　　　　　非常大

（5）根据上述情景，您认为在该家店铺获得会员资格的难度：

①　　②　　③　　④　　⑤　　⑥　　⑦

非常小　　　　　　　　　　　非常大

您的个人信息

性别：A. 男性　　　B. 女性

年龄：＿＿＿＿＿

——END——

填答完毕后，请您上交问卷并向工作人员领取报酬！

再次感谢您的参与！

附录 D　实验四问卷示例

以"高匹配：体育用品—运动员"组为例

请您认真阅读下述情景，想象自己是情景中的主人公，并回答问题。

> 某体育用品制造商宣布了一则促销优惠活动，促销活动期间体育运动员/教师可以凭有效证件获得该家企业的超低折扣优惠机会（仅需支付原价的 50%）。很遗憾，您并不是体育运动员/教师，您无法获得此促销机会。您在获得该促销信息前，刚好看上了这家企业的一套体育用品并计划购买。您意识到自己无法获得五折优惠，而是要支付产品的原价。

在下述题目中，请您从数字 1—7 中选择一个答案画钩：

（1）面对企业推出这样的促销信息，您是否愿意购买这家企业的产品？

　　①　　②　　③　　④　　⑤　　⑥　　⑦
非常不愿意　　　　　　　　　　　非常愿意

（2）您在多大程度上想要购买这家企业的产品？

　　①　　②　　③　　④　　⑤　　⑥　　⑦
一点也不想购买　　　　　　　　非常想购买

（3）在上述情景中，促销活动仅限于运动员/教师购买，而您由于不属于运动员/教师而无法参加促销（必须支付产品的原价），那么您认为该促销限制是：

①　②　③　④　⑤　⑥　⑦
非常不合理　　　　　　　　非常合理

①　②　③　④　⑤　⑥　⑦
非常不正当　　　　　　　　非常正当

（4）对于运动员/教师支付了更低的价格，您认为这是：

①　②　③　④　⑤　⑥　⑦
非常不公平　　　　　　　　非常公平

（5）运动员/教师只需要支付五折价格，而您需要支付产品的原价。您认为您所支付的价格是不公平的：

①　②　③　④　⑤　⑥　⑦
非常不同意　　　　　　　　非常同意

（6）请您评价企业这项促销活动的对象（运动员/教师）与企业产品的感知匹配性：

①　②　③　④　⑤　⑥　⑦
非常不匹配　　　　　　　　非常匹配

请您回答个人信息：

（1）您的性别：＿＿＿＿＿＿＿

A. 男性　　B. 女性

（2）您的年龄段：_____

A. 15 岁以下　　B. 15—20 岁　　C. 21—25 岁　　D. 26—30 岁

E. 31—40 岁　　F. 41—50 岁　　G. 51—60 岁　　H. 60 岁以上

（3）您的学历：_____

A. 小学及以下　　B. 初中　　　　C. 高中　　　　D. 中专

E. 大专　　　　　F. 大学本科　　G. 硕士　　　　H. 博士

（4）您目前从事的职业：_____

A. 全日制学生　　　　B. 生产人员　　　　C. 销售人员

D. 市场/公关人员　　　E. 客服人员　　　　F. 行政/后勤人员

G. 人力资源　　　　　H. 财务/审计人员　　I. 文职/办事人员

J. 技术/研发人员　　　K. 管理人员　　　　L. 教师

M. 运动员　　　　　　N. 顾问/咨询

O. 专业人员（如会计、律师、记者等）　　　P. 其他_____

（5）您目前的月收入：_____

A. 还没有收入　　　　B. 2000 元以下　　　C. 2000—3000 元

D. 3001—5000 元　　　E. 5001—8000 元　　　F. 8001—15000 元

G. 15001—50000 元　　H. 50000 元以上

——END——

填答完毕，感谢您的参与！

附录 E 实验五问卷示例

以"非目标群体的群体规模较大"组为例

请您认真阅读下述情景，想象自己是情景中的主人公，并回答问题。

您的父母决定购置一台新款电视机。由于他们的网购经验不足，所以委托您在网上选购一台电视机。经过一系列筛选，您对品牌 A 的某款电视机和品牌 B 的某款电视机比较中意和认可。这两个品牌都是 55 英寸高清 LED 液晶电视，并且两款电视的外观吸引力无明显差别。但是，两个品牌在两个非价格属性（USB 支持格式和操作系统便利性）上各有优势。其中，品牌 A 的 USB 支持格式更多，可以放映较多格式的视频或音频；品牌 B 的能效等级更高，即品牌 B 比品牌 A 相对来说更省电。

接下来，您使用了比价网站搜寻这两款电视机的最低价格。您发现，品牌 A 最低价格是 5299 元，但是该价格仅限于"上海地区"的消费者购买，其他地区的最低价格是 5499 元；品牌 B 的最低价格是 5499 元，您家所在的省（或直辖市）和其他绝大部分地区的最低价格都是 5499 元。于是，对您家来说购买品牌 A 和品牌 B 的价格是一样的，都是 5499 元。

一 请您根据情景回答下述问题：

（1）在上述情景中，能够以 5299 元促销价购买到品牌 A 的是下

列哪个区域中的消费者？请您从数字 1—5 中选择一个（正确答案是唯一的）_____

① 上海地区

② 您家所在的省（或直辖市）

③ 除您家所在省（或直辖市）之外的其他绝大部分地区

④ 您家所在的省（或直辖市）和其他绝大部分地区

⑤ 所有地区

（2）如果您家购买品牌 A 需要花费多少钱？请您从数字 1—3 中选择一个（正确答案是唯一的）_____

① 5299 元　　　② 5499 元　　　③无法确定

（3）如果您家购买品牌 B 需要花费多少钱？请您从数字 1—3 中选择一个（正确答案是唯一的）_____

① 5299 元　　　② 5499 元　　　③ 无法确定

二　在下述题目中，请您从数字 1—7 中选择一个画钩（答案没有对错之分）

（4）如果您要在品牌 A 和品牌 B 之间做出选择，您更可能选择哪一个？

①	②	③	④	⑤	⑥	⑦
更可能选择品牌 A		选择品牌 A 和品牌 B 的可能性一样			更可能选择品牌 B	

（5）其他大部分省（或直辖市）的消费者购买品牌 A 只需要支付 5299 元，而您家所在省（或直辖市）和其他绝大部分地区的消费者购买品牌 A 需要支付 5499 元，对于这一交易您感到：

①	②	③	④	⑤	⑥	⑦
非常不公平					非常公平	

（6）品牌 A 的促销价格 5299 元具有区域限制，该价格仅限于上海地区，而您所在的地区和其他绝大部分地区都不属于促销价格区域，因而您如果购买品牌 A 需要支付 5499 元，那么您认为该促销限制：

①　　②　　③　　④　　⑤　　⑥　　⑦

非常不合理　　　　　　　　　　非常合理

①　　②　　③　　④　　⑤　　⑥　　⑦

非常不正当　　　　　　　　　　非常正当

请您回答个人信息：

（1）您的性别：_____

A. 男性　　B. 女性

（2）您的年龄段：_____

A. 15 岁以下　　　　B. 15—20 岁　　　　C. 21—25 岁

D. 26—30 岁　　　　E. 31—40 岁　　　　F. 41—50 岁

G. 51—60 岁　　　　H. 60 岁以上

（3）您的学历：_____

A. 小学及以下　　　B. 初中　　C. 高中　　　D. 中专

E. 大专　　　　　　F. 大学本科　G. 硕士　　　H. 博士

（4）您目前工作和生活的省份（或直辖市）在：_____

您父母目前工作和生活的省份（或直辖市）在：_____

（5）您目前的月收入：_____

A. 还没有收入　　　B. 2000 元以下　　　C. 2000—3000 元

D. 3001—5000 元　　E. 5001—8000 元　　F. 8001—15000 元

G. 15001—50000 元　H. 50000 元以上

——**END**——

填答完毕，感谢您的参与！

附录 F 认知闭合需要的测量量表

"我发现我的性格适合井井有条、循规蹈矩的生活方式"

"我发现建立始终如一的规律能使我更好地享受生活"

"我喜欢在生活中建立一个清晰而固定的模式"

"我喜欢和熟悉的朋友在一起，因为我了解他们会做什么、怎么做"

"我不喜欢和那些行为经常出人意料的人打交道"

"我不喜欢不可预测的环境"

"当我做出一个决策后，我会感觉如释重负"

"遇到问题的时候，我通常能够迅速地找到最好的解决办法"

"当我无法找到问题的解决方法时，我会很快变得心烦意乱"

"我不喜欢进入我无法预测的情景中"

"当我不了解生活中某件事发生的原因时，我会感觉不舒服"

"我不喜欢一个人的话里有多种不同的含义"

"我不喜欢那些可以有许多不同答案的问题"

"当有人不同意群体内其他每个人都认同的观点，我会很恼火"

"在形成自己的观点之前，我通常不会咨询许多不同的观点"

附录 G 不确定性规避的测量量表

"我喜欢结构性情景胜于非结构性情景"

"相比于宽泛的指导方针，我更喜欢具体的指示"

"当我不知道结果时，我很容易变得焦虑"

"当我无法预期结果时，我感觉很有压力"

"当结果无法预料时，我不愿冒风险"

"我认为规则不能仅因某些实际原因而被打破"

"我不喜欢模棱两可的情况"

附录 H　独特性需要的测量量表

"我会避免购买那些已经被普通消费者所接受和购买的产品或品牌"

"当我拥有的某件产品在普通大众中变得流行时,我会开始尽量少用它"

"当我知道某产品或品牌被普通大众购买时,我经常会尽量避免这类产品或品牌"

"一般来说,我不喜欢那些每个人都购买了的产品或品牌"

"一旦我之前购买的时尚品在普通大众中变得流行时,我就不再穿戴它们"

"对于那些在普通大众中越常见的产品或品牌,我对购买它们越不感兴趣"

"当每个人都会经常购买某件产品时,这样的产品对我来说没有什么价值"

"当我拥有的某种款式的衣服变得太常见时,我通常不会再穿它"

参考文献

[1] 陈荣：《预期后悔与体验后悔在消费者动态选择过程中的作用机制》，《南开管理评论》2007 年第 3 期。

[2] 金立印：《产品稀缺信息对消费者购买行为影响之实证分析》，《商业经济与管理》2005 年第 8 期。

[3] 金立印：《促销活动效果比较研究——诱因类型，获得时机和条件限制对促销效果的影响》，《管理评论》2008 年第 8 期。

[4] 李东进、李研、马云飞：《消费者后悔功效说》，《现代管理科学》2011 年第 10 期。

[5] 李东进、李研、吴波：《脱销诱因与品牌概念对产品感知与购买的影响》，《管理科学》2013 年第 5 期。

[6] 李东进、马云飞、李研：《错过购买后不行动后悔的形成机制——禀赋效应的中介作用》，《营销科学学报》2013 年第 1 期。

[7] 李研、李东进、朴世桓：《产品脱销信息对相似品购买延迟的影响——基于后悔理论的研究》，《营销科学学报》2013 年第 4 期。

[8] 刘雪峰、张志学、梁钧平：《认知闭合需要、框架效应与决策偏好》，《心理学报》2007 年第 4 期。

[9] 卢长宝、于然海、曹红军：《时间压力与促销决策信息搜寻的内在关联机制》，《科研管理》2012 年第 10 期。

[10] 王财玉：《社会距离与口碑传播效力研究：解释水平的视角》，《财经论丛》2012 年第 4 期。

[11] Abela, Andrew V. and Patrick E. Murphy, "Marketing with Integrity: Ethics and the Service – Dominant Logic for Marketing", *Journal of the Academy of Marketing Science*, Vol. 36, No. 1, 2008, pp.

39 – 53.

[12] Adams, Stacy J. , "Inequity in Social Exchange", in Berkowitz, L. ed. , *Advances in Experimental Social Psychology*, New York: Academic Press, 1965, pp. 267 – 299.

[13] Aggarwal, Praveen, Sung Youl Jun and Jong Ho Huh, "Scarcity Messages", *Journal of Advertising*, Vol. 40, No. 3, 2011, pp. 19 – 30.

[14] Aiken, Leona S. and Stephen G. West, *Multiple Regression: Testing and Interpreting Interactions*, Newbury Park, CA: Sage, 1991.

[15] Alba, Joseph W. and Alan D. J. Cooke, "When Absence Begets Inference in Conjoint Analysis", *Journal of Marketing Research*, Vol. 41, No. 4, 2004, pp. 382 – 387.

[16] Alba, Joseph, John lynch, Barton Weitz, Chris Janiszewski, Richard Lutz, Alan Sawyer and Stacy Wood, "Interactive Home Shopping: Consumer, Retailer, and Manufacturer Incentives to Participate in Electronic Marketplaces", *Journal of Marketing*, Vol. 61, No. 3, 1997, pp. 38 – 53.

[17] Alchian, Armen Albert and William Richard Allen, *University Economics*, Belmont, CA: Wadsworth, 1967.

[18] Amaldoss, Wilfred and Sanjay Jain, "Conspicuous Consumption and Sophisticated Thinking", *Management Science*, Vol. 40, No. 3, 2005, pp. 1449 – 1466.

[19] Amaldoss, Wilfred and Sanjay Jain, "Trading up: A Strategic Analysis of Reference Group Effects", *Marketing Science*, Vol. 27, No. 5, 2008, pp. 932 – 942.

[20] Amaldoss, Wilfred and Sanjay Jain, "Reference Groups and Product Line Decisions: An Experimental Investigation of Limited Editions and Product Proliferation", *Management Science*, Vol. 56, No. 4, 2010, pp. 621 – 644.

[21] Anderson, Eric T. and Duncan I. Simester, "Price Discrimination as

an Adverse Signal: Why an Offer to Spread Payments May Hurt Demand", *Marketing Science*, Vol. 20, No. 3, 2001, pp. 315 – 327.

[22] Anderson, Eric T. and Duncan I. Simester, "Does Demand Fall When Customers Perceive that Prices are Unfair? The Case of Premium Pricing for Large Sizes", *Marketing Science*, Vol. 27, No. 3, 2008, pp. 492 – 500.

[23] Austin, William, Neil C. Mcginn and Charles Susmilch, "Internal Standards Revisited: Effects of Social Comparisons and Expectancies on Judgments of Fairness and Satisfaction", *Journal of Experimental Social Psychology*, Vol. 16, No. 5, 1980, pp. 426 – 441.

[24] Bagchi, Rajesh and Amar Cheema, "The Effect of Red Background Color on Willingness – to – Pay: The Moderating Role of Selling Mechanism", *Journal of Consumer Research*, Vol. 39, No. 5, 2013, pp. 947 – 960.

[25] Bagozzi, Richard P. , "Marketing as Exchange", *Marketing: Critical Perspectives on Business and Management*, Vol. 39, 2001, pp. 32 – 39.

[26] Balachander, Subramanian and Axel Stock, "Limited Edition Products: When and When not to Offer Them", *Marketing Science*, Vol. 28, No. 2, 2009, pp. 336 – 355.

[27] Barnard, Neil and Andrew Ehrenberg, "Advertising: Strongly Persuasive or Nudging?", *Journal of Advertising Research*, Vol. 37, No. 1, 1997, pp. 21 – 31.

[28] Baron, Reuben M. and David A. Kenny, "The Moderator – Mediator Variable Distinction in Social Psychological Research: Conceptual, Strategic, and Statistical Considerations", *Journal of Personality and Social Psychology*, Vol. 51, No. 6, 1986, pp. 1173 – 1182.

[29] Barone, Michael J. and Tirthankar Roy, "Does Exclusivity Always Pay off? Exclusive Price Promotions and Consumer Response", *Journal of Marketing*, Vol. 74, No. 2, 2010a, pp. 121 – 132.

[30] Barone, Michael J. and Tirthankar Roy, "The Effect of Deal Exclusivity on Consumer Response to Targeted Price Promotions: A Social Identification Perspective", *Journal of Consumer Psychology*, Vol. 20, No. 1, 2010b, pp. 78 – 89.

[31] Bayley, Geoff and Clive Nancarrow, "Impulse Purchasing: A Qualitative Exploration of the Phenomenon", *Qualitative Market Research: An International Journal*, Vol. 1, No. 2, 1998, pp. 99 – 114.

[32] Bearden, William O., Richard G. Netemeyer and Jesse E. Teel, "Measurement of Consumer Susceptibility to Interpersonal Influence", *Journal of Consumer Research*, Vol. 15, No. 4, 1989, pp. 473 – 481.

[33] Beatty, Sharon E. and Scott M. Smith, "External Search Effort: An Investigation Across Several Product Categories", *Journal of Consumer Research*, Vol. 14, No. 1, 1987, pp. 83 – 95.

[34] Bei, Lien – Ti and Eithel M. Simpson, "The Determinants of Consumers' Purchase Decisions for Recycled Products: An Application of Acquisition – Transaction Utility Theory", *Advances in Consumer Research*, Vol. 22, No. 1, 1995, pp. 257 – 261.

[35] Belk, Russell W., Guliz Ger and Soren Askegaard, "The Fire of Desire: A Multisited Inquiry into Consumer Passion", *Journal of Consumer Research*, Vol. 30, No. 3, 2003, pp. 311 – 325.

[36] Bell, David E., "Regret in Decision Making under Uncertainty", *Operations Research*, Vol. 30, No. 5, 1982, pp. 961 – 981.

[37] Biehal, Gabriel and Dipankar Chakravarti, "Information Accessibility as a Moderator of Consumer Choice", *Journal of Consumer Research*, Vol. 10, No. 1, 1983, pp. 1 – 14.

[38] Blattberg, Robert C., Gary D. Eppen and Joshua Lieberman, "A Theoretical and Empirical Evaluation of Price Deals for Consumer Non – Durables", *Journal of Marketing*, Vol. 45, No. 1, 1981, pp. 116 – 129.

[39] Blodgett, Jeffrey G., Donna J. Hill and Steve S. Tax, "The Effects

of Distributive, Procedural, and Interactive Justice on Postcomplaint Behavior", *Journal of Retailing*, Vol. 73, No. 2, 1997, pp. 185 – 210.

[40] Blumberg, Paul, "The Decline and Fall of the Status Symbol: Some Thoughts on Status in a Postindustrial Society", *Social Problems*, Vol. 21, No. 1, 1973, pp. 480 – 498.

[41] Bolton, Lisa E. , Luk Warlop and Joseph W. Alba, "Consumer Perceptions of Price (un) Fairness", *Journal of Consumer Research*, Vol. 29, No. 4, 2003, pp. 474 – 491.

[42] Bolton, Lisa E. , Hean Tat Keh and Joseph W. Alba, "How do Price Fairness Perceptions Differ across Culture?", *Journal of Marketing Research*, Vol. 47, No. 3, 2010, pp. 564 – 576.

[43] Botti, Simona, Susan Broniarczyk, Gerald Häubl, Ron Hill, Yanliu Huang, Barbara Kahn, Praveen Kopalle, Donald Lehmann, Joe Urbany and Brian Wansink, "Choice under Restrictions", *Marketing Letters*, Vol. 19, No. 3/4, 2008, pp. 183 – 199.

[44] Boulding, William, Richard Staelin, Michael Ehret and Wesley J. Johnston, "A Customer Relationship Management Roadmap: What is Known, Potential Pitfalls, and Where to Go", *Journal of Marketing*, Vol. 69, No. 4, 2005, pp. 155 – 166.

[45] Brannon, Laura A. and Timothy C. Brock, "Limiting Time for Responding Enhances Behavior Corresponding to the Merits of Compliance Appeals: Refutations of Heuristic – Cue Theory in Service and Consumer Settings", *Journal of Consumer Psychology*, Vol. 10, No. 3, 2001, pp. 135 – 146.

[46] Brehm, Sharon S. and Jack W. Brehm, *Psychological Reactance: A Theory of Freedom and Control*, New York: Academic Press, 1981.

[47] Brehm, Jack W. , *A Theory of Psychological Reactance*, New York: Academic Press, 1966.

[48] Brock, Timothy C. and Laura A. Brannon, "Liberalization of Com-

modity Theory", *Basic and Applied Social Psychology*, Vol. 13, No. 1, 1992, pp. 135 – 144.

[49] Brock, Timothy C. , "Implications of Commodity Theory for Value Change", in Greenwald, A. G. , Brock, T. C. , Ostrom, T. M. eds. , *Psychological Foundations of Attitudes*, New York: Academic Press, 1968, pp. 243 – 275.

[50] Brown, Stephen, "Torment Your Customers (They'll Love It)", *Harvard Business Review*, Vol. 79, No. 9, 2001, pp. 82 – 88.

[51] Burson, Katherine A. and Simona Botti, "Choice Satisfaction can be the Luck of the Draw", *Advances in Consumer Research*, Vol. 36, 2009, p. 29.

[52] Campbell, Margaret C. , "Perceptions of Price Unfairness: Antecedents and Consequences", *Journal of Marketing Research*, Vol. 36, No. 2, 1999, pp. 187 – 199.

[53] Chandon, Pierre, Brian Wansink and Gilles Laurent, "A Benefit Congruency Framework of Sales Promotion Effectiveness", *Journal of Marketing*, Vol. 64, No. 4, 2000, pp. 65 – 81.

[54] Cheema, Amar and Vanessa M. Patrick, "Anytime Versus only: Mindsets Moderate the Effect of Expansive Versus Restrictive Frames on Promotion Evaluation", *Journal of Marketing Research*, Vol. 45, No. 4, 2008, pp. 462 – 472.

[55] Chien, P. Monica, T. Bettina Cornwell and Ravi Pappu, "Sponsorship Portfolio as a Brand – Image Creation Strategy", *Journal of Business Research*, Vol. 64, No. 2, 2011, pp. 142 – 149.

[56] Chiu, Chi – yue, Michael W. Morris, Ying – yi Hong and Tanya Menon, "Motivated Cultural Cognition: The Impact of Implicit Cultural Theories on Dispositional Attribution Varies as a Function of Need for Closure", *Journal of Personality and Social Psychology*, Vol. 78, No. 2, 2000, pp. 247 – 259.

[57] Cialdini, Robert B. , *Influence: How and Why People Agree to*

Things, New York: Quill, 1984.

[58] Cialdini, Robert B. , *Influence: Science and Practice*, 5th ed. , Boston: Pearson Education. 2008.

[59] Cialdini, Robert B. , *Influence: The Psychology of Persuasion*, New York: William Morrow, 1993.

[60] Cialdini, Robert B. , "Principles and Techniques of Social Influence", in Tesser, A. B. ed. , *Advanced Social Psychology*, New York: McGraw – Hill, 1995, pp. 257 – 281.

[61] Clee, Mona A. and Robert A. Wicklund, "Consumer Behavior and Psychological Reactance", *Journal of Consumer Research*, Vol. 6, No. 4, 1980, pp. 389 – 405.

[62] Cohen, Jacob, Patricia Cohen, Stephen G. West and Leona S. Aiken, *Applied Multiple Regression/Correlational Analysis for the Behavioral Sciences*, 3rd ed. , Mahwah, NJ: Lawrence Erlbaum Associates, 2003.

[63] Colman, Andrew M. , Briony D. Pulford and Fergus Bolger, "Asymmetric Dominance and Phantom Decoy Effects in Games", *Organizational Behavior and Human Decision Processes*, Vol. 104, No. 2, 2007, pp. 193 – 206.

[64] Colquitt, Jason A. , Donald E. Conlon, Michael J. Wesson, Christopher O. Porter and K. Yee Ng, "Justice at the Millennium: A Meta – Analytic Review of 25 Years of Organizational Justice Research", *Journal of Applied Psychology*, Vol. 86, No. 3, 2001, pp. 425 – 445.

[65] Cox, Jennifer L. , "Can Differential Price be Fair?", *Journal of Product & Brand Management*, Vol. 10, No. 5, 2001, pp. 264 – 275.

[66] Crocker, Jennifer and Brenda Major, "Reactions to Stigma: The Moderating Role of Justifications", in Zanna, M. P. , Olson, J. M. eds. , *The Psychology of Prejudice: The Ontario Symposium*, Hillsdale, NJ: Lawrence Erlbaum, 1994, pp. 289 – 314.

[67] Csikszentmihalyi Mihalyy and Rochberg – Halton Eugene, *The Meaning of Things: Domestic Symbols and the Self*, New York: Cambridge University Press, 1981.

[68] Cude, Brenda J., "Does it Cost More to Buy 'Green'?", in *Proceedings: 39th Annual Conference of the American Council on Consumer Interests*, 1993, pp. 108 – 113.

[69] Darke, Peter R. and Darren W. Dahl, "Fairness and Discounts: The Subjective Value of a Bargain", *Journal of Consumer Psychology*, Vol. 13, No. 3, 2003, pp. 328 – 338.

[70] De Dreu, Carsten K. W., Sander L. Koole and Frans L. Oldersma, "On the Seizing and Freezing of Negotiator Inferences: Need for Cognitive Closure Moderates the Use of Heuristics in Negotiation", *Personality and Social Psychology Bulletin*, Vol. 25, No. 3, 1999, pp. 348 – 362.

[71] De Run and Ernest Cyril, "Ethnically Targeted Advertising: Views of Those not Targeted", *Asia Pacific Journal of Marketing and Logistics*, Vol. 19, No. 3, 2007, pp. 265 – 285.

[72] Deci, Edward L., Gregory Betley, James Kahle, Linda Abrams and Joseph Porac, "When Trying to Win Competition and Intrinsic Motivation", *Personality and Social Psychology Bulletin*, Vol. 7, No. 1, 1981, pp. 79 – 83.

[73] Deutsch, Morton, "An Experimental Study of the Effects of Cooperation and Competition upon Group Process", *Human Relations*, Vol. 2, 1949, pp. 199 – 231.

[74] Dick, Alan, Dipankar Chakravarti and Gabriel Biehal, "Memory – Based Inferences during Consumer Choice", *Journal of Consumer Research*, Vol. 17, No. 1, 1990, pp. 82 – 93.

[75] Dodson, Joe A., Alice M. Tybout and Brian Sternthal, "Impact of Deals and Deal Retraction on Brand Switching", *Journal of Marketing Research*, Vol. 15, No. 1, 1978, pp. 72 – 81.

[76] Doubeni, Chyke A. , Wenjun Li, Hassan Fouayzi and Joseph Difran-za, "Perceived Accessibility as a Predictor of Youth Smoking", *Annals of Family Medicine*, Vol. 6, No. 4, 2008, pp. 323 – 330.

[77] Drolet, Aimee L. and Donald G. Morrison, "Do We really Need Multiple – Item Measures in Service Research?", *Journal of Service Research*, Vol. 3, No. 3, 2011, pp. 196 – 205.

[78] Durrheim, Kevin and Don Foster, "Tolerance of Ambiguity as a Content Specific Construct", *Personality and Individual Differences*, Vol. 22, No. 5, 1997, pp. 741 – 750.

[79] Eagly, Alice H. and Shelly Chaiken, *The Psychology of Attitudes*, Fort Worth, TX: Harcourt Brace Jovanovich, 1993.

[80] Fallows, Deborah, "Spam: How it is Hurting Email and Degrading Life on the Internet", *Pew Internet and American Life Project*, 2003.

[81] Feinberg, Fred M. , Aradhna Krishna and Z. John Zhang, "Do We Care What Others Get? A Behaviorist Approach to Targeted Promotions", *Journal of Marketing Research*, Vol. 39, No. 3, 2002, pp. 277 – 291.

[82] Feldman, Jack M. and John G. Lynch, "Self – Generated Validity of Other Effects of Measurement on Belief, Attitude, Intention and Behavior", *Journal of Applied Psychology*, Vol. 73, No. 3, 1988, pp. 421 – 435.

[83] Fiore, Ann Marie, Seung – Eun Lee and Grace Kunz, "Individual Differences, Motivations, and Willingness to Use a Mass Customization Option for Fashion Products", *European Journal of Marketing*, Vol. 38, No. 7, 2004, pp. 835 – 849.

[84] Fitzsimons, Gavan J. and Donald R. Lehmann, "Reactance to Recommendations: When Unsolicited Advice Yields Contrary Responses", *Marketing Science*, Vol. 23, No. 1, 2004, pp. 82 – 94.

[85] Folkes, Valerie S. , "Recent Attribution Research in Consumer Behavior: A Review and New Directions", *Journal of Consumer Re-

search, Vol. 14, No. 4, 1988, pp. 548 – 565.

[86] Boorstin, Julia, "What's in Fashion This Fall? Scarcity", *Time Inc Time & Life Building*, Vol. 152, 2005, p. 19.

[87] Franke, Nikolaus and Martin Schreier, "Product Uniqueness as a Driver of Customer Utility in Mass Customization", *Marketing Letters*, Vol. 19, No. 2, 2008, pp. 93 – 107.

[88] Fromkin, Howard L. , "Feelings of Interpersonal Undistinctiveness: An Unpleasant Affective State", *Journal of Experimental Research in Personality*, Vol. 6, No. 2/3, 1972, pp. 178 – 185.

[89] Furnham, Adrian and Tracy Ribchester, "Tolerance of Ambiguity: A Review of The Concept, Its Measurement and Applications", *Current Psychology*, Vol. 14, No. 3, 1995, pp. 179 – 199.

[90] Ge, Xin, Paul R. Messinger and Jin Li, "Influence of Soldout Products on Consumer Choice", *Journal of Retailing*, Vol. 85, No. 3, 2009, pp. 274 – 287.

[91] Gierl, Heribert and Verena Huettl, "Are Scarce Products always More Attractive? The Interaction of Different Types of Scarcity Signals with Products' Suitability for Conspicuous Consumption", *International Journal of Research in Marketing*, Vol. 27, No. 3, 2010, pp. 225 – 235.

[92] Gierl, Heribert, Michael Plantsch and Janine Schweidler, "Scarcity Effects on Sales Volume in Retail", *The International Review of Retail, Distribution and Consumer Research*, Vol. 18, No. 1, 2008, pp. 45 – 61.

[93] Gilbert, Daniel T. , Carey K. Morewedge, Jane L. Risen and Timothy D. Wilson, "Looking forward to Looking Backward, the Misprediction of Regret", *American Psychological Society*, Vol. 15, No. 5, 2004, pp. 346 – 350.

[94] Godfrey, Andrea, Kathleen Seiders and Glenn B. Voss, "Enough is Enough! The Fine Line in Executing Multichannel Relational Commu-

nication", *Journal of Marketing*, Vol. 75, No. 4, 2011, pp. 94 – 109.

[95] Greenberg, Jerald, "Determinants of Perceived Fairness of Performance Evaluations", *Journal of Applied Psychology*, Vol. 71, No. 2, 1986, p. 340.

[96] Grégoire, Yany and Robert J. Fisher, "Customer Betrayal and Retaliation: When Your Best Customers Become Your Worst Enemies", *Journal of the Academy of Marketing Science*, Vol. 36, No. 2, 2008, pp. 247 – 261.

[97] Grier, Sonya A. and Anne M. Brumbaugh, "Noticing Cultural Differences: Ad Meanings Created by Target and Non – Target Markets", *Journal of Advertising*, Vol. 28, No. 1, 1999, pp. 79 – 93.

[98] Griskevicius, Vladas, Noah J. Goldstein, Chad R. Mortensen, Jill M. Sundie, Robert B. Cialdini and Douglas T. Kenrick, "Fear and Loving in Las Vegas: Evolution, Emotion, and Persuasion", *Journal of Marketing Research*, Vol. 46, No. 3, 2009, pp. 384 – 395.

[99] Gupta, Shipra, "The Psychological Effects of Perceived Scarcity on Consumers' Buying Behavior" in Lincoln, Ph. D dissertation, Univ. of Nebraska, 2013.

[100] Guttentag, Robert E. and Jennifer M. Ferrell, "Children's Understanding of Anticipatory Regret and Disappointment", *Cognition and Emotion*, Vol. 22, No. 5, 2008, pp. 815 – 832.

[101] Hammock, Thomas and Jack W. Brehm, "The Attractiveness of Choice Alternatives when Freedom to Choose is Eliminated by a Social Agent", *Journal of Personality*, Vol. 34, No. 4, 1966, pp. 546 – 554.

[102] Hasher, Lynn and Rose T. Zacks, "Automatic Processing of Fundamental Information: The Case of Frequency of Occurrence", *American Psychologist*, Vol. 39, No. 12, 1984, pp. 1372 – 1388.

[103] Haws, Kelly L. and William O. Bearden, "Dynamic Pricing and

Consumer Fairness Perceptions", *Journal of Consumer Research*, Vol. 33, No. 3, 2006, pp. 304 – 311.

[104] Hayes, Andrew F., "Introduction to Mediation, Moderation, and Conditional Process Analysis: A Regression – Based Approach", *Journal of Educational Measurement*, Vol. 51, No. 3, 2013, pp. 335 – 337.

[105] Henderson, Conor M., Joshua T. Beck and Robert W. Palmatier, "Review of the Theoretical Underpinnings of Loyalty Programs", *Journal of Consumer Psychology*, Vol. 21, No. 3, 2011, pp. 256 – 276.

[106] Hill, Sarah E., Christopher D. Rodeheffer, Vlades Griskevicius, Kristina Durante and Andrew Edward White, "Boosting Beauty in an Economic Decline: Mating, Spending, and the Lipstick Effect", *Journal of Personality and Social Psychology*, Vol. 103, No. 2, 2012, pp. 275 – 291.

[107] Hofstede, Geert, *Culture's Consequences: National Differences in Thinking and Organizing*, Beverly Hills, Calif: Sage, 1980.

[108] Homburg, Christian, Wayne D. Hoyer and Ruth M. Stock, "How to Get Lost Customers Back", *Journal of the Academy of Marketing Science*, Vol. 35, No. 4, 2007, pp. 461 – 474.

[109] Homburg, Christian, Mathias Droll and Dirk Totzek, "Customer Prioritization: Does it Pay off, and How Should it be Implemented", *Journal of Marketing*, Vol. 72, No. 5, 2008, pp. 110 – 130.

[110] Homer, Pamela M. and Lynn R. Kahle, "A Social Adaptation Explanation of the Effects of Surrealism on Advertising", *Journal of Advertising*, Vol. 15, No. 2, 1986, pp. 50 – 54.

[111] Hong, Sung – Mook and Salvatora Faedda, "Refinement of the Hong Psychological Reactance Scale", *Educational and Psychological Measurement*, Vol. 56, No. 1, 1996, pp. 173 – 182.

[112] Howard, Daniel J., Suzanne B. Shu and Roger A. Kerin, "Refer-

ence Price and Scarcity Appeals and the Use of Multiple Influence Strategies in Retail Newspaper Advertising", *Social Influence*, Vol. 2, No. 1, 2007, pp. 18 – 28.

[113] Hsee, Christopher, "The Evaluability Hypothesis: An Explanation for Preference Reversals between Joint and Separate Evaluations of Alternatives", *Organizational Behavior and Human Decision Processes*, Vol. 67, No. 3, 1996, pp. 247 – 257.

[114] Inman, J. Jeffrey and Marcel Zeelenberg, "Regret in Repeat Purchase Versus Switching Decisions: The Attenuating Role of Decision Justifiability", *Journal of Consumer Research*, Vol. 29, No. 1, 2002, pp. 116 – 128.

[115] Irwin, Julie R. and Gary H. Mcclelland, "Misleading Heuristics and Moderated Multiple Regression Models", *Journal of Marketing Research*, Vol. 38, No. 1, 2001, pp. 100 – 109.

[116] Janis, Irving L., *Groupthink*, 2nd ed. Boston: Houghton Mifflin, 1983.

[117] Janis, Irving L. and Leon Mann, *Decision Making: A Psychological Analysis of Conflict, Choice, and Commitment*, New York: Free Press, 1977.

[118] Jewell, Robert D. and Michael J. Barone, "Norm Violations and the Role of Marketplace Comparisons in Positioning Brands", *Journal of the Academy of Marketing Science*, Vol. 35, No. 4, 2007, pp. 550 – 559.

[119] Johar, Gita Venkataramani and Carolyn J. Simmons, "The Use of Concurrent Disclosures to Correct Invalid Inferences", *Journal of Consumer Research*, Vol. 26, No. 4, 2000, pp. 307 – 322.

[120] Jung, Jae Min and James J. Kellaris, "Cross – National Differences in Proneness to Scarcity Effects: The Moderating Roles of Familiarity, Uncertainty Avoidance, and Need for Cognitive Closure", *Psychology & Marketing*, Vol. 21, No. 9, 2004, pp. 739 – 753.

[121] Kahneman, Daniel and Amos Tversky, "Prospect Theory: An Analysis of Decision under Risk", *Econometrica: Journal of the Econometric Society*, Vol. 47, No. 2, 1979, pp. 263 – 291.

[122] Kahneman, Daniel, Jack L. Knetsch and Richard Thaler, "Fairness as a Constraint on Profit Seeking Entitlements in the Market", *American Economic Review*, Vol. 76, 1986, pp. 728 – 741.

[123] Kamins, Michael A., "An Investigation into the 'Match – up' Hypothesis in Celebrity Advertising: When Beauty may only be Skin Deep", *Journal of Advertising*, Vol. 19, No. 1, 1990, pp. 4 – 13.

[124] Kardes, Frank R., "Spontaneous Inference Processes in Advertising: The Effects of Conclusion Omission and Involvement on Persuasion", *Journal of Consumer Research*, Vol. 15, No. 2, 1988, pp. 225 – 233.

[125] Kashmanian, Richard M., Trisha Ferrand, Karen Hurst and Tapio L. Kuusinen, "Let's Topple the Recycling Wall, too", *Marketing News*, Vol. 24, 1990, pp. 20.

[126] Keinan, Giora, Nehemia Friedland and Yossef Ben – Porath, "Decision Making under Stress: Scanning of Alternatives under Physical Threat", *Acta Psychologica*, Vol. 64, No. 3, 1987, pp. 219 – 228.

[127] Keinan, Anat, Ran Kivetz and Oded Netzer, "Functional Alibi", *Advances in Consumer Research*, Vol. 36, 2009, p. 30.

[128] Kerr, Norbert L., "Illusions of Efficacy: The Effect of Group Size on Perceived Efficacy in Social Dilemmas", *Journal of Experimental Social Psychology*, Vol. 25, No. 4, 1989, pp. 287 – 313.

[129] Kilduff, Gavin J., Hillary A. Elfenbein and Barry M. Staw, "The Psychology of Rivalry: A Relationally Dependent Analysis of Competition", *Academy of Management Journal*, Vol. 53, No. 5, 2010, pp. 943 – 969.

[130] Kivetz, Ran and Simonson Itamar, "The Effects of Incomplete Information on Consumer Choice", *Journal of Marketing Research*,

Vol. 37, No. 4, 2000, pp. 427 – 448.

[131] Kivetz, Ran and Simonson Itamar, "The Idiosyncratic Fit Heuristic: Effort Advantage as a Determinant of Consumer Response to Loyalty Programs", *Journal of Marketing Research*, Vol. 40, No. 4, 2003, pp. 454 – 467.

[132] Knowles, Eric S. and Jay A. Linn, *Resistance and Persuasion*, Mahwah, NJ: Lawrence Erlbaum, 2004.

[133] Kramer, Thomas and Ryall Carroll, "The Effect of Incidental Out – of – Stock Options on Preferences", *Latin American Advances in Consumer Research*, Vol. 2, 2008, pp. 159 – 160.

[134] Krause, Jens and Graeme D. Ruxton, *Living in Groups*, Oxford: Oxford University Press, 2002.

[135] Kruglanski, Arie W. and Donna M. Webster, "Motivated Closing of the Mind: 'Seizing' and 'Freezing'", *Psychological Review*, Vol. 103, No. 2, 1996, pp. 263 – 283.

[136] Kruglanski, Arie W., *Lay Epistemics and Human Knowledge: Cognitive and Motivational Bases*, New York: Plenum, 1989.

[137] Ku, Gillian, Deepak Malhotra and J. Keith Murnighan, "Towards a Competitive Arousal Model of Decision – Making: A Study of Auction Fever in Live and Internet Auctions", *Organizational Behavior and Human Decision Processes*, Vol. 96, No. 2, 2005, pp. 89 – 103.

[138] Lau, Eric Kin Wai, "An Empirical Study of Software Piracy", *Business Ethics: A European Review*, Vol. 12, No. 3, 2003, pp. 233 – 245.

[139] Lécuyer, Roger, "Habituation and Attention, Novelty and Cognition: Where is the Continuity?", *Human Development*, Vol. 32, No. 3/4, 1989, pp. 148 – 157.

[140] Levav, Jonathan and Rui Zhu, "Seeking Freedom through Variety", *Journal of Consumer Research*, Vol. 36, 2009, pp. 600 –

610.

[141] Leventhal, Gerald S. , "What Should be Done with Equity Theory?", in Kenneth J. Gergen, Martin S. Greenberg, Richard H. Willis eds. , *Social Exchange: Advances in Theory and Research*, New York: Plenum Press, 1980, pp. 27 – 55.

[142] Li Dongjin, Yunfei Ma and Yan Li, "Calling back Consumer who Missed a Purchase: Making Use of Regret", *International Journal of Consumer Research*, Vol. 1, No. 1, 2012, pp. 28 – 46.

[143] Li, Hairong, Cheng Kuo and Maratha G. Russell, "The Impact of Perceived Channel Utilities, Shopping Orientations and Demographics on the Consumer's Online Buying Behavior", *Journal of Computer – Mediated Communication*, Vol. 5, No. 2, 1999.

[144] Liberman, Nira, Yaacov Trope and Elena Stephan, "Psychological Distance", in Arie W. Kruglanski, E. Tory Higgins eds. , *Social Psychology: Handbook of Basic Principles*, 2nd ed. , New York: Guiford Press. 2007, 15, pp. 353 – 383.

[145] Liberman, Varda, Steven M. Samuels and Lee Ross, "The Name of the Game: Predictive Power of Reputations Versus Situational Labels in Determining Prisoner's Dilemma Game Moves", *Personality and Social Psychology Bulletin*, Vol. 30, No. 9, 2004, pp. 1175 – 1185.

[146] Lichtenstein, Donald R. , Richard G. Netemeyer and Scot Burton, "Distinguishing Coupon Proneness from Value Consciousness: An Acquisition – Transaction Utility Theory Perspective", *Journal of Marketing*, Vol. 54, No. 3, 1990, pp. 54 – 67.

[147] Lichtenstein, Donald R. and William O. Bearden, "Contextual Influences on Perceptions of Merchant – Supplied Reference Prices", *Journal of Consumer Research*, Vol. 16, No. 1, 1989, pp. 55 – 66.

[148] Lichtenstein, Donald R. , Scot Burton and Bradley S. O' Hara, "Marketplace Attributions and ConsumerEvaluations of Discount

Claims", *Psychology & Marketing*, Vol. 6, No. 3, 1989, pp. 163 – 180.

[149] Liebrand, Wim B. G., "The Effect of Social Motives, Communication and Group Size on Behaviour in a N – Person Multi – Stage Mixed – Motive Game", *European Journal of Social Psychology*, Vol. 14, No. 3, 1984, pp. 239 – 264.

[150] Lo, Alison K. C., John G. Lynch and Richard Staelin, "How to Attract Customers by Giving Them the Short End of the Stick", *Journal of Marketing Research*, Vol. 44, No. 1, 2007, pp. 128 – 241.

[151] Loewenstein, George F., Leigh Thompson and Max H. Bazerman, "Social Utility and Decision Making in Interpersonal Contexts", *Journal of Personality and Social Psychology*, Vol. 57, No. 3, 1989, pp. 426 – 441.

[152] Loomes, Graham and Robert Sugden, "Regret Theory: An Alternative Theory of Rational Choice under Uncertainty", *Economic Journal*, Vol. 92, No. 368, 1982, pp. 805 – 824.

[153] López, Antonio González and María Amérigo Cuervo – Arango, "Relationship among Values, Beliefs, Norms and Ecological Behavior", *Psicothema*, Vol. 20, No. 4, 2008, pp. 623 – 629.

[154] Lynch, James and Drue Schuler, "The Matchup Effect of Spokesperson and Product Congruency: A Schema Theory Interpretation", *Psychology & Marketing*, Vol. 11, No. 5, 1994, pp. 417 – 445.

[155] Lynn, Michael, "The Psychology of Unavailability: Explaining Scarcity and Cost Effects on Value", *Basic and Applied Social Psychology*, Vol. 13, No. 1, 1992a, pp. 3 – 7.

[156] Lynn, Michael and Judy Harris, "The Desire for Unique Consumer Products: A New Individual Difference Scale", *Psychology & Marketing*, Vol. 14, No. 6, 1997, pp. 601 – 616.

[157] Lynn, Michael, "Scarcity Effects on Value: A Quantitative Review

of the Commodity Theory Literature", *Psychology & Marketing*, Vol. 8, No. 1, 1991, pp. 43 – 57.

[158] Lynn, Michael, "Scarcity's Enhancement of Desirability: The Role of Naöve Economic Theories", *Basic and Applied Social Psychology*, Vol. 13, No. 1, 1992b, pp. 67 – 78.

[159] Mandler, George, "The Structure of Value: Accounting for Taste", in *Proceedings of the 17th Annual Carnegie Symposium on Cognition*, Hillsdales, NJ. Erlbaum, 1982, pp. 55 – 78.

[160] Martins, Marielza, "An Experimental Investigation of the Effects of Perceived Price Fairness on Perceptions of Sacrifice and Value, in Urbana Champaign", Ph. D. dissertation, Univ. of Illinois, 1995.

[161] Mccracken, Grant, "Who is the Celebrity Endorser? Cultural Foundations of the Endorsement Process", *Journal of Consumer Research*, Vol. 16, No. 3, 1989, pp. 310 – 321.

[162] Mcguire, William J., "Some Internal Psychological Factors Influencing Consumer Choice", *Journal of Consumer Research*, Vol. 2, No. 4, 1976, pp. 302 – 319.

[163] Mick, David G. and Claus Buhl, "A Meaning – Based Model of Advertising Experiences", *Journal of Consumer Research*, Vol. 19, No. 3, 1992, pp. 317 – 338.

[164] Mick, David G. and Laura G. Politi, "Consumers' Interpretations of Advertising Imagery: A Visit to the Hell of Connotation", Paper delivered to Hirschman E. C. Interpretive Consumer Research, Provo, UT: Association for Consumer Research, 1989, pp. 85 – 96.

[165] Min, Kyeong Sam, "Consumer Response to Product Unavailability", in Columbus, Ph. D. dissertation, Ohio State Univ., 2003.

[166] Moore, Danny L., Douglas Hausknecht and Kanchana Thamodaran, "Time Compression, Response Opportunity, and Persuasion", *Journal of Consumer Research*, Vol. 13, No. 1, 1986, pp. 85 – 99.

[167] Morimoto, Mariko and Susan Chang, "Consumers' Attitudes To-

ward Unsolicited Commercial E – Mail and Postal Direct Mail Marketing Methods: Intrusiveness, Perceived Loss of Control, and Irritation", *Journal of Interactive Advertising*, Vol. 7, No. 1, 2006, pp. 1 – 11.

[168] Morrison, Elizabeth W. and Jeffrey B. Vancouver, "Within – Person Analysis of Information Seeking: The Effects of Perceived Costs and Benefits", *Journal of Management*, Vol. 26, No. 1, 2000, pp. 119 – 137.

[169] Maxwell, Scott E. and Harold D. Delaney, "Bivariate Median Splits and Spurious Statistical Significance", *Psychological Bulletin*, Vol. 113, No. 1, 1993, pp. 181 – 190.

[170] Mullen, Brian and Roy F. Baumeister, "Group Effects on Self – Attention and Performance: Social Loafing, Social Facilitation, and Social Impairment", in Clyde Hendrick ed. , *Group Processes and Intergroup Relations*, *Review of Personality and Social Psychology*, Thousand Oaks, CA, US: Sage Publications, 1987, pp. 189 – 206.

[171] Myrseth, Kristian Ove R. , Ayelet Fishbach and Yaacov Trope, "Counteractive Self – Control When Making Temptation Available Makes Temptation Less Tempting", *Psychological Science*, Vol. 20, No. 2, 2009, pp. 159 – 163.

[172] Nelson, Phillip, "Advertising as Information", *Journal of Political Economy*, Vol. 82, No. 4, 1974, pp. 729 – 754.

[173] Nguyen, Bang and Lyndon Simkin, "The Dark Side of CRM: Advantaged and Disadvantaged Customers", *Journal of Consumer Marketing*, Vol. 30, No. 1, 2013, pp. 17 – 30.

[174] Nguyen, Bang, "The Dark Side of Customer Relationship Management: Exploring the Underlying Reasons for Pitfalls, Exploitation and Unfairness", *Journal of Database Marketing and Customer Strategy Management*, Vol. 19, No. 1, 2012, pp. 56 – 70.

[175] Nichols, Bridget Satinover, "The Development, Validation, and Implications of a Measure of Consumer Competitive Arousal", *Journal of Economic Psychology*, Vol. 33, No. 1, 2012, pp. 192 – 205.

[176] Okada, Erica Mina, "Justification Effects on Consumer Choice of Hedonic and Utilitarian Goods", *Journal of Marketing Research*, Vol. 42, No. 1, 2005, pp. 43 – 53.

[177] Oliver, Richard L. and John E. Swan, "Equity and Disconfirmation Perceptions as Influences on Merchant and Product Satisfaction", *Journal of Consumer Research*, Vol. 16, No. 3, 1989, pp. 372 – 383.

[178] Oliver, Richard L., "Expectancy Theory Predictions of Salesmen's Performance", *Journal of Marketing Research*, Vol. 1, No. 3, 1974, pp. 243 – 253.

[179] Palmer, Rebekka S., Thomas J. Mcmahon, Bruce J. Rounsaville and Samuel A. Ball, "Coercive Sexual Experiences, Protective Behavioral Strategies, Alcohol Expectancies and Consumption among Male and Female College Students", *Journal of Interpersonal Violence*, Vol. 25, No. 9, 2010, pp. 1563 – 1578.

[180] Park, C. Whan, Bernard J. Jaworski and Deborah J. Macinnis, "Strategic Brand Concept – Image Management", *Journal of Marketing*, Vol. 50, No. 4, 1986, pp. 135 – 145.

[181] Patrick, Vanessa M., Matthew Lancellotti and Henrik Hagtvedt, "Getting a Second Chance: The Role of Imagery in the Influence of Inaction Regret on Behavioral Intent", *Journal of the Academy of Marketing Science*, Vol. 37, No. 2, 2009, pp. 181 – 190.

[182] Payne, John W., James R. Bettman and Mary Frances Luce, "When Time is Money: Decision Behavior under Opportunity – Cost Time Pressure", *Organizational Behavior and Human Decision Processes*, Vol. 66, No. 2, 1996, pp. 131 – 152.

[183] Pettibone, Jonathan C. and Douglas H. Wedell, "Testing Alterna-tive Explanations of Phantom Decoy Effects", *Journal of Behavioral Decision Making*, Vol. 20, No. 3, 2007, pp. 323 – 341.

[184] Pollay, Richard W. , "The Distorted Mirror: Reflections on the Un-intended Consequences of Advertising", *Journal of Marketing*, Vol. 50, No. 2, 1986, pp. 18 – 36.

[185] Preacher, Kristopher J. , Derek D. Rucker and Andrew F. Hayes, "Addressing Moderated Mediation Hypotheses: Theory, Methods, and Prescriptions", *Multivariate Behavioral Research*, Vol. 42, No. 1, 2007, pp. 185 – 227.

[186] Quah, Stella R. , "Accessibility of Modern and Traditional Health Services in Singapore", *Social Science and Medicine*, Vol. 11, No. 5, 1977, pp. 333 – 340.

[187] Raghubir, Priya, J. Jeffrey Inman and Hans Grande, "The Three Faces of Consumer Promotions: Economic, Informative, and Affec-tive", *California Management Review*, Vol. 46, No. 4, 2004, pp. 1 – 19.

[188] Renko, Maija, K. Galen Kroeck and Amanda Bullough, "Expect-ancy Theory and Nascent Entrepreneurship", *Small Business Eco-nomics*, Vol. 39, No. 3, 2012, pp. 667 – 684.

[189] Roberts, Gilbert, "Why Individual Vigilance Declines as Group Size Increases", *Animal Behaviour*, Vol. 51, No. 5, 1996, pp. 1077 – 1086.

[190] Roets, Arne and Alain Van Hiel, "Item Selection and Validation of a Brief, 15 – Item Version of the Need for Closure Scale", *Person-ality and Individual Differences*, Vol. 50, No. 1, 2011, pp. 90 – 94.

[191] Ruvio, Ayalla, Aviv Shoham and Maja M. Brencic, "Consumers' Need for Uniqueness: Short – Form Scale Development and Cross – Cultural Validation", *International Marketing Review*, Vol. 25, No. 1, 2008, pp. 33 – 53.

[192] Saffrey, Colleen, Amy Summerville and Neal J. Roese, "Praise for Regret: People Value Regret above other Negative Emotions", *Motivation and Emotion*, Vol. 32, No. 1, 2008, pp. 46 – 54.

[193] Schindler, Robert M., "Consequences of Perceiving Oneself as Responsible for Obtaining a Discount: Evidence for Smart – Shopper Feelings", *Journal of Consumer Psychology*, Vol. 7, No. 4, 1998, pp. 371 – 392.

[194] Scott, Linda M., "The Bridge from Text to Mind: Adapting Reader – Response Theory to Consumer Research", *Journal of Consumer Research*, Vol. 21, No. 3, 1994, pp. 461 – 481.

[195] Seemann, Eric A., Shelley J. Carroll, Amber Woodard and Marie L. Mueller, "The Type of Threat Matters: Differences in Similar Magnitude Threats Elicit Differing Magnitudes of Psychological Reactance", *North American Journal of Psychology*, Vol. 10, No. 3, 2008, pp. 583 – 594.

[196] Sela, Aner, Jonah Berger and Wendy Liu, "Variety, Vice, and Virtue: How Assortment Size Influences Option Choice", *Journal of Consumer Research*, Vol. 35, No. 6, 2009, pp. 941 – 951.

[197] Sela, Aner and Jonah Berger, "Justification and Choice", *Advances in Consumer Research*, Vol. 36, 2009, pp. 27.

[198] Sevdalis, Nick, Nigel Harvey and Michelle Yip, "Regret Triggers Inaction Inertia – but Which Regret and How?", *British Journal of Social Psychology*, Vol. 45, No. 4, 2006, pp. 839 – 853.

[199] Shafir, Eldar, Itamar Simonson and Amos Tversky, "Reason – Based Choice", *Cognition*, Vol. 49, No. 1, 1993, pp. 11 – 36.

[200] Sheth, Jagdish N., Rajendra S. Sisodia and Arun Sharma, "The Antecedents and Consequences of Customer – Centric Marketing", *Journal of the Academy of Marketing Science*, Vol. 28, No. 1, 2000, pp. 55 – 66.

[201] Shiha, Eric and Hope J. Schau, "To Justify or not to Justify: The

Role of Anticipated Regret on Consumers' Decisions to Upgrade Technological Innovations", *Journal of Retailing*, Vol. 87, No. 2, 2011, pp. 242 – 251.

[202] Silva – Risso, Jorge M., Randolph E. Bucklin and Donald G. Morrison, "A Decision Support System for Planning Manufacturers' Sales Promotion Calendars", *Marketing Science*, Vol. 18, No. 3, 1999, pp. 274 – 300.

[203] Silverstein, Michael J. and Neil Fiske, *Trading up: Why Consumers Want New Luxury Goods and How Companies Create Them*, New York: Penguin Group, 2005.

[204] Silvia, Paul J., "Reactance and the Dynamics of Disagreement: Multiple Paths from Threatened Freedom to Resistance to Persuasion", *European Journal of Social Psychology*, Vol. 36, No. 5, 2006a, pp. 673 – 685.

[205] Silvia, Paul J., "A Skeptical Look at Dispositional Reactance", *Personality and Individual Differences*, Vol. 40, 2006b, pp. 1291 – 1297.

[206] Simkin, Lyndon P., "Evaluating a Store Location", *International Journal of Retail & Distribution Management*, Vol. 18, No. 4, 1990, https://doi.org/10.1108/09590559010140345.

[207] Simmons, Carolyn J. and John G. Lynch, Jr., "Inference Effects without Inference Making? Effects of Missing Information on Discounting and Use of Presented Information", *Journal of Consumer Research*, Vol. 17, No. 4, 1991, pp. 477 – 491.

[208] Simonson, Itamar and Stephen M. Nowlis, "The Role of Explanations and Need for Uniqueness in Consumer Decision Making: Unconventional Choices Based on Reasons", *Journal of Consumer Research*, Vol. 27, No. 1, 2000, pp. 49 – 68.

[209] Simonson, Itamar, "Choice Based on Reasons: The Case of Attraction and Compromise Effects", *Journal of Consumer Research*,

Vol. 16, No. 2, 1989, pp. 158 – 174.

[210] Simonson, Itamar, Ziv Carmon and Sue O' Curry, "Experimental Evidence on the Negative Effect of Product Features and Sales Promotions on Brand Choice", *Marketing Science*, Vol. 13, No. 1, 1994, pp. 23 – 40.

[211] Sin, Leo Y. M., Alan C. B. Tse and Frederick H. K. Yim, "CRM: Conceptualization and Scale Development", *European Journal of Marketing*, Vol. 39, No. 11/12, 2005, pp. 1264 – 1290.

[212] Sinha, Indrajit, Rajan Chandran and Srini S. Srinivasan, "Consumer Evaluations of Price and Promotional Restrictions: A Public Policy Perspective", *Journal of Public Policy and Marketing*, Vol. 18, No. 1, 1999, pp. 37 – 51.

[213] Sinha, Indrajit and Rajeev Batra, "The Effect of Consumer Price Consciousness on Private Label Purchase", *International Journal of Research in Marketing*, Vol. 16, No. 3, 1999, pp. 237 – 251.

[214] Slater, Alan, Victoria Morison and David Rose, "Habituation in the Newborn", *Infant Behavior and Development*, Vol. 7, No. 2, 1984, pp. 183 – 200.

[215] Snyder, C. R. and Howard L. Fromkin, *Uniqueness: The Human Pursuit of Difference*, New York: Plenum Press, 1980.

[216] Snyder, C. R. and Howard L. Fromkin, "Abnormality as a Positive Characteristic: The Development and Validation of a Scale Measuring Need for Uniqueness", *Journal of Abnormal Psychology*, Vol. 86, No. 5, 1977, pp. 518 – 527.

[217] Spector, Paul E., "Development of the Work Locus of Control Scale", *Journal of Occupational Psychology*, Vol. 61, No. 4, 1988, pp. 335 – 340.

[218] Stark, Oded and J. Edward Taylor, "Relative Deprivation and International Migration Oded Stark", *Demography*, Vol. 26, No. 1,

1989, pp. 1 – 14.

[219] Steenkamp, Jan – Benedict E. M. and Hans Baumgartner, "Development of Cross – National Validation of a Short form of CSI as a Measure Optimum Stimulation Level", *International Journal of Research in Marketing*, Vol. 12, No. 2, 1995, pp. 97 – 104.

[220] Svenson, Ola and A. John Maule, *Time Pressure and Stress in Human and Decision Making*, New York: Plenum Press, 1993.

[221] Swain, Scott D., Richard Hanna and Lisa J. Abendroth, "How Time Restrictions Work: The Roles of Urgency, Anticipated Regret, and Deal Evaluations", *Advances in Consumer Research*, Vol. 33, 2006, pp. 523.

[222] Tauer, John M. and Judith M. Harackiewicz, "Winning isn't Everything: Competition, Achievement Orientation, and Intrinsic Motivation", *Journal of Experimental Social Psychology*, Vol. 35, No. 3, 1999, pp. 209 – 238.

[223] Thaler, Richard, "Transaction Utility Theory", *Advances in Consumer Research*, No. 1, 1983, pp. 229 – 232.

[224] Thaler, Richard, "Mental Accounting and Consumer Choice", *Marketing Science*, Vol. 4, No. 3, 1985, pp. 199 – 214.

[225] Thibaut, John W. and Laurens Walker, *Procedural Justice, a Psychological Analysis*, Hillsdale NJ: Erlbaum Associates, 1975.

[226] Thomas, Gloria P. and Gary F. Soldow, "A Rules – Based Approach to Competitive Interaction", *Journal of Marketing*, Vol. 52, No. 2, 1988, pp. 63 – 74.

[227] Tian, Kelly Tepper, "Categories, Contexts and Conflicts of Consumers' Nonconformity Experiences", in Russell W. Belk ed., *Research in Consumer Behavior*, Greenwich, CT: JAI Press, 1997, pp. 209 – 245.

[228] Tian, Kelly Tepper and Karyn Mckenzie, "The Long – Term Predictive Validity of The Consumers' Need for Uniqueness Scale", *Journal of*

Consumer Psychology, Vol. 10, No. 3, 2001, pp. 171 – 193.

[229] Tian, Kelly Tepper, William O. Bearden and Gary L. Hunter, "Consumers' Need for Uniqueness: Scale Development and Validation", *Journal of Consumer Research*, Vol. 28, No. 1, 2001, pp. 50 – 66.

[230] Torelli, Carlos J. and Rohini Ahluwalia, "Extending Culturally Symbolic Brands: A Blessing or a Curse?", *Journal of Consumer Research*, Vol. 38, No. 5, 2012, pp. 933 – 947.

[231] Tsai, Dungchun and Hsiao – Ching Lee, "Will You Care When You Pay More? The Negative Side of Targeted Promotions", *Journal of Product & Brand Management*, Vol. 16, No. 7, 2007, 16 (7), pp. 481 – 491.

[232] Tsiros, Michael, "Releasing the Regret Lock: Consumer Response to New Alternatives after a Sale", *Journal of Consumer Research*, Vol. 35, No. 6, 2009, pp. 1039 – 1059.

[233] Turow, Joseph, Lauren Feldman and Kimberly Meltzer, *Open to Exploitation: America's Shoppers Online and Offline*, Annenberg Public Policy Center of the University of Pennsylvania, 2005.

[234] Vallerand, Robert J., Lise I. Gauvin and Wayne R. Halliwell, "Negative Effects of Competition on Children's Intrinsic Motivation", *Journal of Social Psychology*, Vol. 126, No. 5, 1986, pp. 649 – 656.

[235] Van den Bos, Kees, Susanne L. Peters, D. Ramona Bobocel and Jan Fekke Ybema, "On Preferences and Doing the Right Thing: Satisfaction with Advantageous Inequity when Cognitive Processing is Limited", *Journal of Experimental Social Psychology*, Vol. 42, No. 3, 2006, pp. 273 – 289.

[236] Verhallen, Theo M. M. and Henry S. J. Robben, "Scarcity and Preference: An Experiment on Unavailability and Product Evaluation", *Journal of Economic Psychology*, Vol. 15, 1994, pp. 315 – 331.

[237] Vroom, Victor Harold, *Work and Motivation*, New York: Wiley, 1964.

[238] Wagner, Tillmann, Thorsten Hennig - Thurau and Thomas Rudolph, "Does Customer Demotion Jeopardize Loyalty?", *Journal of Marketing*, Vol. 73, No. 3, 2009, pp. 69 - 85.

[239] Walchli, Suzanne B. and Janet Landman, "Effects of Counterfactual Thought on Postpurchase Consumer Affect", *Psychology & Marketing*, Vol. 20, No. 1, 2003, pp. 23 - 46.

[240] Walster, Elaine, G. William Walster and Ellen Berscheid, *Equity: Theory and Research*, Boston: Allyn & Bacon, 1978.

[241] Webster, Donna M. and Arie W. Kruglanski, "Individual Differences in Need for Cognitive Closure", *Journal of Personality and Social Psychology*, Vol. 67, No. 6, 1994, pp. 1049 - 1062.

[242] Wendlandt, Mark and Ulf Schrader, "Consumer Reactance against Loyalty Programs", *Journal of Consumer Marketing*, Vol. 24, No. 5, 2007, pp. 293 - 304.

[243] Wicklund, Robert A., *Freedom and Reactance*, Maryland: Lawrence Erlbaum, 1974.

[244] Winer, Russell S., "A Reference Price Model of Brand Choice for Frequently Purchased Products", *Journal of Consumer Research*, Vol. 13, No. 2, 1986, pp. 250 - 256.

[245] Wright, Rex A., "Desire for Outcomes that are More and Less Difficult to Attain: Analysis in Terms of Energization Theory", *Basic and Applied Social Psychology*, Vol. 13, No. 1, 1992, pp. 25 - 45.

[246] Wu, Wann - Yih, Hsial - Yun Lu, Ying - Yin Wu and Chen - su Fu, "The Effects of Product Scarcity and Consumers' Need for Uniqueness on Purchase Intention", *International Journal of Consumer Studies*, Vol. 36, No. 3, 2012, pp. 263 - 274.

[247] Xia, Lan and Kent B. Monroe, "Is a Good Deal always Fair? Examining the Concepts of Transaction Value and Price Fairness",

Journal of Economic Psychology, Vol. 31, No. 6, 2010, pp. 884 – 894.

[248] Xia, Lan and Kent B. Monroe, "Perceived Price Fairness and Perceived Transaction Value", *European Advances in Consumer Research*, Vol. 8, 2008, pp. 394.

[249] Zeelenberg, Marcel and Rik Pieters, "A Theory of Regret Regulation 1.0", *Journal of Consumer Psychology*, Vol. 17, No. 1, 2007, pp. 3 – 18.

[250] Zeelenberg, Marcel, Jane Beattie, Joop van der Pligt and Nanne K. de Vries, "Consequences of Regret Aversion: Effects of Expected Feedback on Risky Decision Making", *Organizational Behavior and Human Decision Processes*, Vol. 65, No. 2, 1996, pp. 148 – 158.

[251] Zhang, Jie and Lakshman Krishnamurthi, "Customizing Promotions in Online Stores", *Marketing Science*, Vol. 23, No. 4, 2004, pp. 561 – 578.

[252] Zhang, Jie and Michel Wedel, "The Effectiveness of Customized Promotions in Online and Offline Stores", *Journal of Marketing Research*, Vol. 46, No. 2, 2009, pp. 190 – 206.